新兴产业和高新技术现状与前景研究丛书

总主编 金 碚 李京文

互联网产业现状与发展前景

金 京 编著

HULIANWANG CHANYE
XIANZHUANG YU FAZHAN QIANJING

SPM
南方出版传媒
广东经济出版社
·广州·

图书在版编目（CIP）数据

互联网产业现状与发展前景／金京编著. —广州：广东经济出版社，2015. 5
（新兴产业和高新技术现状与前景研究丛书）
ISBN 978－7－5454－3642－6
Ⅰ. ①互… Ⅱ. ①金… Ⅲ. ①互联网络－高技术产业－产业发展－研究－中国 Ⅳ. ①F426. 67

中国版本图书馆 CIP 数据核字（2014）第 247214 号

出版发行	广东经济出版社（广州市环市东路水荫路 11 号 11～12 楼）
经销	全国新华书店
印刷	中山市国彩印刷有限公司 （中山市坦洲镇彩虹路 3 号第一层）
开本	730 毫米×1020 毫米　1/16
印张	12. 5
字数	210 000 字
版次	2015 年 5 月第 1 版
印次	2015 年 5 月第 1 次
书号	ISBN 978－7－5454－3642－6
定价	30. 00 元

如发现印装质量问题，影响阅读，请与承印厂联系调换。
发行部地址：广州市环市东路水荫路 11 号 11 楼
电话：（020）38306055　37601950　邮政编码：510075
邮购地址：广州市环市东路水荫路 11 号 11 楼
电话：（020）37601980　邮政编码：510075
营销网址：http：//www · gebook. com
广东经济出版社常年法律顾问：何剑桥律师

“新兴产业和高新技术现状与前景研究”丛书编委会

原　磊　中国社会科学院工业经济研究所工业运行研究室主任、副研究员
陈　志　中国科学技术发展战略研究院副研究员
史岸冰　华中科技大学基础医学院教授
吴伟萍　广东省社会科学院产业经济研究所副所长、研究员
燕雨林　广东省社会科学院产业经济研究所研究员
张栓虎　广东省社会科学院产业经济研究所副研究员
邓江年　广东省社会科学院产业经济研究所副研究员
杨　娟　广东省社会科学院产业经济研究所副研究员
柴国荣　兰州大学管理学院教授
梅　霆　西北工业大学理学院教授
刘贵杰　中国海洋大学工程学院机电工程系主任、教授
杨　光　北京航空航天大学机械工程及自动化学院工业设计系副教授
迟远英　北京工业大学经济与管理学院教授
王　江　北京工业大学经济与管理学院副教授
张大坤　天津工业大学计算机科学系教授
朱郑州　北京大学软件与微电子学院副教授
杨　军　西北民族大学现代教育技术学院副教授
赵肃清　广东工业大学轻工化工学院教授
袁清珂　广东工业大学机电工程学院副院长、教授
黄　金　广东工业大学材料与能源学院副院长、教授
莫松平　广东工业大学材料与能源学院副教授
王长宏　广东工业大学材料与能源学院副教授

总　　序

人类数百万年的进化过程，主要依赖于自然条件和自然物质，直到五六千年之前，由人类所创造的物质产品和物质财富都非常有限。即使进入近数千年的“文明史”阶段，由于除了采掘和狩猎之外人类尚缺少创造物质产品和物质财富的手段，后来即使产生了以种植和驯养为主要方式的农业生产活动，但由于缺乏有效的技术手段，人类基本上没有将“无用”物质转变为“有用”物质的能力，而只能向自然界获取天然的对人类“有用”之物来维持低水平的生存。而在缺乏科学技术的条件下，自然界中对于人类“有用”的物质是非常稀少的。因此，据史学家们估算，直到人类进入工业化时代之前，几千年来全球年人均经济增长率最多只有0.05%。只有到了18世纪从英国开始发生的工业革命，人类发展才如同插上了翅膀。此后，全球的人均产出（收入）增长率比工业化之前高10多倍，其中进入工业化进程的国家和地区，经济增长和人均收入增长速度数十倍于工业化之前的数千年。人类今天所拥有的除自然物质之外的物质财富几乎都是在这200多年的时期中创造的。这一时期的最大特点就是：以持续不断的技术创新和技术革命，尤其是数十年至近百年发生一次的“产业革命”的方式推动经济社会的发展。[①] 新产业和新技术层出不穷，人类发展获得了强大的创造能力。

---

① 产业革命也称工业革命，一般认为18世纪中叶（70年代）在英国产生了第一次工业革命，逐步扩散到西欧其他国家，其技术代表是蒸汽机的运用。此后对世界所发生的工业革命的分期有多种观点。一般认为，19世纪中叶在欧美等国发生第二次工业革命，其技术代表是内燃机和电力的广泛运用。第二次世界大战结束后的20世纪50年代，发生了第三次工业革命，其技术代表是核技术、计算机、电子信息技术的广泛运用。21世纪以来，世界正在发生又一次新工业革命（也有人称之为“第三次工业革命”，而将上述第二、第三次工业革命归之为第二次工业革命），其技术代表是新能源和互联网的广泛运用。也有人提出，世界正在发生的新工业革命将以制造业的智能化尤其是机器人和生命科学为代表。

当前，世界又一次处于新兴产业崛起和新技术将发生突破性变革的历史时期，国外称之为“新工业革命”或“第三次工业革命”“第四次工业革命”，而中国称之为“新型工业化”“产业转型升级”或者“发展方式转变”。其基本含义都是：在新的科学发现和技术发明的基础上，一批新兴产业的出现和新技术的广泛运用，根本性地改变着整个社会的面貌，改变着人类的生活方式。正如美国作者彼得·戴曼迪斯和史蒂芬·科特勒所说：“人类正在进入一个急剧的转折期，从现在开始，科学技术将会极大地提高生活在这个星球上的每个男人、女人与儿童的基本生活水平。在一代人的时间里，我们将有能力为普通民众提供各种各样的商品和服务，在过去只能提供给极少数富人享用的那些商品和服务，任何一个需要得到它们、渴望得到它们的人，都将能够享用它们。让每个人都生活在富足当中，这个目标实际上几乎已经触手可及了。”“划时代的技术进步，如计算机系统、网络与传感器、人工智能、机器人技术、生物技术、生物信息学、3D 打印技术、纳米技术、人机对接技术、生物医学工程，使生活于今天的绝大多数人能够体验和享受过去只有富人才有机会拥有的生活。”①

在世界新产业革命的大背景下，中国也正处于产业发展演化过程中的转折和突变时期。反过来说，必须进行产业转型或“新产业革命”才能适应新的形势和环境，实现绿色化、精致化、高端化、信息化和服务化的产业转型升级任务。这不仅需要大力培育和发展新兴产业，更要实现高新技术在包括传统产业在内的各类产业中的普遍运用。

我们也要清醒地认识到，20 世纪 80 年代以来，中国经济取得了令世界震惊的巨大成就，但是并没有改变仍然属于发展中国家的现实。发展新兴产业和实现产业技术的更大提升并非轻而易举的事情，不可能一蹴而就，而必须拥有长期艰苦努力的决心和意志。中国社会科学院工业经济研究所的一项研究表明：中国工业的主体部分仍处于国际竞争力较弱的水平。这项研究把中国工业制成品按技术含量低、中、高的次序排列，发现国际竞争力大致呈 U 形分布，即两头相对较高，而在统计上分类为“中技术”的行业，例如化工、材料、机械、电子、精密仪器、交通设备等，国际竞争力显著较低，而这类产业恰恰是工业的主体和决定工业技术整体素质的关键基础部门。如果这类产业竞争力不

---

① 【美】彼得·戴曼迪斯，史蒂芬·科特勒. 富足：改变人类未来的 4 大力量. 杭州：浙江大学出版社，2014.

强，技术水平较低，那么“低技术”和“高技术”产业就缺乏坚实的基础。即使从发达国家引入高技术产业的某些环节，也是浅层性和“漂浮性”的，难以长久扎根，而且会在技术上长期受制于人。

中国社会科学院工业经济研究所专家的另一项研究还表明：中国工业的大多数行业均没有站上世界产业技术制高点。而且，要达到这样的制高点，中国工业还有很长的路要走。即使是一些国际竞争力较强、性价比较高、市场占有率很大的中国产品，其核心元器件、控制技术、关键材料等均须依赖国外。从总体上看，中国工业品的精致化、尖端化、可靠性、稳定性等技术性能同国际先进水平仍有较大差距。有些工业品在发达国家已属“传统产业”，而对于中国来说还是需要大力发展的“新兴产业”，许多重要产品同先进工业国家还有几十年的技术差距，例如数控机床、高端设备、化工材料、飞机制造、造船等，中国尽管已形成相当大的生产规模，而且时有重大技术进步，但是，离世界的产业技术制高点还有非常大的距离。

产业技术进步不仅仅是科技能力和投入资源的问题，攀登产业技术制高点需要专注、耐心、执着、踏实的工业精神，这样的工业精神不是一朝一夕可以形成的。目前，中国企业普遍缺乏攀登产业技术制高点的耐心和意志，往往是急于“做大”和追求短期利益。许多制造业企业过早走向投资化方向，稍有成就的企业家都转而成为赚快钱的“投资家”，大多进入地产业或将“圈地”作为经营策略，一些企业股票上市后企业家急于兑现股份，无意在实业上长期坚持做到极致。在这样的心态下，中国产业综合素质的提高和形成自主技术创新的能力必然面临很大的障碍。这也正是中国产业综合素质不高的突出表现之一。我们不得不承认，中国大多数地区都还没有形成深厚的现代工业文明的社会文化基础，产业技术的进步缺乏持续的支撑力量和社会环境，中国离发达工业国的标准还有相当大的差距。因此，培育新兴产业、发展先进技术是摆在中国产业界以至整个国家面前的艰巨任务，可以说这是一个世纪性的挑战。如果不能真正夯实实体经济的坚实基础，不能实现新技术的产业化和产业的高技术化，不能让追求技术制高点的实业精神融入产业文化和企业愿景，中国就难以成为真正强大的国家。

实体产业是科技进步的物质实现形式，产业技术和产业组织形态随着科技进步而不断演化。从手工生产，到机械化、自动化，现在正向信息化和智能化方向发展。产业组织形态则在从集中控制、科层分权，向分布式、网络化和去中心化方向发展。产业发展的历史体现为以蒸汽机为标志的第一次工业革命、以电力和自动化为标志的第二次工业革命，到以计算机和互联网为标志的第三次工业革命，再到以人工智能和生命科学为标志的新工业革命（也有人称之为“第四次工业革命”）的不断演进。产业发展是人类知识进步并成功运用于生产性创造的过程。因此，新兴产业的发展实质上是新的科学发现和技术发明以及新科技知识的学习、传播和广泛普及的过程。了解和学习新兴产业和高新技术的知识，不仅是产业界的事情，而且是整个国家全体人民的事情，因为，新产业和新技术正在并将进一步深刻地影响每个人的工作、生活和社会交往。因此，编写和出版一套关于新兴产业和新产业技术的知识性丛书是一件非常有意义的工作。正因为这样，我们的这套丛书被列入了2014年的国家出版工程。

我们希望，这套丛书能够有助于读者了解和关注新兴产业发展和高新产业技术进步的现状和前景。当然，新兴产业是正在成长中的产业，其未来发展的技术路线具有很大的不确定性，关于新兴产业的新技术知识也必然具有不完备性，所以，本套丛书所提供的不可能是成熟的知识体系，而只能是形成中的知识体系，更确切地说是有待进一步检验的知识体系，反映了在新产业和新技术的探索上现阶段所能达到的认识水平。特别是，丛书的作者大多数不是技术专家，而是产业经济的观察者和研究者，他们对于专业技术知识的把握和表述未必严谨和准确。我们希望给读者以一定的启发和激励，无论是“砖”还是“玉”，都可以裨益于广大读者。如果我们所编写的这套丛书能够引起更多年轻人对发展新兴产业和新技术的兴趣，进而立志投身于中国的实业发展和推动产业革命，那更是超出我们期望的幸事了！

金　碚

2014年10月1日

前 言

互联网，又称因特网或英特网。作为20世纪最伟大的发明之一，特别是近20年来，互联网毫无疑问地正处于高速发展的阶段，为人们的生活带来了越来越多的便利。对于中国人来说，互联网的出现是在20世纪90年代，随着搜狐、新浪、腾讯、百度等中国互联网公司的出现，人们逐渐对于互联网有了初步的认识，从最初的上网看新闻、逛论坛、聊天、发邮件，到现在的互联网金融、购物、娱乐、社交，互联网已经并继续使得我们的生活产生着翻天覆地的变化。就像爱迪生发明电灯满足了我们对于光的需求一样，实际上互联网最初的诞生满足了我们对于信息交流的渴求，使得我们更加了解这个世界，了解世界上正在发生的事情。

谈到互联网，我想每个使用过互联网的人心中都会有着不同的解读，但首先想到的肯定是现在互联网中各种千奇百怪的应用。对于普通老百姓来说，小到买菜做饭、打麻将，大到投资、买房、公司运营，互联网在当今社会可以说是无孔不入。对于现在的大多数人特别是年轻人来说，互联网已经是他们生活的一部分。

互联网是快速变化、创意主宰一切的行业，也正因为这样，才吸引着无数的年轻人投身其中，无数的创意推动着互联网的快速发展，同时也创造了无数的创业机会。十年前，一个每天坐在电脑前聊QQ的年轻人一定会被父母斥责为不务正业，但谁能想到现在的年轻人每天正在通过微博、微信，做着他们的工作、获得不错的收入，并能够支持他们继续进行他们的创业梦。

互联网就像它的名字一样，像一张大网，其中错综复杂，并不断扩大，很难完全概括其中的全部，就在笔者编著这本书的同时，互联网仍然正在不断地变化与革新。本书并非想探寻互联网的所有真谛，而是希望通过通俗的语言，较系统地为读者介绍互联网的发展过程，并通过笔者粗浅的理解，对互联网未来的发展做一些猜想，让更多的人对于互联网有所了解，了解这张曾经、正在，并且将继续改变我们生活的“网”。

目　录

第一章　互联网的发展历史

互联网从诞生到今天只有短短的数十年的历史，但在这短短几十年里互联网发生了巨大的变化，不仅形成了一种无处不在的技术现象，渗透到几乎所有的经济、社会甚至政治领域，而且成长为一个巨大的产业，尽管这一产业的边界难以严格定义。就在十多年前，互联网还仅仅是作为一个虚拟工具而使用，还与我们的日常生活没有密切关联。然而十多年后，互联网终于找到了与实体产业、经济结合的契机，接踵而来的便是各种互联网与传统产业的结合，今天互联网已经成为线下产业的一个新的增长点。也许就连互联网的创始人也没能想到，现在的互联网会拥有如此巨大的商业化规模，人们的生活与互联网有如此紧密的联系甚至无法离开。互联网对整个世界产生着如此巨大的影响，在现在与将来，互联网会为我们创造无限的可能。

当我们身处当今互联网高速发展的今天，很难让我们再记起互联网的过去，互联网究竟从何而来？最开始的互联网是什么样的？为什么这样一个看起来并不能满足我们生存需求的发明会给这个世界带来如此巨大的变化？正因为这样，在互联网如此蓬勃发展的今天，也许是到了一个该让我们去回顾一下它的发展历史的时候了。

一、互联网的诞生

互联网与很多被我们所熟知的发明不同，我们并不能准确地说出它是某一个人发明的，因为互联网是一个群体创造的结晶。目前被大家称为现代互联网之父的三位科学家：蒂姆·伯纳斯·李（Tim Berners - Lee）爵士、温顿·瑟夫（Vinton G. Cerf）博士、罗伯特·卡恩（Robert Elliot Kahn），他们虽然都为互联网发展做出过里程碑式的贡献，但其实也都不是互联网最初的发明者。

对于中国人来说，我们记忆中的互联网应该是从那根传输速度为 52KB/S 的电话线开始的，但是互联网到底从何而来却并不是所有人都知道。下面就让我们从互联网的起源说起。

1. 什么是互联网

互联网（Internet）是计算机交互网络的简称，又称网间网。现在我们所谓的互联网对于普通人来说可能会有一些误解，其实互联网更准确地说应该是连接网络的网络，它是利用通讯设备和线路将全世界范围内不同地理位置的功能相对独立的数以千万计的计算机系统通过一组通用的协议相互链接起来，以功能完善的网络软件（网络通讯协议、网络操作系统等）实现网络资源共享和信息交换的数据通讯网。互联网并不等同于我们现在所熟知的万维网（WWW），万维网只是一个基于超文本相互链接而成的全球性系统，且是互联网所能提供服务的其中之一。

互联网既然是一组全球信息资源的总汇，那么有一种简单粗略的说法，认为 Internet 是由许多小的网络（子网）互联而成的一个逻辑网络，每一个子网中连接着若干台计算机（主机）。Internet 以相互交流信息资源为目的，基于一些共同的协议，并通过许多路由器和公共互联网而成，它是一个信息资源和资源共享的集合。更通俗地讲，有人将互联网比喻成高速公路，每一个子网络是一个城镇，高速路是连接城镇与城镇之间的通道，通过高速公路将资源传递到各个城镇当中去，再由城镇道路网络传递到每家每户。

互联网就好像国家与国家之间会被称为“国际”一样，网络与网络之间所串连成的一个庞大的网络集群被翻译为“网际网络”，又被音译为“因特网”或者“英特网”，是指在 ARPA 网（The Advanced Research Projects Agency Network，全球互联网的始祖）基础上发展出的世界上最大的全球性互联网络。互联网在台湾被翻译为网际网路，或称“互连网”，即是“连接网络的网络”，可以是任何分离的实体网络的集合，这些网络以一组通用的协议相连，形成逻辑上的单一网络。这种将计算机网络互相连接在一起的方法称为“网络互联”。

我们现在所单独提的互联网，一般都是指通过互联网接入其中的某个网络，有时将其简称为网或网络（The Net）。对互联网的使用，人们称之为“上网”“冲浪”“浏览”及“漫游”，而将使用互联网的人称之为“网民”，将网上认识的朋友称为“网友”。

2. Internet 的起源

说起互联网的起源，现在所能找到的资料中大多数都将互联网的产生归功于冷战时期的产物，而互联网的诞生地是美国。互联网的前身是阿帕网（ARPANET），是隶属于美国国防部高级计划署的一个网络。这一机构最初被称为“阿帕”（ARPA：高级研究计划署）。“阿帕”起源于20世纪五六十年代，美国为了进行军事研究，建立了国防部高级研究计划署，该网于1969年投入使用。由此，阿帕网成为现代计算机网络诞生的标志，而被聘请设计阿帕网的拉里·罗伯茨被人们称为“互联网之父”。

20世纪60年代被广泛使用的网络都是中央控制式的。这种网络有一个明显的弱点：即如果中央控制系统受到攻击，整个网络就会瘫痪。为了解决这一难题，阿帕网诞生了。阿帕网主要是基于这样的一种指导思想而设计的：网络必须能够经受故障的考验而维持正常的工作，一旦战争爆发，当网络的某一部分因为遭受攻击而失去工作能力时，网络中的其他部分应该能够继续维持正常的通讯工作。在这样的方式下，网络通讯不像由中央控制系统那样简单地把数据直接传送到目的地，而是在网络的不同站点之间利用接力的方式进行传送，这种网络中数据的传送方式称作“分组交换”。我们现在的互联网就是按照这样的交换原理运行的。

1970年，最初的主机对主机的通讯协议——“网络控制协议”被制定完成，它的作用是用来控制网络信号的传输。自此，阿帕网的运行有了标准，通过阿帕网进行链接的计算机日益增多。如何使不同类型的计算机按照共同的方式、共同的标准来链接，成了阿帕网继续生存的关键问题。1973年，网络专家制定了一组新的网络协议——“传输控制协议”和“网络间协议”，这两组协议一直沿用至今。1977年，美国国防部高级研究计划署组织了第一次不同网路之间的互联。信包首先通过点对点的卫星网络跨越了大西洋到达挪威，又从挪威经过陆地电缆到达伦敦；然后通过大西洋信包卫星网络，分别由埃及、西弗吉尼亚、贡希利、塔努姆和瑞士的地面站传送再回到美国，全部路程要经过9.4万英里。实验的顺利进行，证明了TCP/IP协议的成功。在此期间，阿帕网还诞生了一款伟大的通讯软件，通过这款软件可以实现不同计算机系统之间的通讯，这就是在阿帕网上使用最为普遍的——电子邮件。电子邮件这种新的方式使网络通讯变得前所未有的方便。

当初的阿帕网是在美国国防计划署的资助和指导下建立起来的，最初只连接了4台主机，它的本意是为美国军队服务的。然而，在阿帕网的运行过程中，人们越来越清楚地看到，它的真正功能还是为科学家与大众服务。美国国防部于1990年正式取消了阿帕网，终于使互联网回到本来应有的位置上，起到真正的“互联网”的作用。

从1969年阿帕网的第一台主机投入运行开始，到1989年年底，运行了整整20年。在这20年中，网络技术不断进步，网络用户的队伍也在不断扩大，尤其是1987年，用户的数量直线上升。从1988年开始，互联网的用户更是以每年翻一番的惊人速度迅速增长。1995年，互联网的主干网从传输速度为5.6万波特率的6个节点发展到21个节点，数据传输速度也增长到45兆波特率。这时，整个美国接入互联网的网站大约2.9万个，而全世界接入互联网的网站则超过了5万个。互联网日益成为人们日常生活中不可缺少的一部分。

二、互联网的商业化

互联网商业化的开始才让普通人真正看到了互联网。其中，互联网商业企业成为我们对于互联网了解的重要组成部分。无论是Google、Twitter、腾讯、新浪还是淘宝，都成了互联网的代表名词，而这些企业也毫无例外地成为互联网商业化进程中的受益者。互联网的商业化无疑是互联网发展进程中的最重要的飞跃，它使得互联网走进了人们的日常生活中。大量的商业化企业的进入促使互联网迅速地扩大和发展，同时互联网提供了无数成本低廉的创新可能，使得无数的商业化企业如雨后春笋般地出现，如果没有众多商业化的互联网企业出现，互联网也不会有今天如此迅猛的发展。

1. 互联网商业化的产生

1983年，ARPA和美国国防部通讯局研制成功了用于异构网络的TCP/IP协议，美国加利福尼亚伯克莱分校把该协议作为其BSD UNIX的一部分，使得该协议得以在社会上流行起来，从而诞生了真正意义上的互联网。

1986年，美国国家科学基金会（National Science Foundation，NSF）利用阿帕网发展出来的TCP/IP的通讯协议，在5个科研教育服务超级计算机中心的基础上建立了NSF net广域网。由于美国国家科学基金会的鼓励和资助，很多大学、政府资助的研究机构甚至私营的研究机构纷纷把自己的局域网并入NSFnet中。那时，阿帕网的军用部分已脱离母网，建立了自己的网络——Milnet。阿帕网逐步被NSFnet所替代，到1990年，阿帕网已退出了历史舞台。如今，NSFnet已成为互联网的重要骨干网之一。

1989年，由CERN成功开发WWW，为互联网实现广域超媒体信息截取/检索奠定了基础。

到了20世纪90年代初期，互联网事实上已成为一个“网中网”——各个子网分别负责自己的架设和运作费用，而这些子网又通过NSFnet互联起来。由于NSFnet是由政府出资，因此，当时互联网最大的老板还是美国政府，只不过在一定程度上加入了一些私人小老板。互联网在20世纪80年代的扩张不单带来量的改变，同时亦带来质的某些改变。由于多种学术团体、企业研究机构，甚至个人用户的进入，互联网的使用者不再限于电脑专业人员。新的使用者发觉，加入互联网除了可共享NSFnet的巨型机外，还能进行相互间的通讯，而这种相互间的通讯对他们来讲更有吸引力。于是，他们逐步把互联网当作一种交流与通讯的工具，而不仅仅是共享NSFnet巨型机的运算能力。

在20世纪90年代以前，互联网的使用一直仅限于研究与学术领域，商业性机构进入互联网一直受到这样或那样的法规或传统问题的困扰。事实上，像美国国家科学基金会等曾经出资建造互联网的政府机构对互联网上的商业活动并不感兴趣。

1991年，美国的三家公司分别经营着自己的CERFnet、PSInet及Alternet网络，可以在一定程度上向客户提供互联网联网服务，并组成了“商用互联网协会”（CIEA），宣布用户可以把它们的互联网子网用于任何的商业用途。互联网商业化服务提供商的出现，使工商企业终于可以堂堂正正地进入互联网。商业机构一踏入互联网这一陌生的世界就发现了它在通讯、资料检索、客户服务等方面的巨大潜力。于是，其势一发不可收拾，世界各地无数的企业及个人纷纷涌入互联网，带来互联网发展史上一个新的飞跃。

2. 互联网的商业浪潮——互联网企业

互联网企业是互联网商业化发展的主要载体，所谓互联网企业一般来说是以网络为基础的经营，一般包括IT行业、电子商务、软件开发等。商业时代催生网络时代兴起，互联网以其强大的信息存储、信息互通、信息处理等功能风靡全世界。

随着互联网的开放和发展，垄断巨头、互联网服务提供者、在线服务提供者以及广播娱乐业巨头进入互联网商业竞争市场。互联网的新市场和新的利润也造成许多商业公司重组和联合。

由于互联网的不断商业化，互联网接入服务成为越来越大的一门生意。互联网接入商提供这样一种服务：由于租用数据线与互联网主干线链接需要高昂的费用，一般用户难以承担。于是一些商业机构先出钱架设（租用）某一地区的互联网主干数据专线，把这一地区称为互联网接入服务器的计算机与主干网络链接。此后这一地区的普通用户便可通过便宜的拨号电话线进入互联网接入服务器，从而间接地进入互联网，之后随着宽带技术的不断发展使得人们进入互联网越来越方便和快速。另外，随着越来越多的非计算机专业人士开始使用互联网，使得人们对互联网的操作界面、使用方便性、售后服务质量有了越来越高的要求。虽然在互联网中随处可下载各种免费的软件，但由于拷贝这些软件的地方极不规范，有时甚至很难寻找或难以进入。另外，因为这些软件并无使用手册，人们使用起来极为不方便，也很难找到相关的售后服务，这正是互联网软件服务业得以生存和发展的主要原因。还有，互联网虽然是一个取之不尽、用之不竭的巨大资源库，但庞大的资源库也给用户带来烦恼，如何才能找到适合自己的信息呢？为了解决这一问题，一个新的服务诞生了，这就是互联网咨询服务业务。

此外，互联网庞大的用户数、世界性的覆盖范围、丰富的表现手段、合理的广告成本以及高科技的形象使得众多厂商选择互联网作为广告媒体。正是这种需求，互联网广告服务业应运而生了。还有基于互联网的电子出版业也有着无可比拟的优势：如时效性高、免去了印刷发行等种种环节极大地降低了成本、发行简单，可以由用户主动选择阅读内容。据此，很多人认为互联网已经逐渐改变了人们的阅读习惯，在不久的将来甚至会完全代替传统媒体。互联网另一个重要趋势就是电子商业交换的出现即电子商务，如今我们已经可以完全感受到它给我们的生活带来的巨大便利，低廉的成本使得网上销售与传统销售相比具有巨大的优势。

互联网的商业浪潮为我们带来了花样百出的互联网服务，一个又一个的商业神话被互联网企业创造着。下面对那些我们所熟悉的互联网企业做一简单的介绍，希望能够让我们对成功的互联网企业以及它们的服务有一个初步的了解。

表 1－1　若干互联网企业及其主要功能

搜索引擎	Google	世界流量第一、市值第一的互联网企业。1998 年 9 月 7 日在斯坦福大学学生宿舍创立。2004 年 8 月，Google 公司在纳斯达克上市。提供的服务包括搜索、浏览器、邮箱、视频、地图、翻译等
	百度	中国流量第一网站，全球最大的中文搜索引擎。2000 年 1 月，由李彦宏和徐勇在北京中关村成立，2005 年 8 月登陆纳斯达克。至今共包括约 60 种服务，深受国内用户的喜爱
综合门户	雅虎	世界最大的互联网门户网站。1994 年 4 月，由杨致远和大卫·费洛在斯坦福大学创建，1995 年 4 月在纳斯达克上市。其服务包括搜索、电邮、新闻等，业务遍及 24 个国家和地区，为全球超过 5 亿的独立用户提供多元化的网络服务
	新浪	1998 年 12 月成立，2000 年 4 月上市。主要服务项目有新闻、邮箱、博客、微博等，优势服务项目是新闻、博客和微博
	搜狐	1998 年 2 月成立，2000 年 7 月上市。主要服务项目有新闻、邮箱、搜索、博客、游戏、浏览器、输入法等，其优势服务项目是搜索、游戏和输入法
	网易	1997 年 6 月成立，2000 年 6 月上市。主要服务项目有新闻、邮箱、搜索、游戏等，优势服务项目是邮箱和游戏
即时通讯	腾讯	全球第一大即时通讯服务提供商，中国市值最高的互联网企业。1998 年 11 月，由马化腾和张志东在深圳创建，2004 年 6 月在香港上市。腾讯产品线覆盖即时通讯（微信、QQ、Rtx、TM）、门户、搜索（soso）、社区服务、增值服务、娱乐平台、电子商务等
	飞信	中国移动下属品牌，神州泰岳公司运营。2007 年正式商用，到 2010 年，飞信成为中国移动旗下用户规模最大的互联网产品，注册用户数增长到 2 亿，至 2013 年活跃用户数超 9000 万，是国内第二大 IM 品牌，其优势为短信发送功能

（续表）

电子商务	阿里巴巴	世界上最大的B2B网站，由马云创立于1999年3月，2007年11月在香港上市。此外，阿里巴巴集团还拥有淘宝网、支付宝、阿里软件等下属公司
	亚马逊	世界最大的电子商务公司，成立于1995年，位于美国西雅图。一开始只经营网络的书籍销售业务，现在包括了DVD、音乐光碟、电脑、软件、电视游戏、电子产品、衣服、家具，等等。1997年5月上市，并于2004年收购中国卓越网，改名卓越亚马逊
	Ebay	世界上最大的C2C电子商务公司，成立于1995年9月4日，于2003年收购中国易趣，其防诈骗信誉系统等在国内被模仿

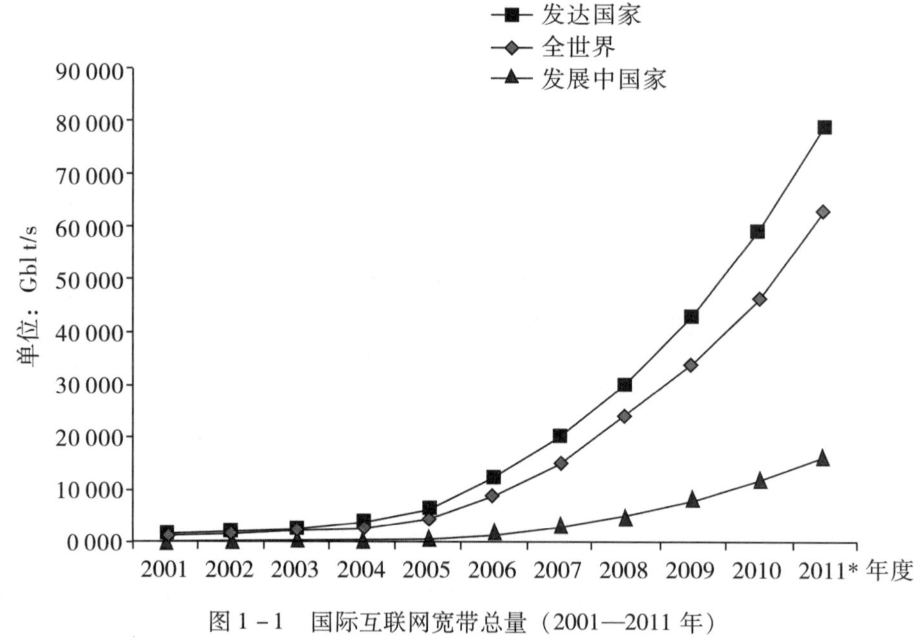

图1－1　国际互联网宽带总量（2001—2011年）

案例

第一门户网站——雅虎的诞生

说起互联网的最初商业化发展，有一家公司的名字不得不提起，它就是雅虎。雅虎（Yahoo!）是美国著名的互联网门户网站，20 世纪末互联网奇迹的创造者之一。雅虎有两位创始人，一位是大卫·费洛，另一位是杨致远。其服务包括搜索引擎、电邮、新闻等，业务遍及 24 个国家和地区，为全球超过5 亿的独立用户提供多元化的网络服务。同时雅虎也是一家全球性的互联网通讯、商贸及媒体公司。Yahoo 一词发明于《格列佛游记》的作者 Jonathan Swift。在小说里，它代表一个在外表和行为举止上都非常讨厌的家伙——列胡。雅虎的创始人杨致远和雅虎联合创始人大卫·费洛（David Filo）选择这个名字的原因就是他们觉得自己就是 Yahoo。还有一种说法，大卫·费洛和杨致远坚持他们选择这个名称的原因是他们喜欢字典里对 Yahoo 的定义“粗鲁，不通世故，粗俗”。

1994 年 1 月，史丹佛大学的两位研究生大卫·费洛和杨致远创建了一个名为“杰瑞的网络指南”（Jerry's Guide to the World Wide Web）的网站。“杰瑞的网络指南”是一个网站信息引索，一个可定制的数据库，旨在满足成千上万的、刚刚开始通过互联网社区使用网络服务的用户的需要。他们开发了可定制的软件，帮助他们有效地查找、识别和编辑互联网上存储的数据。1994 年 4 月，“杰瑞的网络指南”更名为“Yahoo!”。截至 1994 年年底，Yahoo! 已经收到了 100 万个点击量，费洛和杨致远意识到他们的网站拥有巨大的商业潜力，并于 1995 年 3 月 1 日成立了公司。1996 年 4 月 12 日，雅虎公司首次公开募股，以每股 13 美元的价格卖出 260 万股，筹资 1. 3380 亿美元。自此，一个互联网的传奇就此诞生了。

3. 网民

通常而言，网民是指网络使用者（Net User），即所有将其终端（包括计算机、移动终端等）连接上互联网进行网络活动的人。我国对于中国网民的概念是指：半年内使用过互联网的 6 周岁以上的中国公民。网民的大量增长是与互联网的商业化分不开的，目前来看网民数量的多少是衡量一国或者一个地区互联网发展的重要指标。

21 世纪初期许多评论者将互联网经济称为“眼球经济”，可见互联网是一个需要大量人关注并参与其中才能产生经济效益的产业，而这些互联网的参与和使用者便是网民。网民对于互联网的发展也有着巨大的作用。网民（Netizens）这一词汇的创造者霍本认为人们理解的“网民”其实有两种概念层次：一种是泛指任何一位网络使用者，而不管其使用意图和目的；另一种是指特定的对广大网络社会（或环境）具有强烈关怀意识，而愿意与其他具有相同网络关怀意识的使用者一起共同合作，以集体努力的方式建构一个对大家都有好处的网络社会的一群网络使用者。由此可以看出网民是一群具有特征与特质的网络使用者，网民一词具有正面的含义，所以一个国家或地区网民的发展对于衡量该地区互联网的发展有着重要的意义。

据 ITU（联合国下属机构国际电信联盟）2013 年年底发布的报告显示，全球网民总数将达到 27 亿，这就意味着，全球有将近半数的人在使用互联网，每 2. 5 个人中就有 1 个人使用互联网。

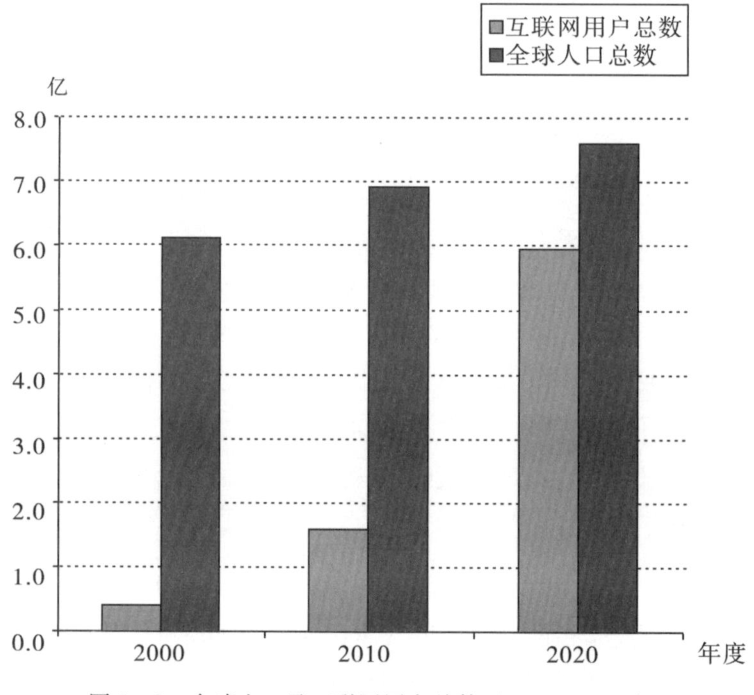

图 1 - 2　全球人口及互联网用户总数（2000—2020 年）

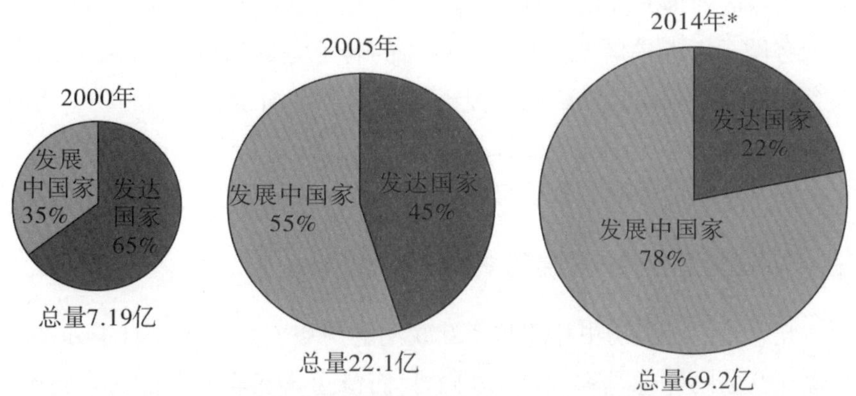

发达国家和发展中国家的分类是基于联合国M49标准，详见
http://www.itu.int/en/ITU-D/Statistics/Pages/definitions/regions.aspx.html
注释：*估值
资料来源：ITU World Telecom munication/ICT Indicators database

图 1-3 发展中国家与发达国家手机等移动设备入网用户比例

资料介绍：中国网民规模

根据中国互联网信息中心 2014 年的《第 33 次中国互联网发展状况统计报告》显示，截至 2013 年 12 月，我国网民规模达 6.18 亿，全年共计新增网民 5358 万人。互联网普及率为 45.8%，较 2012 年年底提升了 3.7 个百分点，整体网民规模增速保持放缓的态势。

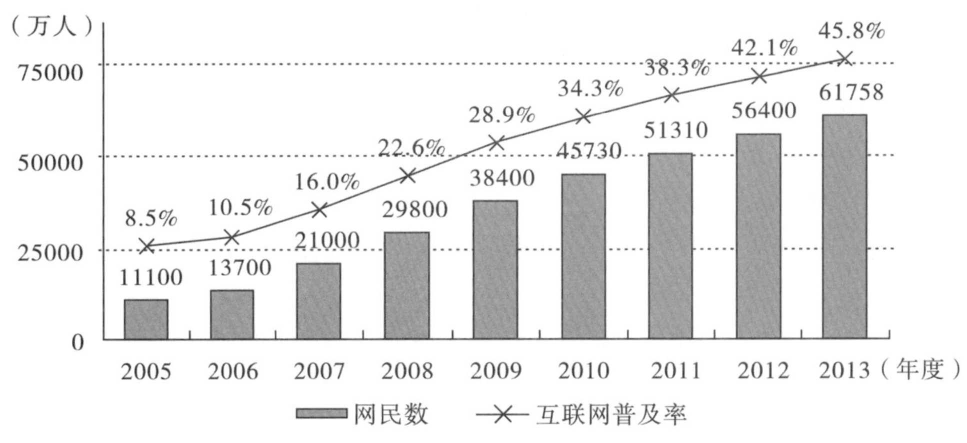

图 1-4 中国网民规模和互联网普及率

报告中指出，随着互联网普及率的逐渐饱和，中国互联网的发展主题已经从“普及率提升”转换到“使用程度加深”，而近几年的政策和环境变化也对

互联网使用深度的提升提供了有力保障：首先，国家政策支持，2013 年国务院发布《国务院关于促进信息消费扩大内需的若干意见》，说明了互联网在整体经济社会的地位；其次，互联网与传统经济结合越加紧密，如购物、物流、支付乃至金融等方面均有良好应用；再次，互联网应用塑造全新的社会生活形态，对人们日常生活中的衣食住行均有较大改变。

三、中国互联网的发展历史

中国互联网的发展历史相比整个互联网的历史要短很多，对于许多中国老百姓来说，互联网好像是突然就来到了我们身边。互联网是如何来到中国的？互联网在中国的发展过程中到底经历了什么？

1. 中国互联网的诞生

说到互联网进入中国，有一个人的名字不得不提起，他就是钱天白教授。1987 年 9 月 20 日，钱天白教授发出我国第一封电子邮件，这一具有里程碑意义的邮件揭开了中国人使用互联网的序幕。1990 年 10 月，钱天白教授代表中国正式在国际互联网络信息中心的前身 DDN－NIC 注册登记了我国的顶级域名 CN，并且从此开通了使用中国顶级域名 CN 的国际电子邮件服务。由于当时中国尚未正式连入互联网，所以委托德国卡尔斯鲁厄大学运行 CN 域名服务器。1991 年，在中美高能物理年会上，美方提出把中国纳入互联网络的合作计划。

1994 年 4 月 20 日，一个永载史册的日子。在国务院的明确支持下，经过科研工作者的艰辛努力，连接着数百台主机的中关村地区教育与科研示范网络工程，成功实现了与国际互联网的全功能链接。1994 年 5 月 15 日，中国科学院高能物理研究所设立了国内第一个 WEB 服务器，推出中国第一套网页，内容除介绍我国高科技发展外，还有一个栏目叫 *Tour in China*。此后，该栏目开始提供包括新闻、经济、文化、商贸等更为广泛的图文并茂的信息并改名为《中国之窗》。

在随后两年多时间里，中国科技网（CSTNET）、中国公用计算机互联网（CHINANET）、中国教育和科研计算机网（CERNET）、中国金桥信息网（CHINAGBN）相继开工建设，开始了全面铺设中国信息高速公路的历程，信息时代的大门自此在国人面前悄然开启。

2. 中国互联网的第一次高速发展

从 1997 年开始，中国互联网步入快速发展阶段，根据统计显示，全国网民每隔半年即增长一倍，上网从一种时尚变成了一种真正的需求。最先让互联网和世界融为一体的，是电子邮件的普及和聊天软件的兴起。一场互联网的革命就这样在两年的时间里传遍了整个中华大地。对于IT业来说，这是个追梦的年代，这个时候到处都充斥着美梦成真的故事。搜狐、新浪、腾讯等国内互联网公司的出现为中国互联网带来了第一次浪潮，免费邮箱、新闻资讯、即时通讯一时间成为最热门的应用，无数的年轻人都投身到互联网行业当中。2000年，新浪、网易、搜狐三大门户网站先后登陆纳斯达克，中国互联网企业海外上市热潮骤然涌起。

然而，受美国互联网泡沫崩盘的影响，中国互联网很快遭受到来自大洋彼岸的寒潮的袭击。根据Webmergers统计，自2000年泡沫破灭以来，全球至少有4854家互联网公司被并购或者关门。对2000年的互联网泡沫破灭，有人说都是资本惹的祸！然而深入一步反思，我们发现：泡沫的真正“吹鼓”者还在互联网企业自身。早在2002年，就有媒体反思：这场“疯狂”背后的基本脉络，这其实就是风险资本催化下的一场全社会的“烧钱”运动——编梦、融资、烧钱、上市、再烧钱？一方面，是网络经济没有现成的经验可借鉴，资本需要“. com”的创造；另一方面，好的概念能够打动投资者的心，从而为“. com”在股市中募得大量资金。“. com”就这样在高烧中用概念代替了经营。社会分工被淡化，客户与竞争对手之间的界限模糊了，整个产业形成了“各自为王”的格局，形成了低层次重复建设的现象。反思当时的互联网，还有一个很重要的问题不能忽略，互联网“工具”的过分神化与“主体信息化”的滞后。互联网只是网络经济中的一个工具，而不是网络经济的主体，它并不能主导、主宰社会经济。

3. 中国互联网的第二次春天

2002年，中国互联网终于迎来新的春天。根据CNNIC的数据，当年中国网民数量飙升至5910万。2002年的第二季度，搜狐公司首先宣布盈利，并称互联网的春天已经来临。从2003年起，中国互联网逐渐找到了适合自己的盈利发展模式，互联网应用呈现多元化局面，电子商务、网络游戏、视频网站、社交娱乐等应用全面开花。伴随着中国互联网新一轮的高速增长，中国网民数量也不断攀升，2008年6月达到2.53亿，首次大幅度超过美国，跃居世界首位。

2009年，以移动互联网的兴起为主要标志，中国互联网再次步入一个新的发展时期。2012 年，移动互联网用户首次超过 PC 用户，中国网络购物规模直逼美国，成为全球互联网第二大市场。与此同时，互联网企业变得更加理性开放，传统企业也在与互联网企业的交锋中逐步走向融合共生。到 2013 年年底，中国网民规模突破 6 亿，其中手机网民占到 80%；国内域名总数达 1844 万个，网站超过 350 万家；全球十大互联网企业中中国占有 3 席。中国已经当之无愧地成为互联网大国。

中国互联网的产生虽然比较晚，但是经过几十年的发展，依托于中国国民经济和政府体制改革的成果，已经显露出巨大的发展潜力。中国已经成为国际互联网的一部分，并且将会成为最大的互联网用户群体。

纵观中国互联网的发展历史，我们可以总结为六个阶段：

第一阶段——萌芽阶段（1987—1994 年）：这一阶段中国互联网还处于孕育阶段，还没有自己真正的互联网。

第二阶段——初步发展阶段（1994—1997 年）：这一阶段互联网逐步从少数科学家使用走向民众，人们通过媒体了解了互联网的神奇之处。

第三阶段——第一次高速发展阶段（1997—2000 年）：随着国内互联网企业的兴起，中国互联网进入了第一轮热潮，网民数量急剧增加，几大门户网站的崛起起到了绝对的主导作用。

第四阶段——低潮阶段（2000—2003 年）：受到互联网泡沫的影响，中国的互联网经受了互联网寒潮的侵袭。

第五阶段——第二次高速发展阶段（2003—2011 年）：随着商业模式的不断完善，中国互联网第二次进入高速增长，2009 年移动互联网的爆发更是加剧了这一进程，大量的新兴互联网公司崛起，互联网已经越来越融入我们的生活。

第六阶段——成熟发展阶段（2011 年至今）：进入 2011 年，随着我国网民数量增加以及互联网普及率的逐渐饱和，中国互联网进入到一个应用多元化的成熟发展阶段。

资料：中国四大骨干网络介绍（来源：百度百科）

中国公用计算机互联网

该网络于 1994 年 2 月由原邮电部与美国 Sprint 公司签约，为全社会提供 Internet 的各种服务。1994 年 9 月，中国电信与美国商务部布朗部长签订中美双方关于国际互联网的协议，协议中规定中国电信将通过美国 Sprint 公司开通两条 64K 专线（一条在北京，另一条在上海）。中国公用计算机互联网（China

NET）的建设开始启动。1995年年初与Internet连通，同年5月正式对外服务。目前，全国大多数用户者是通过该网进入互联网的。ChinaNet的特点是入网方便。

中科院科技网

中科院科技网也称中关村地区教育与科研示范网络（National Computing & Networking Facility of China，NCFC）。它是由世界银行贷款、国家计委、国家科委、中国科学院等配套投资和扶持的。项目由中国科学院主持，联合北京大学、清贫大学共同实施。

1989年NCFC立项，1994年4月正式启动。由于受到政治环境的影响，网络在建设初期遇到许多困难。1992年，NCFC工程的院校网，即中科院院网、清华大学校园网和北京大学校园网全部完成建设；1993年12月，NCF主干网工程完工。采用高速光缆和路由器将三个院校网互联，直到1994年4月20日，NCFC工程连入Internet的64K国际专线开通，实现了与Internet的全功能连接，整个网络正式运营。从此我国被国际上正式承认为有Internet的国家，此事被我国新闻界评为1994年中国十大科技新闻之一，被国家统计公报列为中国年重大科技成就之一。

国家教育和科研网

该网络是为了配合我国各院校更好地进行教育与科研工作，由国家教委主持兴建的一个全国范围的教育科研互联网。网络于1994年开始兴建，同年10月，CERNET开始启动。该项目的目标是建设一项全国性的教育科研基础设施，利用先进实用的计算机技术和网络通讯技术，把全国大部分高等学校和中学连接起来，推动这些学校校园网的建设和住处资源的交流共享。目前它已经连接了全国1000多所院校，共3万多用户。该网络并非商业网，以公益性经营为主，所以采用免费服务或低收费方式经营。

中国金桥网

中国金桥网是由原电子部志通通讯有限公司承建的互联网。1993年8月27日，李鹏总理批准使用300万美元总理预备金支持启动金桥前期工程建设。1994年6月8日，金桥前期工程建设全面展开。1994年年底，金桥网全面开通。目前，已在24个省、市、地区开通了服务，国际出口速率256Kbit/s，并准备将出口速率提高到2Mbit/s。China GBN是国家授权的四个互联网络之一，也是在全国范围内进行Internet商业服务的两大互联网络之一（另一个是China NET）。1996年8月，国家计委正式批准金桥一期工程立项，并将金桥一期工程列为“九五”期间国家重大续建工程项目。9月6日，中国金桥信息网（China GBN）连入美国的256K专线正式开通，中国金桥信息网宣布开始提供Internet服务。

话外篇：中国互联网的现状统计资料（来源CNNIC）

（1）基础资源现状。

互联网基础资源不但包括网民、IP地址、域名、网站、网页、国际出口带宽等软资源，还包括网络设备、光缆线路长度等硬资源，它是信息化能力和水平的重要评测因素。根据CNNIC最新报告显示，截至2013年12月，我国IPv4地址数量为3.30亿，拥有IPv6地址16670块/32。我国域名总数为1844万个，其中“.CN”域名总数较去年同期增长44.2%，达到1083万，在中国域名总数中占比达58.7%。我国网站总数为320万个，较去年同期增长19.4%。国际出口带宽为3406824Mbps，较去年同期增长79.3%。

（2）网民规模及属性现状。

根据CNNIC的最新报告显示，截至2013年12月，我国网民规模达6.18亿，全年共计新增网民5358万人。互联网普及率为45.8%，较2012年年底提升了3.7个百分点，整体网民规模增速保持放缓的态势。

近年来，中国网民规模增长主要源于以下四个方面的因素：第一，中国政府在信息化领域制定了一系列政策方针并持续加强基础网络设施建设，为互联网接入提供较好的网络基础条件；第二，运营商和各大厂商积极推动互联网应用发展，加快网络应用对社会生活的渗透，如打车、支付等应用与线下结合紧密，吸引更多的人使用互联网；第三，传统媒体和新媒体的联动加强，提升整体社会对互联网的认知，促使更多的人使用互联网；第四，网络应用的社交性和即时沟通的便捷性，在增加网民使用黏性的同时加大了网民对非网民同伴的连带影响，促进非网民向网民转化。这一系列因素共同推动互联网用户规模的增长，尤其推动了手机网民规模的持续增长。2013年，中国新增网民中使用手机上网的比例高达73.3%，高于其他设备的使用比例，这意味着手机依然是中国网民增长的主要驱动力。

对非网民未来上网意愿进行分析显示：2013年非网民中表示半年内肯定上网或可能上网的比例为11.9%，与2012年年底基本持平，说明非网民中原本就有上网意向的潜在网民已逐步完成向网民的转变；非网民中未来不一定/说不清是否上网的比例为13.7%，相比2012年年底有所上升，肯定不上/可能不上的比例则有所下降，说明非网民中倾向不上网的用户开始逐渐改变其上网意向，这部分人也将成为下一阶段互联网网民规模增长的重要来源。

未来，手机上网依然是带动中国网民增长的重要因素。手机相对计算机的技术门槛更低，是互联网向农村地区、低收入群体渗透的重要途径。在手机上网普及过程中，运营商的推动作用还将继续存在，通过网络套餐和3G号码的推广宣传活动促进手机用户向手机网民用户的转换。尤其针对农村等相对落后地区居民，在加大手机上网宣传的同时，还应开发更多和农村生活相关联的应用，提高农村居民对互联网的兴趣，从而促进其对互联网的使用。

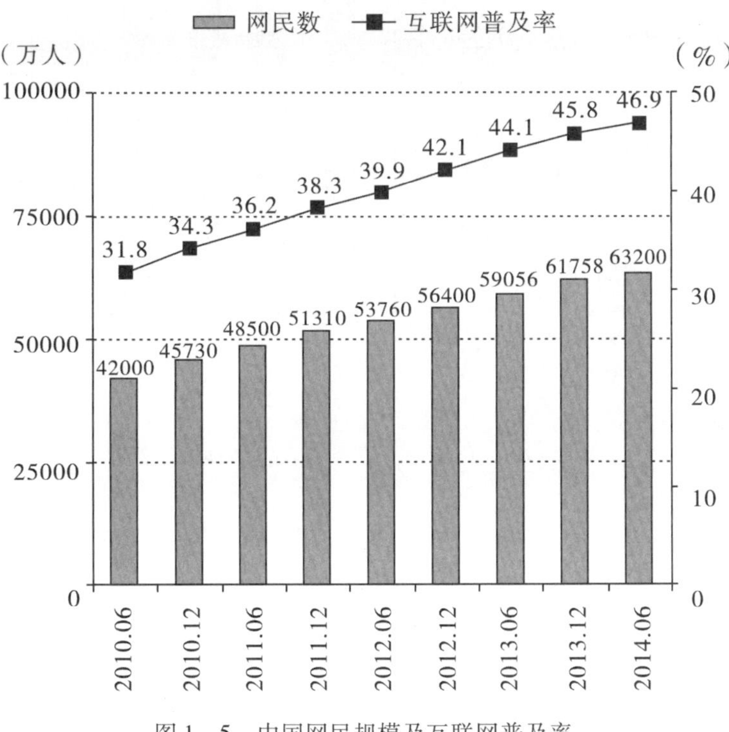

图1-5　中国网民规模及互联网普及率

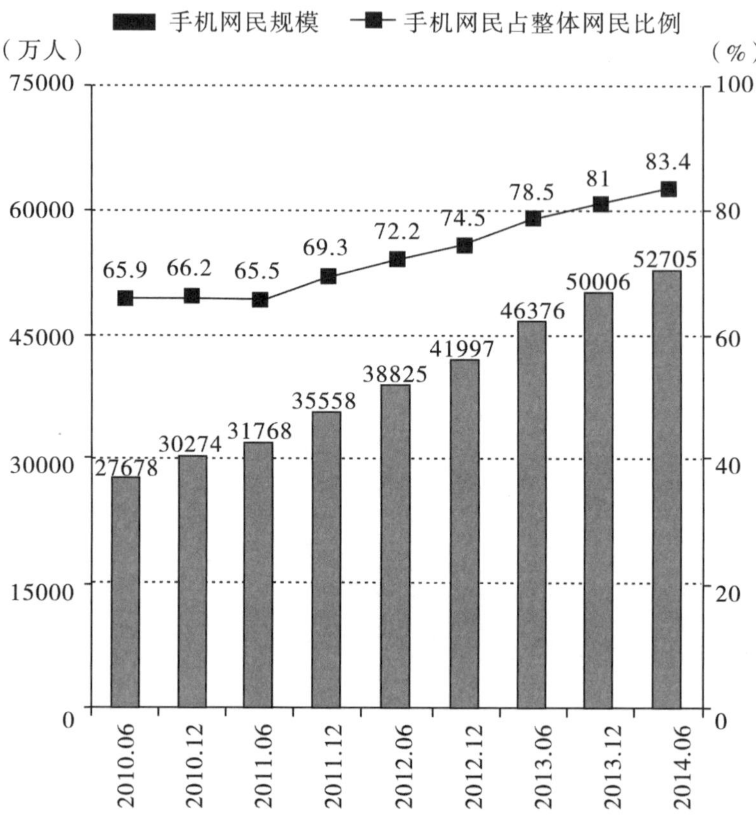

图1-6　中国手机网民规模及其占网民比例

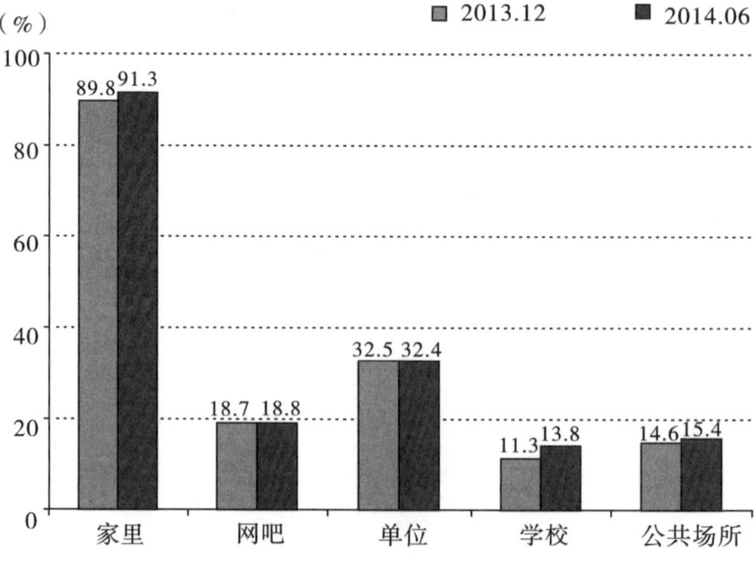

图1-7　中国网民使用计算机上网场所

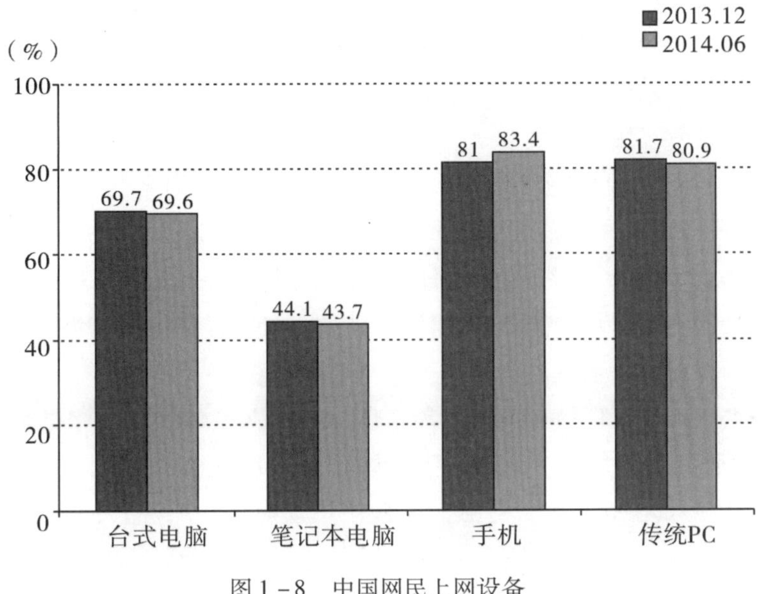

图 1－8　中国网民上网设备

（3）中国互联网应用现状。

根据 CNNIC 的数据，2013 年，在移动互联网的推动下，契合手机使用特性的网络应用进一步增长。即时通讯作为第一大上网应用，其用户使用率继续上升，微博等其他交流沟通类应用使用率则持续走低；电子商务类应用继续保持快速发展，网络购物用户规模大量增长；对网络流量和用户体验要求较高的手机视频和手机游戏等应用使用率看涨。

2013 年，手机端视频、音乐等对流量要求较大的服务增长迅速，其中手机视频用户规模增长明显，截至 2013 年 12 月，我国在手机上在线收看或下载视频的用户数为 2.47 亿，与 2012 年年底相比增长了 1.12 亿人，增长率高达 83.8%。手机视频跃升至移动互联网第五大应用。手机端高流量应用的使用率增长主要由三方面原因造成：首先是用户向手机端的转移，整体网民对于计算机的使用率持续走低；其次是使用基础环境的完善，如智能手机和无线网络的发展；最后是上网成本的下降，如视频运营商和网络运营商的包月合作。

微博、社交网站及论坛等互联网应用使用率均下降，而类似即时通讯等以社交为基础的平台应用发展稳定。从具体数字分析，2013 年微博用户规模下降 2783 万人，使用率降低 9.2 个百分点。而整体即时通讯用户规模在移动端的推动下提升至 5.32 亿，较 2012 年年底增长 6440 万，使用率高达 86.2%，继续保持第一的地位。移动即时通讯发展迅速的原因一方面是由于即时通讯与手机通讯的契合度较大；另一方面是由于在社交关系的基础之上，增加了信息分享、交流沟通甚至支付、金融等应用，极大限度地提升了用户黏性。

中国网络游戏用户增长明显放缓。网民使用率从 2012 年的 59.5% 降至 54.7%。网络游戏用户规模为 3.38 亿，网络游戏用户规模增长仅为 234 万。与整体网络游戏用户规模趋势不同，手机端网络游戏用户增长迅速。截至 2013 年 12 月，我国手机网络游戏用户数为 2.15 亿，较 2012 年年底增长了 7594 万，年增长率达到 54.5%。整体行业用户的增长乏力以及手机端游戏的高速增长意味着游戏行业内用户从计算机端向手机端转换加大，手机网络游戏对于 PC 端网络游戏的冲击开始显现。

商务类应用继续保持较高的发展速度，其中网络购物以及相类似的团购尤为明显。2013 年，中国网络购物用户规模达 3.02 亿人，使用率达到 48.9%，相比 2012 年增长了 6.0 个百分点。团购用户规模达 1.41 亿人，团购的使用率为 22.8%，相比 2012 年增长了 8.0 个百分点，用户规模年增长 68.9%，是增长最快的商务类应用。商务类应用的高速发展与支付、物流的完善以及整体环境的推动有密切关系，而团购出现“逆转”增长，意味着在经历了野蛮增长后的洗牌，团购已经进入理性发展时期。

表 1-2 中国网民各类网络应用的使用率

	2014 年 6 月		2013 年 12 月		
应用	用户规模（万）	网民使用率	用户规模（万）	网民使用率	半年增长率
即时通讯	56423	89.30%	53215	86.20%	6.00%
搜索引擎	50749	80.30%	48966	79.30%	3.60%
网络新闻	50316	79.60%	49132	79.60%	2.40%
网络音乐	48761	77.20%	45312	73.40%	7.60%
博客/个人空间	44430	70.30%	43658	70.70%	1.80%
网络视频	43877	69.40%	42820	69.30%	2.50%
网络游戏	36811	58.20%	33803	54.70%	8.90%
网络购物	33151	52.50%	30189	48.90%	9.80%
网上支付	29227	46.20%	26020	42.10%	12.30%

（续表）

	2014 年 6 月		2013 年 12 月		
应用	用户规模（万）	网民使用率	用户规模（万）	网民使用率	半年增长率
网络文学	28939	45. 80%	27441	44. 40%	5. 50%
微博	27535	43. 60%	28078	45. 50%	-1. 90%
网上银行	27188	43. 00%	25006	40. 50%	8. 70%
电子邮件	26867	42. 50%	25921	42. 00%	3. 60%
社交网站	25722	40. 70%	27769	45. 00%	-7. 40%
旅行预订	18960	30. 00%	18077	29. 30%	4. 90%
团购	14827	23. 50%	14067	22. 80%	5. 40%
论坛/bbs	12407	19. 60%	12046	19. 50%	3. 00%
互联网理财	6383	10. 10%	-	-	-

资料来源：第 34 次中国互联网络发展状况统计报告。

第二章 国际热门互联网企业

互联网企业是互联网发展的主要驱动者和实践者，从互联网发明至今，无数的互联网创造着一个又一个企业神话，也有着一个又一个互联网神话的覆灭，本节希望通过介绍几个目前被大家所熟知的成功国际互联网企业为大家揭开互联网企业的面纱。

一、Twitter

1. 什么是 Twitter

Twitter Logo

Twitter（官方中文译名推特）是一个社交网络及微博客服务的网站，是全球互联网上访问量最大的十个网站之一。与我们所熟知的新浪微博相似，它利用无线网络、有线网络、通讯技术，进行即时通讯，是微博客的典型应用。它允许用户将自己的最新动态和想法以短信形式发送给手机和个性化网站群，而不仅仅是发送给个人。

Twitter 由利兹·斯通、埃文·威廉姆斯和杰克·多西共同创办。它可以让用户更新不超过 140 个字符的消息，这些消息也被称作“推文（Tweet）”。Twitter 在全世界广受欢迎，正如威廉姆斯所言，“它是迈向信息民主化的又一步，我坚信，如果能让人们更便捷地共享信息，未来会更美好”。据 Twitter 现任 CEO 迪克·科斯特洛（Dick Costolo）宣布，截至 2012 年 3 月，Twitter 共有 1.4 亿活跃用户，这些用户每天会发表约 3.4 亿条推文。

同时，Twitter 每天还会处理约 16 亿的网络搜索请求。Twitter 被形容为“互联网的短信服务”。网站的非注册用户可以阅读公开的推文，而注册用户则可以通过 Twitter 网站、短信或者各种各样的应用软件来发布消息。Twitter 公司设立在旧金山，其部分办公室及服务器位于纽约城。

关于名字 Twitter 的来历，Twitter 是一种鸟叫声，创始人认为鸟叫是短、频、快的，符合网站的内涵，因此选择了 Twitter 为网站名称。

2. Twitter 的成长史

Twitter 的前身是约成立于 2005 年的 Odeo 播客平台，创立者是诺亚·格拉斯。埃文·威廉姆斯是该公司的早期投资者之一，并成为其后来的 CEO。不久 Odeo 扩展，杰克·多西、布雷恩·库克等人加入。

2005 年秋季，苹果发布了内置播客功能的 iTunes，使得 Odeo 业务大受影响，前景很不乐观。于是，威廉姆斯决定改组业务，将 Odeo 的员工分成数个小组开展不同的项目。格拉斯和多西的"全日智囊团"开始了名为"Twttr"的项目，创意来自多西，格拉斯负责营运并定下了"Twttr"的名字，这是 Flickr 和美国短信服务代码都是 5 位数这一惯例所带来的灵感。开发者们最初使用"10958"作为实验开发所用的短号码，后来为了"方便实用与记忆"将其改为了"40404"。

杰克·多西想法的首个版本完全依赖于 Web，它于 2006 年 3 月 31 日完成。新服务的用户群完全来自于公司及员工的亲属，由于竞争原因，新服务一直处于高度保密状态，大公司员工被拒绝加入。当时，公司凭借管理员页面可以观察每个用户，并可跟踪系统中的每个人。当团队的家庭成员突然被人随意追踪时，纠纷随之产生了，于是产生了隐私帐号，而真正意义上的安全保护是在随后才做到。当隐私保护真正出现时，Twttr 的用户大约为 100 人。

关于 Twitter 的更名，杰克·多西曾这样说道："这个项目最开始的一段时间里使用'Status'作为项目名称，事实上它当时没有名字。我们当时试图给它命名，并且移动化是这个产品的大的发展方向……我们喜欢短信服务这个方面以及你如何在任何地方即时更新与接收信息。我们想捕捉一种感觉：那种你不断骚扰你的朋友的手机而产生的振动的感觉。所以我们脑力激荡地进行了许多给产品命名的讨论，之后我们想到了一个名字'Twitch'（抽搐），因为手机振动的时候感觉就是这样的，但是'Twitch'表达的意向不准确使得它不能成为一个好的产品名称。所以我们去查阅字典，并最终找到了单词'Twitter'（啁啾），而且我们觉得它很棒。它的定义是'很弱的脉冲信号'与'小鸟的啁啾'，这正符合这个产品的大体设计思路。"

Twttr 更名为 Twitter 之后，杰克·多西仍然只是一名工程师，当时的相关服务也只提供了几个月而已。超过 160 个字符的短信，将被编成多条短信，顺序发送，这使得短信费用增加。因此公司决定将每次发送字符数字限制在 140 个之内，以保证为用户名或短信前面的标点预留出空间。2006 年，孟买恐怖袭击案爆发后，Twitter 更是声名鹊起。杰克·多西在 2007 年 2 月曾写道："人们可以通过 140 个字符来改变世界。"2007 年，杰克成了 Twitter 首席执行官，以社交网站的标准来看，Twitter 规模仍然很小，但 Twitter 可以提供直接和重要的信息，这一点是其他社交网站无法比拟的。2008 年 10 月，杰克·多西的 CEO 职位由威廉姆斯接任，2008 年斯通和威廉姆斯掌管公司。

当向两位创始人问及公司的营收状况时，他们都会提示 Twitter 还是一家年轻的公司，他们首先要考虑到产品的无懈可击，随后，他们会异口同声地说，在 1998 年，没有人会问谷歌如何盈利，最后，他们会说，所有的人都担心资产缩水，但并不意味着他们也会这样。Twitter 已拥有超过 2000 万美元的风险投资金，据 TechCrunch 的报道称，Twitter 与一家风投公司签署的条款说明书透露，Twitter 市值 2. 5 亿美元。因此，Twitter 盈利还有足够的时间。

Twitter 曾拒绝了 Facebook 开出的 5 亿美元的收购价，但在现有经济情况下，Twitter 还会一口拒绝吗？答案也许是肯定的。威廉姆斯表示，"我们有自己的产品，我们正为之努力，我们会有现金流"。

Twitter 公司经历了非常快速的发展。根据维基百科介绍，2007 年时，平均每季度会产生 400000 条消息，而到了 2008 年，这个数字已经增长至 1 亿条。2010 年 2 月，Twitter 用户平均每天会发送 5000 万条消息。到 2010 年 3 月，Twitter 官方一共记录了超过 70000 款第三方应用程序。到 2010 年 6 月，根据 Twitter 提供的数据，平均每天会产生 6500 万条消息，也就是每秒产生 750 条消息。Compete. com 网站显示，Twitter 早在 2009 年 1 月就已经从排名第 22 位的社交网络站点上升至第三位。2013 年 11 月 7 日，Twitter 在纽交所挂牌上市，开盘报 45. 1 美元，较之 26 美元的发行价大涨 73. 46%。Twitter 的迅速崛起为我们展示了互联网企业快速发展的成功案例，但未来将会如何，是否会一直成功下去还需要更多的时间来证明。

3. Twitter 的产品

Twitter 是一个可以让你播报短消息给你的关注人的一个在线服务，它同样允许你可以指定那个你想跟随的 Twitter 用户，这样你在一个页面上就能读取他们发布的信息。Twitter 最初计划是在手机上使用，并且与计算机一样方便使用。所有的 Twitter 消息都被限制在 140 个字符之内，因此每一条消息都可以作为一条 SMS 短消息发送。这就是 Twitter 迷人之处的一部分。

Twitter 对于组织严密的小组来说是非常有用的（尽管 Twitter 上也同样存在着数量相当大的乌合之众）。假如你跟随你的朋友，并且他们还跟随着另外的人，你就可以进行快速沟通。另外还有很重要的一点就是，Twitter 是完全免费的。

Twitter 的使用非常简单，当你进入 Twitter. com 点击“Join for free（免费加入）”便可进行使用。不过最好是利用你的真实姓名或常用 ID 来注册，否则你的朋友无法容易地找到你，另外上传照片同样对你有所帮助。需注意的是，假如你选择“Protect my updates（保护我的补充资料）”选项的话，其他人就无法在没有取得你认证的情况下查看你的信息。当你拥有一个 Twitter 帐号后，就可把你的用户名告诉你的朋友，或者把你位于 Twitter 个人页面链接发送给他们。当然，所有的用户都会有自己的个人页面。

4. Twitter 在中国

自 2009 年 6 月 2 日下午起，由于推特不限制人们上传中国政府不允许的暴力、色情、恶意诽谤、造谣，以及反对中国政府的内容，所以中国内地无法直接访问 Twitter 官方网站。2012 年 1 月，西方著名社交网站 Twitter 宣布，有能力针对不同国家和地区实施网络内容过滤。此消息一出，立即引发外界关注。据《美国之音》报道，推特在其官网发表声明称：“随着该公司不断国际化发展，将进入对自由表达界限有着不同理解的国家。有些国家的理解与我们差异很大，导致我们无法在这些国家存在。还有些国家与我们类似，但对某些内容有限制，比如法国和德国就禁止支持纳粹的言论。此前，我们要满足有关国家的要求只能在全球范围内删除内容。不过从今天起，我们已经拥有了针对特定国家用户采取措施、屏蔽相关内容的能力。”该消息一出，立即引发外界的密切关注。美国政府表示，要对推特宣布的网络过滤保持“观察”。美国国务院发言人纽兰表示：“就像国务卿一直强调的，我们坚决致力于保护主要的言论自由、结社自由以及网络联系自由。”英国广播公司 2012 年 1 月 28 日称，有批评者认为，推特改进新的审查机制是为了进入中国市场。对于这一猜测，推特发言人回应说：“我们还看不到能以符合自身理念的方式在华运营的途径。”因此，中国内地访客只能借助 VPN（网络代理）软件来访问 Twitter。

二、Facebook

1. Facebook 的由来

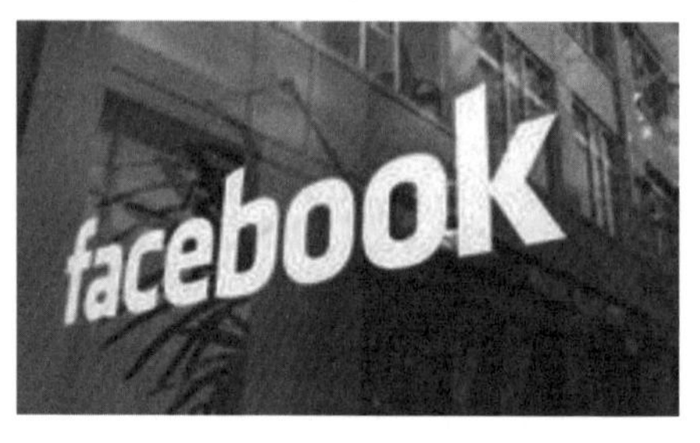

Facebook 是创办于美国的一个社交网络服务网站，于 2004 年 2 月 4 日上线。主要创始人为美国人马克·扎克伯格（Mark Zuckerberg）。Facebook 是世界排名领先的照片分享站点，截至 2013 年 11 月每天上传约 3.5 亿张照片。截至 2012 年 5 月，Facebook 拥有约 9 亿用户。Facebook 没有官方中文名称。Facebook 的总部在旧金山的加利福尼亚大街。截至 2012 年，Facebook 有 3500 名雇员。从 2006 年 9 月 11 日起，任何用户输入有效电子邮件地址和自己的年龄段，即可加入。用户可以选择加入一个或多个网络，比如中学的、公司的或地区的。

2013 年，美国知名科技博客网站 Business Insider 根据互联网流量监测机构 comScore 的数据，列出全球最大网站前 20 名榜单，名列榜首的是 Facebook。Zynga 通过 farmVille 等简单的社交游戏成为 Facebook 平台最知名的开发商。

Facebook 的创办人是马克·扎克伯格，他是哈佛大学的学生。最初，网站的注册仅限于哈佛学院的学生；在之后的两个月内，注册扩展到波士顿地区的其他高校；第二年，很多其他学校也被加入进来。最终，在全球范围内有一个大学后缀电子邮箱的人，如 . edu，. ac，. uk 等都可以注册。之后，在 Facebook 中也可以建立起高中和公司的社会化网络。

网站的名称 Facebook 来自传统的纸质“花名册”。通常美国的大学和预科学校把这种印有学校社区所有成员的“花名册”发放给新来的学生和教职员工，帮助大家认识学校的其他成员。

据 2007 年 7 月数据，Facebook 在所有以服务于大学生为主要业务的网站中，拥有最多的用户为 3400 万活跃用户，包括在非大学网络中的用户。从 2006 年 9 月到 2007 年 9 月间，该网站在全美网站中的排名由第 60 名上升至第 7 名。同时，Facebook 是美国排名第一的照片分享站点，每天上载 850 万张照片。2010 年，世界品牌 500 强中，Facebook 超微软居第一。

2. Facebook 的发展轨迹

（1）2004 年。

2004 年，当马克·扎克伯格还是哈佛大学的学生时，在 Andrew McCollum 和 Eduardo Saverin 的支持下，于 2004 年 2 月创办了 Facebook。2 月底，半数以上的哈佛本科生已经成了注册用户。其后经过一定的推广，注册用户包括了所有常春藤院校和其他一些学校。之后的一个月，Zuckerberg，McCollum 和 Moskovitz 搬到加利福尼亚州的 Palo Alto 市，在 Adam D'Angelo 和 Sean Parker（译者：著名的第一代 P2P 音乐分享网站 Napster 的创始人）的帮助下继续 Facebook 的发展。同年 9 月，另一个社会化网络站点 Connect U 的合伙人 Divya Narendra、Cameron Winklevoss 和 Tyler Winlevoss 把 Facebook 告上法庭。他们称 Zuckerberg 非法使用了他们在让他帮助建站时开发的源代码。与此同时，Facebook 获得了 PayPal 创始人 Peter Thiel 提供的约 50 万美元的天使投资。到 12 月时，Facebook 的用户数超过 100 万。

（2）2005 年。

2005 年 5 月，Facebook 获得 Accel Partners 的 1270 万美元风险投资。2005 年 8 月 23 日，Facebook 从 About Face 公司手中以 20 万美元购得域名，从名字中把 The 去掉。2005 年 9 月 2 日，Zuckerberg 推出了 Facebook 高中版，并称这是最合乎逻辑的下一步。虽然最初 Facebook 被定位为需要邀请才能加入的社区，但仅 15 天以后，大部分高中的网络不需要密码也可以加入了（虽然 Facebook 账户还是需要的）。到 10 月，Facebook 已经扩展到大部分美国和加拿大的规模更小的大学和学院。除此之外，还扩展到英国的 21 所大学、墨西哥的 ITESM、波多黎各大学，以及维京群岛大学。2005 年 12 月 11 日，澳大利亚和新西兰的大学也加入了 Facebook。至此，Facebook 共有超过 2000 所大学和高中学校。

（3）2006 年。

2006 年 2 月 27 日，Facebook 应用户要求允许大学生把高中生加为他们的朋友。同年 4 月，Peter Thiel、Greylock Partners 和 Meritech Capital Partners 额外投资了 2500 万美元。5 月，Facebook 扩展到印度的印度理工学院和印度管理学院。6 月，Facebook 状告 Quizsender 抄袭其设计风格，要求其赔偿 10 万美元。7 月25 日，在和苹果 iTunes 的合作推广活动中，加入“苹果学生小组”的用户可以在 9 月 10 日之前每周下载 25 首单曲。8 月，Facebook 又加入了德国的大学和以色列的高中。8 月 22 日，Facebook 推出 Facebook 记事本功能，一个可以加标签、嵌入图片、评论的博客服务，同时用户可以从其他博客服务中导入。2006 年 9 月 11 日，Facebook 对所有互联网用户开放，这引起了很多现有用户的抗议。但 2 周后，Facebook 注册仍旧对所有拥有有效电子邮件地址的人开放。

（4）2007 年。

2007 年 5 月 10 日，Facebook 宣布了一个提供免费分类广告的计划，直接和其他分类广告站点如 Craigslist 竞争。这个被称为“Facebook 市场”的功能，于 2007 年 5 月 14 日上线。

同年 5 月 24 日，Facebook 推出应用编程接口（API）。通过这个 API，第三方软件开发者可以开发在 Facebook 网站运行的应用程序。这被称为 Facebook 开放平台（Facebook Platform）。

6 月，Facebook 和 iTunes 的合作继续，为用户提供免费音乐单曲下载。

（5）2008 年。

根据 Comscore 咨询公司的数据显示，2008 年 5 月，Facebook 全球独立访问用户首次超过了竞争对手 MySpace，前者 5 月独立访问用户达到了 1. 239 亿，页面浏览量达到 500. 6 亿次，而后者独立访问量为 1. 146 亿次，页面浏览量为 450. 4 亿次。Facebook 流量增长主要来自海外，而在美国 MySpace 的独立访问用户数量领先于 Facebook，MySpace 在美国的独立访问用户数量为 7307 万次，而 Facebook 独立访问用户数量为 3506 万次。同年 6 月，Facebook 推出简体中文版本，该页面由志愿者用户免费翻译而成，向中文用户开放，同时 Facebook 还向中国香港和台湾用户推出繁体中文版本。

（6）2009 年。

美国网络流量调查单位 Compete 所公布的数据显示，Facebook 1 月的美国国内用户访问数达到 6850 万次，比起对手 MySpace 的 5850 万次高出将近 20%；而据 Facebook CEO 马克·扎克博格在官方博客上宣称，1 月该网站的全球用户人数已达 1. 5 亿，其中近一半每天都在使用 Facebook。扎克博格称，Facebook 的用户人数已经覆盖全球各大洲，甚至包括南极洲。他戏称：“如果 Facebook 是一个国家，则将是世界上人口第八多的国家，略多于日本、俄罗斯和尼日利亚。” 2009 年 8 月 10 日，Facebook 宣布收购 Web 服务公司 Friendfeed，继续向用户提供和好友分享和互联的最好工具。2009 年 12 月，Facebook 的独立人次达到了 4. 69 亿，与上月相比整整增加了 3100 万人次。Facebook 一个月内增加的新用户量相当于雅虎一年所增加的用户量，也相当于 Digg 总用户量和 Twitter 的用户量的一半。同时，雅虎从 11 月到 12 月流失 700 万独立访问用户，年末其独立访问人次已经降到了 5. 94 亿（在美国，雅虎排名第二，仅次于谷歌。雅虎 12 月的独立访问用户为 1.61 亿人次，谷歌为 1.73 亿人次，微软为 1.38 亿人次，Facebook 为 1.12 亿人次）。其他方面的数据，Facebook 也已经超过雅虎和微软。其综合浏览量增长了 141 个百分点，在 2009 年年末达到了 1930 亿人次，几乎是雅虎和微软的 2 倍（雅虎减少 2 个百分点为 1000 亿人次，微软增长 54 个百分点为 1090 亿人次）。谷歌综合浏览量仍然名列榜首，每月的访问量达 2740 亿人次（增长了 35 个百分点）。很明显，雅虎失去了竞争力，微软和谷歌至少还保持着可观的增长速度，但是人们也不难想象 Facebook 总有一天会超过谷歌。Facebook 的用户在网站停留的时长上也超过了雅虎，同样的，其用户在网站停留的平均时长也超过了雅虎（Facebook 为每月 274 分钟）。

（7）2010 年。

2010 年 2 月 2 日，Facebook 赶超雅虎成为全球第三大网站，与微软谷歌领衔前三。同月，Facebook 在美国国内替代了原排名第四的 AOL。2010 年 1 月，根据市场调查公司 Compete 的统计表明，Facebook 的独立 IP 访问量为 1.34 亿人次，而 Yahoo 的则为 1.32 亿人次，Facebook 已经超越 Yahoo 成为美国第二大网站，仅次于位于第一的 Google。曾几何时，Yahoo 曾经是互联网的旗帜，继 2008 年 2 月其访问量被 Google 超越之后，又失去了第二的宝座。而 Facebook 的上位，也说明了社交网站的巨大实力和发展前景，人们对互联网的使用已经从单纯的工具发展到了生活必需品。

（8）2011 年。

2011 年 2 月 8 日，Facebook 宣布在香港设立广告销售办事处，为香港和台湾市场提供服务。这是继 2010 年在新加坡设立首个办事处以来，公司在亚洲的第二个销售办事处。香港办事处将为香港及台湾的广告公司及市场推广人员提供支持，而新加坡办事处则支持新加坡及东南亚的业务。同年 2 月 9 日，Facebook 的香港用户人数由 2008 年年底的 145.85 万增长 152% 至 367.36 万，即每两个香港人中就有一个拥有 Facebook 的帐户。台湾的增长更快，由 2008 年年底的 11.3 万个用户增至去年底的 975.26 万户。

（9）2013 年。

Facebook Home，就是 Facebook 多年产品成功的集大成，所有这些元素都被巧妙地整合到了主屏上。但是，Facebook Home 并非 Facebook 产品的简单堆砌。技术上，这种 Launcher 谁都可以做。而 Facebook 从 Launcher 入手，彻底抛开 Apps，设计一个“以人为中心”的主屏，则是难以否认的颠覆。

（10）2014 年。

2014 年 2 月 19 日，Facebook 宣布，该公司已经同快速成长的跨平台移动通讯应用 WhatsApp 达成最终协议，将以大约 160 亿美元的价格，外加 30 亿美元的限制性股票，共计 190 亿美元，收购 WhatsApp。彭博社称此交易是继 2001 年时代华纳与 AOL 的合并之后互联网产业最大规模的并购交易。2014 年 3 月 25 日，Facebook 宣布，将以约 20 亿美元的总价收购沉浸式虚拟现实技术公司 Oculus VR。

Facebook 的成功造就了互联网的又一位英雄，一位属于 WEB2.0 时代的英雄，年仅 26 岁就已成为亿万富翁的马克·扎克伯格为所有创业者扛起了大旗。

3. Facebook 的主要应用功能

（1）墙（现已升级为时间轴）。

墙就是用户档案页上的留言板，有权浏览某一个用户完整档案页的其他用户，都可以看到该用户的墙。用户墙上的留言还会用 Feed 输出，很多用户通过他们朋友的墙留短信。更私密的交流则通过“消息（Messages）”进行。消息发送到用户的个人信箱，就像电子邮件，只有收信人和发信人可以看到。自 2007 年 7 月起，用户可以在墙上贴附件。之前，只允许文本内容。

而自 2012 年起，脸书已把用户分批次从墙功能升级为时间轴，其与先前最大的分别除了界面大改不同外，还新增了以年月为分类的时间轴，用户及其朋友可以轻松方便地阅读过去曾经的动态，一改以往不方便寻找旧动态的缺憾。

（2）捅。

Facebook 提供一个“戳一下（Poke）”功能，让用户可以丢一个“戳（Poke）”给别人。根据 Facebook 常见问题中相关的解释：“Poke 是你和朋友交互的一种方式。在设计这个功能时，我们认为提供这样一个没有明确目的的功能其实挺酷的。用户们对 Poke 有各自不同的解释，我们也鼓励你提出属于你自己的解释。”实际上这个功能的目的只是让用户能引起别的用户的注意。

尽管很多用户确实用这个功能来引起别的用户注意，或说声“嘿”，但有些用户仍把它理解为“性”的意味。这个解释造成了一个很热门的 Facebook 小组的产生——“Poke 够了，我们干脆做爱吧”（Enough with the Poking，Lets Just Have Sex）。到 2008 年 9 月，这个小组共有 38 万用户。有时朋友之间会进行一种被称为“Poke 仗”的游戏——两个用户间用“Poke 回”功能，互相 Poke 来、Poke 去。另有一些派生出来的新第三方插件功能，如“X 我”，和

“超级 Poke”，让用户可以把 Poke 替换成任何动作。

（3）礼物。

2007 年 2 月，Facebook 新增了功能。朋友们可以互送“礼物”，一些由前苹果设计师 Susan Kare 设计的有趣的小图标。礼物从 Facebook 的虚拟礼品店选择，赠送时附上一条消息，收到的礼物以及所附的消息会显示在收礼中。之后，Facebook每天推出一款新礼物，大多数都是限量版，或只是限期供应。用户个人有 Facebook 就可以使用这个功能。

（4）活动。

Facebook 活动的功能能够让用户创立一些网上或现实的活动，Facebook 把活动定义为下线后现实中进行的活动，让用户可以透过 Facebook 安排好时间地点及预计好人数，用户可以收到来自活动创办人的邀请，然后用户可回复「参与」「可能参与」「不参与」「未知」，但事实上活动功能通常更多地被用户利用为网络虚拟活动。

（5）上传。

Facebook 与国内主流网站最大的差别之一在于其无限制的上传空间，用户可以无条件地上传档案发送给朋友、附件于帖子上、发布于群组中等的任何地方，而且档案保存的时间没有任何限制，理论上就算由 2006 年上传的一个 Zip 档案，直到今天也是被保留，依然可以公开打开下载。必须注意的是如果用户上传的是没压缩的图片，Facebook 会自动把图片加压，而影片方面会提供全高清品质支援。Facebook 不会以任何理由清除用户上传的档案，包括一个纯粹被当作备份空间的分身，其上传的档案更可以直接复制链接分享出去，所以 Facebook 服务是经常被滥用的。

（6）市场。

2007 年 5 月，Facebook 推出 Facebook 市场。用户可以免费发布下列分类广告：售卖二手货、租房、工作等。供求两方均可发布，所有的 Facebook 用户都可以使用这个功能。

（7）游戏。

Facebook 网页游戏：网站内有许多与第三方合作厂商所开发的社区小游戏，比较知名的有 Zynga. com、King. com，等等。

4. Facebook 为什么会成功

（1）SNS 因素。

Facebook 作为典型的 SNS 网站发展案例，其成功与 SNS 顺应当今网络潮流有关。

外在环境：Web2.0 时代所塑造的全新信息生态环境。

在 Web2.0 时代，网民已经可以在相当大的自主空间内将个人信息发布开来而不受传统封闭式门户的约束，信息生产与信息传播的主动权在一定程度上回归大众，信息传播的内容多样性、互动便捷性与个性化订制功能大大增强，以个人为中心的 Web2.0 应用已经摆脱少数商业精英力量的控制，自媒体促成了草根阶层的迅速崛起，推动着互联网朝着亲和开放的方向发展，显示出一种全新的传播生态。

（2）理论支撑。

六度分隔理论。SNS 网站的理论模型是哈佛大学著名心理学教授 Stanley Milgram（1933—1984 年）于 1967 年所创立的六度分隔理论。该理论的核心思想为：你和任何一个陌生人之间所间隔的人不会超过 6 个，也就是说，最多通过 6 个人你就能够认识任何一个陌生人。按照六度分隔理论，每个个体的社交圈都不断放大，最后成为一个大型网络，这是社会性网络（Social Networking）的早期理解。后来有人根据这种理论，创立了面向社会性网络的互联网服务，通过熟人的熟人来进行网络社交拓展。

主我与客我理论。美国学者米德在研究人的自我意识与内省活动之际发现：自我可以分解为相互联系和相互作用的两个方面：一方面是作为意志和行为主体的主我，它通过个人对事物的行为和反应具体表现出来；另一方面是作为他人的社会评价和社会期待之代表的客我，它是自我意识的社会关系的体现，人的思维内省活动就是一个主我和客我之间双向互动的传播过程。根据这个理论，可以说明人在很大程度上是活在他人的判断之下的。人们渴望认识客我，渴望得到他人的肯定，Facebook 这样的 SNS 网站就为人们提供了这样的帮助。

（3）独创因素。

首先，Facebook 向已存在的实体社区提供辅助的网络在线服务。Facebook 网站最初的成功是通过向大学生提供实体社区不能获取的信息服务，这是一种交互式的学生指南，包括每个学生的课程计划和社交网络。Facebook 网站并没有创建一个以前完全不存在的新社区，相反，是为已存在的实体社区提供一种更重要的信息和交流服务。

其次，限制用户注册来创建理想的在线服务。Facebook 做了很重要的产品决策，保证实体社区和在线服务之间的协调和信任。Facebook 网站最初仅限于能够验证所在大学的 Edu 邮件地址的用户登录使用 Facebook，也限制了用户能够查找或浏览的学生范围仅限于用户所在的大学。这些措施的目的是让用户感到网站是排外的，仅限于他们实际所在的社区（学院或大学）内部的人员。对 Edu 教育网外面的用户打开大门后，他们创建了一系列网区来完成这种方案，当用户加入到这些网区时，仅能够看到特指的网络中的成员。此外，Facebook 已经实行了一系列的隐私控制，允许用户准确地控制谁能够查看他们所提供的信息。

再次，集合一系列被渗透的微社区。Facebook 比其他的社交网站更能吸引广告机会，因为能够深入地渗透到一系列微社区（各大学校园）内。如果一个地方的广告商想定位一个特殊的大学校园，Facebook 网站是将广告信息传递给观众的最佳途径。本地广告行为的 CPM 千人成本因为所具有的定位本质，因而受到广告商的高度重视，每日 65% 和每周 85% 的用户登录率保证了广告商能够非常有效地操作时间导向的广告活动。

另外，通过用户群和广告商建立强大的品牌效应。想通过在线广告业务定位来建立品牌的广告商（广告商是为了建立品牌，而不仅仅是增加点击数。关键是拥有强大的品牌，使众多广告商愿意与之合作。一个被认可的著名品牌能够获取更好的广告）。Facebook 完成了非常出色的公关工作，强调 Facebook 对大学生的生活和在线消费产生的影响力。

最后，公开页面源代码。在 Web2.0 时代，通过强大的搜索与订阅功能，网民们已经没有必要为了取得有用的信息反复辗转于各种类型的 BBS、博客或者门户网站。用户已经越来越讨厌无处不在的显示广告，对没有经过任何过滤的海量信息已经越来越感觉迟钝和麻木。Facebook 网站充分把握住这一趋势，率先公开自己的页面源代码，让各种类型的互联网内容提供商开发出嵌入。

5. Facebook 在中国

由于相关政策法律的原因，中国国内用户无法正常登录 Facebook，一般通过使用 GoAgent、6VPN 网络代理工具访问登录。作为全球最大的社交网站，Facebook对中国大陆市场垂青已久。早在 2007 年，Facebook 就已注册下“.cn”域名。2008 年 3 月，香港首富李嘉诚证实已向 Facebook 投资逾 1 亿美元，3 个月后，该网站还推出了简体中文版本，这使得业界一度传出 Facebook 将于当年入华的消息。

然而，Facebook 负责拓展新兴市场业务的副总裁布莱克·钱德利（Blake

Chandlee）却表示，他们暂时没有进入中国大陆市场计划。扎克伯格此前曾说过，连接整个世界不能缺少中国的 13 亿人口。可以肯定的是，Facebook 一定有进入中国市场的计划，只是还没有做好准备。北京时间 2011 年 4 月 11 日，Facebook 进入中国的消息再度袭来。DCCI 互联网数据中心总经理胡延平透露，Facebook 入华协议已经正式签署。不过，也有消息人士说，Facebook 进入中国还面临一些限制，时间点并不会特别快。作为业界消息灵通人士，胡延平曾透露过谷歌退出中国，不过关于这次 Facebook 入华的具体内容，胡延平表示不能透露太多，但是他表示细节很快会对外披露。

Facebook 简体中文版翻译工作目前已进入第二轮，在中国进度不是最慢，但跟日本比还有很大差距。当时日文已完成63%，而中文只完成了27%，原因是 Facebook 在日本的群众基础更牢固。

三、Google

1. 什么是 Google

Google 公司（中文译名：谷歌）是一家美国的跨国科技企业，致力于互联网搜索、云计算、广告技术等领域，开发并提供大量基于互联网的产品与服务，其主要利润来自于 AdWords 等广告服务。Google 由当时在斯坦福大学攻读理工博士的拉里・佩奇和谢尔盖・布卢姆共同创建，因此两人也被称为“Google Guys”。1998 年 9 月 4 日，Google 以私营公司的形式创立，设计并管理一个互联网搜索引擎“Google 搜索”；Google 网站则于 1999 年下半年启用。Google 的使命是整合全球信息，使人人皆可访问并从中受益。Google 是第一个被公认为全球最大的搜索引擎（英语搜索引擎），在全球范围内拥有无数的用户（包括中国）。

Google 被公认为全球最大的搜索引擎，也是互联网上五大最受欢迎的网站之一，在全球范围内拥有无数的用户。Google 允许以多种语言进行搜索，在操作界面中提供多达 30 种语言选择。除此之外，谷歌还多次入围《财富》历年 100 家最佳雇主榜单，并荣获 2013 年“最佳雇主”。

Google 创建于 1998 年 9 月，创始人为 Larry Page 和 Sergey Brin。他们开发的搜索引擎屡获殊荣，是一个用来在互联网上搜索信息的简单快捷的工具。

斯坦福大学学生肖恩・安德森（Sean Anderson）把谷歌搜索引擎和谷歌的

名字带给谷歌创始人拉里·佩奇（Larry Page）。

斯坦福的这个项目称为 BackRub，因为它的搜索排名原理是对大量的外链 backlinks 进行分析。但后来随着广泛应用，打算换个名字。当时安德森和佩奇坐在办公室，试图想出一个很好的名字，能够代表海量数据索引和巨大的信息量。安德森建议了“Googol”一词，指的是 10 的 100 次幂（方），代表互联网上的海量资源。当时安德森正坐在计算机前面，搜索这个名字是否被注册。安德森误把这个词打成了“Google”，因此错误才有了 Google。

Googol 是由美国数学家 Edward Kasner 9 岁的侄子 Milton Sirotta 发明的，后来在数学家 Edward Kasner 和 James Newman 的著作 *Mathematics and the Imagination* 中被引用。Google 词义的另一种解释：G 意义为手，OO 为多个范围，L 意为长，E 意为出，把它们合在一起，意思为我们 Google 无论在哪里都能为您搜寻出海量您所需要的资料。“Google”该词也可以用作动词，意思类似于百度一下。

2. Google 的发展简史

1998 年 Google 创始人佩奇和布林在美国斯坦福大学的学生宿舍内共同开发了全新的在线搜索引擎，然后迅速传播给全球的信息搜索者。随着雅虎、国内百度等搜索引擎的相继出现，现代人已经成为“搜一代”。搜索引擎不仅是我们工作、生活的助手，还成为娱乐工具。Google 公司于 1998 年 9 月 7 日在美国加利福尼亚州山景城以私有股份公司的形式创立，以设计并管理一个互联网搜索引擎。2001 年 9 月，Google 的网页评级机制 Page Rank 被授予了美国专利。专利被正式地颁发给斯坦福大学，Lawrence Page 作为发明人列于文件中。

2004 年年初的一个最高峰时期，通过它的网站及其客户网站如雅虎、美国在线和 CNN，Google 处理了万维网上的 80% 的搜寻请求。Google 的份额在 2004 年 2 月跌落一些，因为雅虎放弃了 Google 的搜寻技术，决定独力开发自己的搜索引擎。2004 年 8 月 19 日，Google 公司的股票在纳斯达克上市，成为公有股份公司。2005 年 7 月 19 日，Google 宣布将在中国设立研发中心。

2006 年 4 月 12 日，Google 公司行政总裁埃里克·施密特在北京宣布该公司的全球中文名字为“谷歌”。同时，Google 公司于 2006 年 2 月 15 日在台湾地区登记的分公司取名为“美商科高国际有限公司”。此前，在一份中国国际经济贸易仲裁委员会域名争议解决中心裁决书中，公司被称为“科高公司”。该公司亦拥有“谷歌.cn”“谷歌. 中国”“咕果.com”（但不拥有“咕果. 中国”及“咕果．公司”）等中文域名。2006 年 10 月，Google 公司以 16.5 亿美元收购影音内容分享网站 YouTube，是 Google 有史以来最大笔的并购。

2007 年 11 月 5 日，一个伟大的名称诞生了，Google 宣布基于 Linux 平台的开源手机操作系统的名称为 Android。2012 年 5 月，谷歌以 125 亿美元收购摩托罗拉移动。2012 年 6 月 28 日，Google I/O 开发者大会在美国旧金山开幕。作为移动智能操作系统业界巨头，谷歌在今晨打出了一套“软硬”结合的组合拳，其中包括代号为“果冻豆”的最新操作系统安卓 4.1、售价 199 美元的谷歌首款自主品牌平板电脑 Nexus7、外形前卫的社交流媒体播放器 NexusQ 以及酷炫的概念智能眼镜“谷歌眼镜”，在数量和气势上丝毫不输于同时发布新品的苹果与微软。

2012 年 10 月 2 日，谷歌已经超越微软，成为按市值计算的全球第二大科技公司，原因是通过互联网进行的计算已经降低了台式机软件的市场需求。当日，谷歌股价在纳斯达克常规交易中上涨了 7.28 美元，报收于 761.78 美元，涨幅为 0.96%，市值因此扩大至约 2499 亿美元。微软股价在纳斯达克常规交易中下跌了 0.27 美元，报收于 29.49 美元，跌幅为 0.91%，市值因此缩水至 2472 亿美元。

2012 年 12 月 12 日，谷歌关闭在中国大陆市场购物搜索服务，搜索服务由中国内地转至中国香港。2013 年 1 月 3 日，谷歌周三称，位于中国台湾、香港和新加坡的数据中心正式投入运营，Google 为亚洲地区用户提供服务的速度最多可提高 30%。谷歌印度产品经理拉利特什·卡特拉格达（Lalitesh Katragadda）表示，预计新加坡和中国台湾数据中心将在 2013 年开始运营，此外中国香港也有一个数据中心正在建设中。他表示，虽然印度是谷歌的最大市场之一，但该国气候不适合建造数据中心；不过，谷歌希望利用相对邻近的设施来提高 YouTube 和 Gmail 等服务的速度。业界人士则指出，谷歌有关印度气候不适合建造数据中心的言论颇为奇怪，原因是其竞争对手 Facebook 已在更热的气候条件下取得了成功。

由于亚洲地区每天新增的互联网用户人数远远超过全球其他地区，因此 Google 决定加大该地区的数据中心投入。Google 位于中国台湾彰化县的数据中心在 2013 年下半年投入运营，总建造成本约为 3 亿美元。Google 在介绍彰化县数据中心时表示：“这座数据中心按照 Google 在全球范围内使用的超高标准进行建设，为了使数据中心更加节能，我们首次采用了夜间冷却技术和热能储存系统。与我们在亚洲建设的其他数据中心一样，这座数据中心将成为最有效率、最环保的数据中心之一。”

Google 表示，从整体能耗来看，该公司的数据中心将比其他竞争对手的数据中心节能 50%。Google 的数据中心主要为 Facebook、亚马逊、微软、雅虎等数十家公司的产品提供服务。

2013 年 4 月 27 日，据国外媒体报道，Google 向美国证券交易委员会（SEC）提交的监管文件显示，第一季度它完成了 8 笔收购，交易总额为 2.91 亿美元。2013 年 6 月 12 日，Google 正式宣称收购 Waze 的交易已经结束。据知情人士称，收购金额不是之前报道的 13 亿美元，而是 10.3 亿美元。从交易来看，Google 要争夺的是地理定位数据，它在我们日常生活中越来越重要，比如，我们可以用数据来寻找吃饭的地方、查找不熟悉的路。Waze 是一家社交地图创业型公司，它收集实时用户交通数据，可以帮助司机寻找到达目的地的最快路径。

纵观 Google 的发展历程可以看到，这样一家传奇的互联网公司正是在不断地创新、求变中发展的，这正符合互联网发展的逻辑。在互联网时代，核心竞争力随时会被淘汰，谁能想到一个名叫 Android 的操作系统真的能够改变诺基亚在移动市场的霸主地位，但事实证明一旦你不想变革和创新时，你就将被淘汰。所以说，只有不断学习和改变才能一直保持企业的良好发展。在这一点上，Google 值得许多互联网公司学习。

3. Google 的产品

Google 搜索引擎主要的搜索服务与一般的搜索引擎网站相同，包括：网页、图片、音乐、视频、地图、新闻、问答等内容。下面我们将介绍一些 Google 的特色产品，让我们看看这家传奇的公司曾经并且正在给我们带来怎样的互联网创意。

Google Web API

Google Web API（网络应用程序接口或网络服务）是 Google 为注册的开发者提供的公共接口。使用 Simple Object Access Protocol（SOAP，简单对象访问协议），程序员可以依据 Google 搜索结果开发搜索服务和进行数据挖掘，同样的，网民们也可以访问页面缓存然后对页面提出建议。

不过从目前来看，一个开发者每天只能有 1000 次搜索请求，这个程序仍然处于测试中。Google 是很少的几个把其结果通过公共网络应用程序接口公开给大众的搜索引擎，Technorati 是另外一家这样做的公司。Google 这项服务的一些流行应用包括，Google Alert 最新资料快报 FindForward，它同时也是一个调查 Google 跳舞情况的工具，它监视着 Google 蜘蛛在万维网上的活动情况。

Book Search

2004 年 8 月，Google 开始提供一项名为 Google Print 的服务，现已更名为 Google Book Search。该工具可以在搜索页面提供由内容出版商提供的书本内容的搜索结果，并提供购买书本的网页以及内容相关的广告。Google 会限制可查阅书本的页数，不过有人已经发现破解方法。2004 年 12 月，Google 扩展了 Google Print 的功能。其书本包括了一些著名大学和一些公共图书馆，包括密歇根大学、哈佛大学的 Widener 图书馆，斯坦福大学的格林图书馆，牛津大学的牛津大学图书馆以及纽约公共图书馆。根据这些大学图书馆和图书的出版状况，Google 计划 10 年内将有约 1500 万本位于公共领域的书上线。

Google Glass

Google Glass 是由谷歌公司于 2012 年 4 月在 2012 年 I/O 大会上发布的一款“拓展现实”眼镜，它具有和智能手机一样的功能，可以通过声音控制拍照、视频通话和辨明方向以及上网冲浪、处理文字信息和电子邮件，等等。

Gmail

2004 年 4 月 1 日愚人节，Google 宣布推出 1GB 空间的电子邮件服务 Gmail，次年 4 月 1 日更是增加为 2GB 以上，并增加了多语言入口以及富文本编辑功能。这个邮箱会利用广告词服务扫描邮件内容以显示特定的广告来盈利。无论如何，最初发布的消息引发了业界的怀疑。Google 的产品副主管 Jonathan Rosenberg 稍后向英国广播公司的新闻重申：“我们对 Gmail 的发布是认真的。”

Gmail 邮箱拥有 10GB 以上的存储空间，比起大部分其他免费的网络邮箱服务要大很多，例如，微软的 Hotmail 和雅虎邮箱。为了回击 Gmail，这两家公司稍后推出了邮箱升级计划，Hotmail 英文免费邮箱将由 2GB 升级到 5GB，雅虎免费邮箱由 4 ~6MB 升级到 100MB，后来雅虎免费邮箱更升级到 1GB，到了后期雅虎甚至将信箱容量调整为无上限。其他的邮箱服务提供商也紧跟其后，有一些邮箱已经比 Gmail 还要大。

2004 年 8 月 25 日，这项服务开始进行内部测试，公众不能自由注册。不管怎么样，一些 Blogger 用户还有收到已有的 Gmail 用户邀请的人已经可以使用它了。由于在类似 swap 的交换系统上 Gmail 邀请被人用钱和物品交换，Google 后来改变了政策：不允许用钱来换 Gmail 邀请。2007 年 2 月 14 日，Google 结束了 Gmail 测试期，正式向公众开放注册。

Blogger

Blogger 是全球最大、最多人使用的博客系统。2003 年，Google 接管了 Pyra 实验室及其 Blogger 服务。Google 使得先前需要收费的一些功能对用户免费，Blogger 工具及服务，使得发布 Weblog 变得更加简单。用户不需要书写任何代码或是安装任何软件和脚本，而且，用户可以自由地改变 Blog 的设计方案。

Adsense

Adsense 是谷歌关键词自助服务系统，可允许用户选择一个模板来进行设置自己域名的关键词广告。此前谷歌 Adsense 的自助服务系统可自动测试和选择包含图片在内的模板选择，但用户并没有实质上选择那个模板来进行设置，而新的 Adsense 的自助服务系统提供包括银行、法律、教育和商业等多个模板。谷歌 Adsense 可允许用户自行选择合适自己的模板，为用户提供更加个性化的服务，域名持有人可根据自身需要来选择模板，还可将关键词定制成“待售”，用户可通过搜索相关词语而关联出域名信息页面。

Orkut

Orkut 没有在 Google 的页面上被提及。Orkut 是一个服务提供商，它由 Google 工程师们创建和维护。Orkut 是一种社会性网络服务，在 Orkut 用户可以留下他们的个人或专业信息，创建与朋友之间的关系或者因为共有的兴趣爱好加入虚拟社团。

Notebook

Google Notebook 是 Google 提供的一项服务，让使用者方便地储存及整理从网络上收集的资料，并且利用其共享功能让使用者将自己的笔记公开给其他人浏览。中文版于 2007 年 4 月正式推出。

Picasa

2004 年 7 月 13 日，Google 接管了 Picasa 公司软件的开发，Picasa 软件可以管理共享数字图像。Picasa 同时被整合进 Google 的 Blogger 内。它是免费的，而且提供对中文的全面支持。

Google Chrome

Google Chrome，中文名为谷歌（或酷容）浏览器，是一个由 Google 公司开发的开放源代码网页浏览器。本软件的代码是基于其他开放源代码软件所撰写的，包括 WebKit 和 Mozilla，目标是提升稳定性、速度和安全性，并创造出简单且有效率的使用者界面。软件的名称是来自于称作“Chrome”的网络浏览器图形使用者界面（GUI）。

软件的 beta 测试版本在 2008 年 9 月 2 日释出，提供 43 种语言版本，仅适用于 Microsoft Windows 的 XP、Vista 以及 Windows7 平台，并不支持 Windows 2000 或更早期的版本。OS X 和 Linux 版本也已推出，截至 2012 年 7 月，谷歌 Chrome 全球市场份额达到 33. 8%，位居市场第一。

桌面

2004 年 Google 推出本地资源搜索工具，只需安装一个不到 2 M 的程序在硬盘里，便可通过桌面搜索本地硬盘里的文档。支持的搜索内容包括：Outlook Email，Outlook Express，Word Excel Powerpoint，Internet Explorer AOL Instant Messenger Netscape Mail/Thunderbird，企业版还包括 Lotus Notes Email Netscape/Firefox/Mozilla PDF Music Images Video QQ MSN Messenger，通过使用插件，Google Desktop Search 还可以支持任意一种文件，前提是你必须有这种文件类型的插件（无论是 Google 开发的，或是你自行开发的，或是第三方软件）。Google 桌面搜索推出后，Yahoo!、MSN、QQ、163 和 sina 也相继推出了桌面搜索工具。

2004 年下半年，谷歌推出了这一桌面搜索工具，它的正式名称是 Google Desktop Search，这个工具主要用来通过关键字方式搜索安装该软件的计算机硬盘上的 MS Office 和 TXT 文档。

2005 年 3 月 8 日，该软件英文正式版推出，同时推出中文、韩文测试版。该英文正式版产品增加了众多功能，包括插件的使用。5 月 26 日，该软件推出中文正式版，支持 QQ 和 MSN Messenger 聊天记录搜索。该软件对中文的支持程度较微软和雅虎的桌面搜索工具更好且软件体积更小，速度也较其他软件快。

工具栏

Google 工具栏是一个免费的 IE 插件。功能包括：在不打开 Google 网页的情况下随时搜索并查看相关页面信息；查看 Google 对网页的排名；阻止自动弹出窗口；自动填写表单；用不同颜色标示关键字。有人指称使用它会带来安全风险，因为它会在无用户干预的情况下自动更新。

英语版的 Google 工具栏可以参与 Google Compute 计划，这是一个由美国斯坦福大学进行的帮助研究蛋白质折叠、误解、聚合及由此引起的相关疾病的分布式计算工程（参见 Folding@ home）。其他浏览器，如 Mozilla Firefox，Opera 和 Safari，有提供相同功能的内建搜寻工具。Mozilla Firefox 还有一个专门的 Google 工具栏：Googlebar，它是被独立开发的，并不被 Google 或 Mozilla Firefox 开发者所支持。它在官方的 Google 工具栏上做了扩展，唯一没被取代的功能是

Google Page Rank。Google 功能也已经被苹果电脑的新操作系统 OS X 的 Safari 所内建。

2005 年 7 月 7 日，Google 推出官方 Firefox 版本工具栏的测试版，同时也有多种语言版本可以选择。该 Firefox 版本工具条提供了 IE 工具栏 3Beta 版包括的拼写检查、字词翻译和“自动链接”等新功能。

Google 工具栏已经推出 3.0 版本，其中主要的新功能包括了拼写检查、字词翻译和“自动链接”。自动链接功能能在鼠标指向的相关超链接下显示相关信息，如鼠标指向一个 ISBN 号，则在下方就可以显示出 Amason 网上书店中这本书的相关信息。该链接功能只适用于美国。也有人批评该项创新功能是破坏了网页创建者的网页自主权，因为，此项功能实际是通过修改原网页 HTML 代码实现的。

Google Web Accelerator

2005 年 5 月 4 日，谷歌公司推出一款新的软件：Google Web Accelerator。它是一款为宽频链接设计的软件。该软件可以利用 Google 位于世界各地的服务器而加速网页的访问，其原理类似于破网软件，透过架设本地代理，把浏览器的链接请求通过此代理访问实现。与一般的破网软件不同的是，Google Web Accelerator 会向 Google 网站传送回诸如页面请求、临时 Cookies 之类的数据，通过与位于 Google 服务器上的版本比对只下载更新的部分，而且因为一般访问 Google 网站较其他网站快，这也加快了网络访问。该软件更可以对经常访问的网页进行存档以加速访问。Google 网页加速器可以利用 Google 全球的计算机网络的处理能力，提高网站的加载速度，还能够在向计算机发送前对网站数据进行压缩。

该软件默认支持 Mozilla Firefox 和 Internet Explorer 浏览器，对于其他浏览器需要手动配置代理服务器。2005 年 5 月 8 日，谷歌公司在中文网页上取消了该软件的下载。

Google Maps

Google Maps 提供各种地图服务，包括局部详细的卫星照片。2005 年 6 月 20 日，Google Maps 的覆盖范围从原先的美国、英国及加拿大扩大为全球，在 2006 年年底更加入中国香港街道。因某些条款的限制，中国版 Google 本地搜索提供地图的是一家国内的公司：Mapabc 而不是 Google 的数据。Google Maps Android 版最新 6.1 版的地图更新，可以显示单一公共交通工具的路线，新版 Google Maps 还对站点页面进行了重新设计，可以显示发车时间、到达服务站的线路以及到附近其他车站的距离。高达 100 万个交通地点已经被加入到 Google

Maps 中，覆盖了全世界 500 个城市，其中包括许多主要的城市。

Google Moon

2005 年 7 月 20 日，谷歌公司发布了称为 Google Moon 的网上服务，纪念“阿波罗 11 号”于 1969 年 7 月 20 日登月 36 周年。此服务以之前发布的 Google Maps 作为基础，卫星数据则来自 NASA。用家可使用 Google Moon 观看月球凹凸不平的表面地形，当把地图放到最大时，月球表面会变成一片干酪。

Google SketchUp

Google 于 2006 年 3 月 14 日宣布收购 3D 绘图软件 SketchUp 及其开发公司 @ Last Software。SketchUp 是一套以简单易用著称的 3D 绘图软件，Google 收购 SketchUp 是为了增强 Google Earth 的功能，让使用者可以利用 SketchUp 建造 3D 模型并放入 Google Earth 中，使得 Google Earth 所呈现的地图更具立体感、更接近真实世界。使用者更可以透过一个名叫 Google 3D Warehouse 的网站寻找与分享各式各样利用 SketchUp 建造 3D 模型。

Google 维护着一个重要的新闻组存档，它被叫作 Google 网上论坛（即从前一个叫作 DejaNews 的独立网站）和一个图像搜索服务（被叫作“Google 图像”）。前者保存了几十年内几乎所有的新闻组帖子，后者的搜索则是以与图片相关的网页的文本、图片的标题为基础进行的，图片被以合理使用原则缓存进了 Google 服务器。

Google 有一个测试版的自动化新闻服务，2004 年 9 月，“Google 新闻”包括有美国版、英国版、德国版、法国版、西班牙版、意大利版、新西兰版、印度版、澳大利亚版、韩国版、日本版、中国大陆版、中国台湾版和中国香港版。为了公正客观没有偏见地报道任何新闻，Google 新闻的产生是完全由计算机算法决定的，没有人类编辑参与其中。2006 年 1 月，中国版的“Google 新闻”改名为“Google 资讯”，内容没有经过审查。后来，Google 推出适合中国使用的资讯版，但其中的内容就经过了审查。即使这样，也常在打开约 30 秒后访问中断或无法显示图片。

该服务包括在过去 30 天内所含语言新闻网站上出现新闻的存档，不同的国家有不同数量的新闻来源。对于英语它包括大约 4500 个新闻源，其他语言比较少一些，并且提供新闻的大约头 200 个字和一个指向全文的链接。一些需要先订阅才能阅读的网站，Google 新闻标题中还会有明显的提示信息。

Google 新闻提供搜索服务，结果可以以新闻发生日期（这样就不会再对新闻发生的时间感到困扰了）或相关性成类排序（也可以直接分类查看）。在英语版中，有一个可以选择对应国家的选项。

还可以使用关键字订阅 Google 新闻快讯。这样，当与关键字相关的新闻发生时，Google 新闻会发出一封电子邮件通知订阅者。2005 年 3 月 10 日，Google 新闻增加了自定义功能，用户可以自己随意定义自己喜欢看的新闻，甚至不同语言的新闻也可以混合在一页内。这是网络新闻提供方式的一个重大革新。

Google 网页目录

Google 网页目录是一个包括了世界多种语言网页的目录集。在网页目录里面的网页内容一般不会被翻译成其他语言，而总是包括其语言在万维网中的内容的。网页目录功能与网页搜索是集成的，当搜索网页时，相关网页在目录中的内容会以链接的形式在搜索结果中显现。点击链接就可以找到在同一个目录下相似网页或其他类似分类，这对当你不确定到底要找什么时是非常有用的。当搜索范围涵括太广，使用网页目录可缩小搜索于指定范围。例如察看“中文/新闻/杂志”分类子目录，则可知道有哪些中文杂志有网页。网页目录可略去类似但无关的网页，如检索“大学”，将搜索范围设定“教学机构”分类，即可略去像“大学书城”、古书里“大学”、论语的内容。网页目录只包括经编辑群审核过的网站，因为网页目录是在开放式目录（Open Directory）工程下运作的。网页重要性排列是网页级别技术及人工的结合。

2002 年 4 月，Google 启动了名为“Google Answers”的新服务。Google Answers 是传统搜索功能的扩展——用户不用自己搜索内容，他们请专家搜索然后付费。顾客问问题，并为问题提供一个相应的价钱，然后研究者们回答他们的问题，研究者们经过程序的筛选以测试他们的水平和交际能力。问题的价格从 2.5 美元到 200 美元不等，Google 从中提取 25% 的回扣，剩下的归研究者所有，用户还要付 0.5 美元的列出费。一旦一个问题被回答了，它的答案对所有人就都可以免费浏览了。这个服务在 2003 年 5 月开始公共测试，但到 2006 年由于受到雅虎知识的影响，决定停止这项服务。

Google Talk

Google Talk 是 Google 的即时聊天软件，于 2005 年 8 月 24 日发布。原先用户必须先拥有一个 Gmail 账号才能登录并使用这个软件，但现在已经向所有用户开放。原本只有英文版，现在繁体及简体中文版已经推出，功能还很简单。具有 VoIP 语音通话功能，界面简单清新，安装文件不到 900K。软件的设计思想是力求简洁，所以尚不具备文件传输和表情图片等功能（但在对话中发布“:)”等文字会被 Gtalk 软件以彩色显示，可见设计者想到了表情符号的功能）。2006 年 3 月，Google Talk 的文字聊天记录可以被保存在用户的 Gmail 账户里，并且 Gmail 用户可以在网页上使用 Google Talk 的部分聊天功能。

Google Local

2005 年 9 月 5 日，Google 公司在中国推出本地搜索服务，连地址也本地化，Google 本地搜索——查找本地公司与服务。英文版是 Google Local，Google Local 已经在美国、英国、日本和加拿大开始运行，中国是 Google 开启这项服务的第五个国家，中文版是 Google 本地。为中国版 Google 本地搜索提供地图的是一家国内的公司——Mapabc。

Google Scholar

2004 年 11 月，Google 发布“Google Scholar”，这是一个学术文献资源搜索引擎。搜索结果根据“相关性”排列，这与 Google 网站使用的网站排名非常类似。2006 年 1 月 11 日，Google 公司宣布将 Google 学术搜索扩展至中文学术文献领域。

Google Special

这个搜索服务提供了包括美国政府、Linux、BSD、麦金塔和微软四个特别领域的搜索服务。

Friend Connect

可以让网站管理员在他们的网站增加一些社会性的功能，全部工作只需要简单复制粘贴几段代码即可，不需要复杂的编程技术。网站设计者需要做的仅仅是从 Friend Connect 的功能列表中进行选择，这些功能包括注册、邀请、用户相册、消息发布、评论，以及对 Open Social 第三方应用的支持。

Friend Connect 能够使互联网任何位置的用户实现简单的互联，并使“任何应用、任何网站、任何好友”的理念成为现实。

Google Video

2005 年 1 月 25 日，Google 公司推出 Google Video 服务，该服务可以通过 Google 网站搜索网络上的各种视频文件或播出的电视节目。Google Video 根据关键词提供相关的视频内容下载或播放链接，并提供视频内容的预览画面。该服务仍处于 Beta 测试阶段，在电视节目搜索方面，仅能搜索美国播出的电视节目。Google 公司还推出了一款专用的视频文件上传软件，允许使用者将本机的视频文件上传到 Google Video 中。自从收购 YouTube 后，公司将 Google Video 资源整合到了前者。

Google 曾公开承认 Google Video 错失良机，无法和 YouTube 竞争。2006 年

10 月，Google 公司以 16.5 亿美元宣布收购 YouTube，这是迄今为止 Google 公司花费最大的一笔收购，不过也有分析人士称 Google 公司不得不面对今后网友短片发布知识产权保护相关的纠纷。

谷歌视频网站将于 2011 年 4 月 29 日关闭，届时不再保留用户上传的任何视频，谷歌建议用户下载并将其视频上传到 YouTube。

iGoogle

Google 提供了创建个性化 iGoogle 网页的功能，从而可以让你快速、迅捷地浏览 Google 和网络上的重要信息。你可在此自定义网页上选择和组织内容，例如最新的 Gmail 邮件、Google 资讯和其他顶级新闻来源的头条新闻、天气预报、股价和电影放映时间表，可从任何计算机快速访问自己喜爱网站的书签、您自己添加的栏目（可包含你从整个网络上找到的内容）。2013 年 11 月 2 日，谷歌个性化主页 iGoogle 正式关闭。

拼音输入法

谷歌拼音输入法是由 Google 中国实验室开发的，于 2007 年 4 月 2 日发布，10 月 25 日成为 Google 的正式产品之一。

Google Earth

Google Earth（Google 地球）是一款 Google 公司开发的虚拟地球仪软件，它把卫星照片、航空照相和 GIS 布置在一个地球的三维模型上。

Google Earth 于 2005 年向全球推出，使用了公共领域的图片、受许可的航空照相图片、KeyHole 间谍卫星的图片和很多其他卫星所拍摄的城镇照片，甚至连 Google Maps 没有提供的图片都有。Google Earth 分为免费版与专业版两种。2013 年 4 月，Google Earth 提供最新版（谷歌地球 7），其新功能是以 3D 形式遨游大都市上空、俯瞰全景、不需要飞行员驾照！全新的游览指南可向你介绍各地著名的地标和自然景观。

Google Street View

Google 在 Where 2.0 大会上宣布了 Google Maps 的“Street View”（街道视图）功能。Street View 功能允许用户在 Google Maps 上面浏览街道的实景图片，用户就像置身于实地。虽然当前这个功能只支持美国的旧金山、迈阿密、丹佛、拉斯维加斯及纽约 5 个主要城市，但毫无疑问，就像 Google Maps 的图像更新一样，未来这个功能肯定会支持更多的地区。

Google Wave

按照 Google 2009 年 5 月 27 日在 Google I/O 上的说法，Google Wave 是“一

种个人通讯和协作工具”。它是一个基于 Web 的服务，计算平台和通讯协议，旨在合并电子邮件，即时通讯，维基和社交网络，由悉尼分公司开发，已开始小范围公测。它有一个强大的实时协作和强大的拼写检查功能，可以自动翻译 40 种语言，以及许多其他的扩展。Google Wave 是 Google 的一款网络交流服务。它将电子邮件和即时通讯结合起来，使人们的交流更方便。Google Wave 的通讯协议是开放的。

谷歌 Chrome OS 于 2009 年 11 月 19 日全球同步发布，其中包括简体中文版本。谷歌已提供 Chrome OS 各个版本的下载地址，Chrome OS 官方主页与 Chrome 官方扩展网站也将同时上线。

Google Chrome OS

Chrome OS 是一款 Google 正式宣布处于开发中的基于 PC 的操作系统，Google Chrome OS 是一款基于 Linux 的开源操作系统。Google 在官方博客表示，初期这一操作系统将定位于上网本、紧凑型以及低成本电脑。这款开源软件将被命名为 Chrome OS，谷歌公司于 2010 年 12 月 7 日（北京时间 12 月 8 日 2 点 30 分）在美国举行 Chrome 相关产品发布会，发布会上正式发布 Chrome Web Store 和 Chrome OS。

Google 免费的在线语言翻译服务可即时翻译文本和网页，但功能还有待改进。

Android

Android 是基于 Linux 开放性内核的操作系统，是 Google 公司在 2007 年 11 月 5 日公布的手机操作系统。早期由原名为“Android”的公司开发，谷歌在 2005 年收购“Android. Inc”后，继续对 Android 系统开发运营，现在已经成为全球最大的移动平台系统。

Google +（Google Plus）

Google + 将 Google 的在线产品整合，以此作为完整社交网的基础。为了让服务区别于 Facebook，Google 将赌注下在了一个方面：更好的隐私管理方式，这也是 Facebook 的软肋；当然，在过去，隐私也是 Google 的弱点。Google + 的中心要点朋友和熟人的“圈子（Circles）”，用户可以按不同的圈子组织联系人，如家庭成员、同事、大学同学等，并在小的圈子里分享照片、视频，以及其他信息。

为了挑战 Facebook 在社交网络领域的霸主地位，谷歌采取了一个颇具争议的举措：要求旗下所有产品的用户无论他们愿不愿意都必须使用 Google +。根据谷歌这一颇具争议的做法，拥有 Gmail、YouTube、消费点评网站 Zagat 等谷歌服务帐号的用户，还必须创建一个公开的 Google + 个人页面，任何人上线后都可以看到这个页面。

Google Ngram Viewer

这个新的搜索工具可以让你搜索及比较多达 5 个词语在出版书籍（在谷歌数据库中）的出现频率。支持英语、简体中文、德语、法语、希伯来语、俄语、西班牙语。

北京时间 2012 年 6 月 28 日凌晨，在谷歌 2012 I/O 开发者大会上，传闻已久的谷歌首款平板电脑 Nexus 7 终于被揭开面纱：拥有前置摄像头，比亚马逊的 Kindle Fire 更轻薄，最低售价 199 美元。由华硕代工的 Nexus 7 已在 Google Play 商店接受预订，预计 7 月中旬发货，同时谷歌还将给提前预订的用户提供 25 美元优惠券。这款平板电脑将率先在美国和加拿大发售。

自动驾驶汽车

谷歌发布了他们开发的无人驾驶汽车，该车可以自动驾驶，无须人工控制。该项目是塞巴斯蒂安·特龙的智慧结晶，这位 43 岁的斯坦福大学人工智能实验室的主任，也是谷歌工程师和谷歌街景地图服务的创造者之一。用谷歌创始人拉里·佩奇和谢尔盖·布林的话来说，谷歌开发无人驾驶汽车的目的是为了防止交通意外、给人们更多的空闲时间和减少汽车的使用、从根本上减少碳排放量。自动驾驶汽车依靠人工智能、视觉计算、雷达、监控装置和全球定位系统协同合作，让计算机可以在没有任何人类主动的操作下，自动安全地操作机动车辆。

Google Flight Explorer

Google 首次推出新功能 Google Flight Explorer，用户首先可以选择出发地的机场、所在地区或城市，然后该功能就会主动为用户推荐旅行目的地。每项搜索结果都会链接至原有的 Flight Search 页面，用户可以先在航班信息列表上点击查看多家航空公司（仅包含美国的航空公司）所提供的飞往特定目的地的航班票价。用户可以针对不同日期来搜索某个地区中的多个目的地信息，并根据停留时间的长短来查看哪些航空公司提供飞往特定目的地的航班（包括联程航班）。用户还可以通过不同条件来对结果进行筛选，例如经停点的数量、航空公司以及出发和到达时间，无须反复刷新页面，其显示的结果会在同一页面上自动进行更新。而有关地理位置的图片则由 Google 旗下的图片网站 Panoramio 所提供。

第三章　中国互联网企业

中国互联网企业在互联网发展中有着不可磨灭的功劳，中国的互联网企业正为中国经济发展做出巨大的贡献，下面我们将对中国知名互联网企业做一介绍。

一、新浪

1. 新浪简介

新浪（SINA），是一家网络公司的名称，和搜狐、网易、腾讯并称为“中国四大门户网站”，以服务大中华地区与海外华人为己任。新浪拥有多家地区性网站，通过旗下五大业务主线为用户提供网络服务，网下的北京新浪、香港新浪、台北新浪、北美新浪等覆盖全球华人社区的全球最大中文门户网站。2012 年 11 月，新浪注册用户突破 4 亿，首席技术官（CTO）兼联席总裁是许良杰。

新浪公司是一家服务于中国及全球华人社群的网络媒体公司。新浪通过门户网站新浪网、移动门户手机新浪网和社交网络服务及微博客服务新浪微博组成的数字媒体网络，帮助广大用户通过互联网和移动设备获得专业媒体和用户自生成的多媒体内容（UGC）并与友人进行兴趣分享。

2. 新浪的发展史

新浪是由四通利方和华渊资讯网合并而成。Sina 一词源于拉丁文，在拉丁语系中，Sino 是“中国”之意，而在古印度语中，Cina 也是中国的意思，与英语 China（中国）合拼，取名 Sina，意为“中国”。Sina 的中文名称新浪是当时的总裁王志东起的，这个域名很好地表达了新浪网希望自己成为中华区最大门户的决心。

新浪无线于 2002 年陆续整合了原新浪无线、广州讯龙、深圳网兴和北京星潮在线的优势资源。全新的新浪无线依托新浪集团的强大优势和核心竞争力，不断开创新渠道和新业务，保持在无线增值服务领域的领军地位。

2008 年 12 月 22 日，新浪公司和分众传媒宣布，经双方董事会批准，双方已达成协议，新浪将合并分众旗下的户外数字广告业务。2009 年 9 月，新浪收购 zhongle. com 作为众乐网域名并正式使用，众乐网作为 SNS 网站在上线之际，即在域名选择战略上下了重本，可见域名品牌已经和企业、网站形成了相辅相成的关系，也看出了新浪在域名上的战略。

2010 年 11 月，此前新浪从蔡文胜手中购得短域名 t. cn，用于替代域名 sinaurl. cn 推缩短服务，短域名 t. cn 短暂启用，用户可直接访问 t. cn 登录新浪微博。2011 年 4 月，新浪微博正式启用独立域名 weibo. com，同步更换全新标志。2010 年 11 月 11 日，新浪与 MSN 中国宣布结成战略合作伙伴，打通新浪微博和 MSN 账号，后者的博客搬到新浪安家。专家分析，这场联姻有望改变腾讯在即时通讯领域一家独大的局面。

2011 年 3 月，新浪在宣布新浪微博用户突破 1 亿的同时，新浪还抛出一记重磅消息：新浪将购买电子商务企业麦考林 19% 的股份，再度杀入电子商务领域。新浪此举可以看出作为门户大佬再战电商领域的决心。2011 年 5 月，新浪低调收购“家居”双拼域名 jiaju. com 的消息得到证实之后，域名 jiaju. com 已正式启用。

2011 年 8 月 30 日，据新浪向美国证券交易委员会（SEC）提交的 13D 文件显示，2011 年 8 月 17 ~25 日期间，新浪共计向新近上市的视频网站土豆网投资 6640 万美元，持股比例达 9. 05% 。

2011 年 8 月 17 日，土豆网在纳斯达克上市当天，新浪以 29 美元发行价购入土豆网 107. 5 万股 ADS（相当于 430 万普通股），金额为 3117. 5 万美元。8 月 31 日，新浪向土豆网投资 6640 万美元，持股比例达 9. 05% ，王微持股比例从 12. 7% 下降至 8. 6% ，但是，王微仍然拥有土豆网最多的投票权。新浪成为土豆网的第五大股东。

2012 年 11 月，新浪微博截至第三季度注册用户突破 4 亿。2013 年 4 月 29 日，新浪微博迎来最大战略投资者阿里巴巴，双方签署战略合作协议，阿里巴巴将斥资5.86亿美元购入新浪微博发行的优先股和普通股，占微博公司全稀释摊薄后总股份约18%，未来可增持至30%。预计该合作在未来3年内将给新浪微博带来大约3.8亿美元的营销和社会化电子商务的收入。2014年3月，新浪微博正式更名为微博。新浪微博毫无疑问是目前新浪最重要的产品，为新浪带来了又一次发展的高峰。不过与Twitter一样，活跃用户的瓶颈、法律法规的制约、谣言的困扰、用户的使用疲劳等问题也接踵而来，未来新浪微博将会怎样还需时间来考验。

3. 新浪主要产品

旗下五大业务主线：即提供网络新闻及内容服务的新浪网、提供移动增值服务的新浪无线（SINA Mobile）、提供Web 2.0服务及游戏的新浪互动社区（SINA Community）、提供搜索及企业服务的新浪企业服务以及提供网上购物服务的新浪电子商务（SINA E－commerce）向广大用户提供包括地区性门户网站、移动增值服务、搜索引擎及目录索引、兴趣分类与社区建设型频道、免费及收费邮箱、博客、影音流媒体、楚游、分类信息、收费服务、电子商务和企业电子解决方案等在内的一系列服务。

（1）业务服务。

新浪网主要提供网络媒体及娱乐服务，成为世界各地中国人的全功能网上生活社区发展方向。新浪在全球范围内注册用户超过6亿，日浏览量最高突破6亿次，是中国内地及全球华人社群中最受推崇的互联网品牌。新浪网为全球用户提供全面及时的中文资讯、多元快捷的网络空间，以及轻松自由地与世界交流的先进手段。包括：

新闻中心。与全国上千家媒体有着良好的合作，以对国内外大事、出游资讯，全面快速地报道赢得了业界良好的口碑和网友的喜爱，“上新浪网看新闻”已成为网民上网时不可或缺的内容。从2012年4月18日起，新浪网联合全国70多家有影响力的媒体推出爆料平台，网友可选定所在地或其他省份媒体直接爆料。

体育频道。竞技风暴是全球最大的中文体育资讯频道，全面覆盖全球体育赛事，多媒体、全方位再现国内外体坛风云，以图文、视频等生动多彩的方式奉献体坛精华。竞技风暴包括国内足球、国际足球、NBA、综合体育等重头栏目，全程追踪报道各国体育明星及热门运动队，在国内外业界享有良好的口碑。

娱乐频道。作为全球最大、最具影响力的中文娱乐媒体，第一时间报道娱乐圈的重大新闻事件以及国内外明星动态，其众多的独家合作资源显示出其在业界的权威和在娱乐网站中的绝对优势。新浪娱乐下设明星、电影、电视、音乐综艺、视听等栏目，一直以文字、图片、音频、视频等多种形式详尽报道娱乐新闻。

科技频道。第一时间跟踪全球各大 IT 公司资讯信息和前沿技术动态，滚动报道科技业最新政策及重大新闻事件的台前幕后，为用户提供最丰富、最鲜活的资讯服务。

财经频道。新浪财经依托与数十家国内外领先的财经媒体内容合作上的强大优势，即时捕捉与传达资本市场的最新资讯，已成为面向华人的最领先的综合财经平台。

汽车频道。每日更新千条汽车新闻和服务资讯，数据库涵盖国内外在产车型，为购车、用车提供实用指南，是千万车友的精神家园。

房地产频道。最强势的主流地产媒体，为中国地产业界提供权威、快速新闻资讯，为网友提供购房、租房、家居装修等实用服务资讯。

游戏频道。作为中文最大游戏资讯网站，为全国乃至世界的玩家网友提供最新、最详尽的游戏资讯及玩家之间的互动服务。

女性频道。以“实用、互动、原创”为宗旨，提供最丰富的服饰、美容、美体、顶级摄影等时尚资讯，打造最具互动性的情感交流平台，创造最具影响力的女性话题；以“快速、权威”为特点，第一时间报道时尚圈的重大活动，实现网友与潮流的零距离接触。

商城频道。销售家电、通讯、数码、服装、饰品、化妆、运动、鲜花礼品、汽车等网上商城。

新浪宽频。是互动网络视频平台，秉承“立足精品战略，打造宽频门户”的发展战略，依托先进的视频点播和 P2P 流媒体技术，以“新闻资讯 + 互动娱乐 + 应用服务”为特色。

新浪 WAP。手机新浪网作为手机媒体的第一门户，提供完全免费移动的资讯娱乐世界，登录即可呈现全球各类即时资讯。

博客频道。已经发展成为中国最具影响力的超人气博客品牌，已经成长为中国第一大原创社区。汇聚了各领域的行业精英，集中展现深刻的人文思想和丰富的各类资讯。

新浪论坛。是全球最大的中文社区和网络主流舆论中心，以便捷、稳定、友好的互动平台为网民提供生活化、多元化的资讯交互服务。

新浪读书。读书频道为读者提供最及时全面的图书资讯，第一时间奉献最新图书连载，为文学爱好者搭建华文最具影响力的网络原创平台和交流社区。

新浪微博。是由新浪网推出的微博服务，于 2009 年 8 月 14 日开始内测，公众名人用户众多是新浪微博的一大特色，基本已经覆盖大部分知名文体明星、企业高管、媒体人士。

新浪旅游频道。是全球华语界最具影响力的旅游在线媒体。为网友提供权威实用的旅游资讯和景点信息、愉悦易操作的游记攻略分享平台和可信赖的旅游线路和酒店预订服务。

其他信息：包括读书、教育、文化、星座、军事等各类精彩频道，为网民提供全方位、多角度的信息服务。

（2）互动社区服务。

新浪互动社区为用户提供多种形式网络社区服务，包括新浪博客、新浪微博、新浪播客、新浪邮箱、新浪相册、新浪论坛、新浪圈子、新浪招贴栏等多种产品平台。在新浪互动社区中，这些产品之间彼此协同，为用户创造一个可以自由发布信息、分享资源、沟通交流、结识朋友的虚拟生活空间。包括：

新浪博客。于 2005 年 4 月推出，已经发展成为一个拥有每日数亿访问规模的个人原创写作与用户分享浏览的交互平台。

新浪播客。诞生于 2006 年 12 月，是新浪互动社区继博客产品之后推出的又一个以用户内容原创为核心的交互平台。博客与播客的主要区别在于，博客所传播的是以文字和图片信息为主，而播客传递的则是视频和音频信息。

新浪邮箱。是新浪互动社区历史悠久的一款经典产品，推出于 1999 年，服务内容由个人用户提供的免费邮箱、VIP 收费邮箱以及为企业用户提供的新浪企业邮箱三个部分组成。

2009 年 7 月 30 日新浪正式推出 CN 免费邮箱，在功能上有诸多突破：3G 邮箱容量、可一次收发 30M 超大附件等；已经上线且正式公开注册，用户可以通过多种渠道抢注到心仪的邮箱名称。

新浪相册。在社区服务中相册是不可或缺的一项基础服务。无论在新浪博客还是新浪论坛，新浪相册都是一个重要的功能。用户在这里可以自由方便地储存和管理自己的数码影像资料，还可以通过对其他相册的访问认识新朋友、讨论新话题。

新浪论坛。是新浪网最具悠久历史的产品，如今已经走过 10 个年头。新浪论坛拥有数千个主题论坛，用户超过千万，是中文论坛中的领导者。

新浪圈子。诞生于2006年11月，是专门为用户自治组织打造的交互平台。新浪圈子已经与新浪博客很好地整合推出了新浪博客圈，之后还会与其他互动社区产品结合为各种用户组织提供完善的自我管理和交互的平台环境。

新浪招贴。是新浪分类广告服务的一个组成部分，该产品推出于2005年，是一个免费的广告发布平台，无论个人还是企业均可在此自由地发布分类广告。

新浪UC。是一款集成传统即时通讯软件功能于一体，融合P2P思想的新一代开放式网络即时通讯娱乐软件。有效支持多人聊天、消息群发和在线游戏功能。

新浪微博。是由新浪网推出的微博服务，是web2.0时代的代表产物，于2009年8月14日开始内测，是当时中国用户数最多的微博产品，公众名人用户众多是新浪微博的一大特色。

2012年9月30日，微博用户数量达4.24亿，平均每天活跃用户达到4230万。在平均每天活跃用户中，72%的微博用户同时使用移动客户端或用PC机登录新浪微博。新浪微博广告收入约2000万美元，占新浪广告收入的16%。

新浪自游网。是一个基于真实人脉关系及共同爱好的开放式旅游社区，“自游”取义自助游、自由自在的旅游，平台为大多数旅游爱好者解决出行指导、旅行分享、交朋结友等需求，力争能够成为每一个热爱生活的自助游爱好者们的心灵站点。

（3）移动服务。

新浪在无线增值服务领域亦居领导地位，通过高速无线互联网接入和丰富多彩的无线数据业务，实现网上冲浪、移动办公、网页浏览、文件传输等功能。同时新浪无线在加强网络深度覆盖、提高网络运行质量、增加数据业务信道和全面增强数据业务支撑能力等方面也是遥遥领先。其中包括：

新浪短信。覆盖交友、下载、订购、点播等产品种类，旗舰产品有头条新闻、新闻冲浪、每日笑话、恋爱宝典等诸多精彩服务。

新浪彩信。为千万用户提供彩信服务，最大的特色是支持多媒体功能，传递功能全面的内容和信息，包括文字、图像、声音、数据等各种多媒体格式。

新浪IVR（Interactive Voice Response）。即互动式语音应答，指除用户基本通话业务外的所有语音服务类增值业务。

新浪WAP。是一种全球性的无线应用协议。

新浪回铃音（RBT）。即 Ring Back Tong，就是在被叫用户接听电话前，主叫用户听到的被叫用户预先设置的等待铃声。

新浪百宝箱。通过中国移动百宝箱服务平台（无线 Java 业务），为用户提供图形化、动态化的移动增值服务。

新浪星座。是一个包含星座运势、星座时尚、情感故事、星座教程、心理测试题等内容的综合型星座频道。

（4）企业服务。

新浪企业服务是新浪网作为互联网技术、服务、产品提供商凭借新浪网优秀的品牌力量，整合现有的各种技术和互联网媒体资源优势，以搜索引擎、企业邮箱、分类信息、企业黄页、产业资讯以及城市门户网站等强势产品，打造出的全方位网络信息化服务平台。其中包括：

爱问搜索。是最为领先的智慧型互动搜索引擎，也是全球首个提供自然语言搜索的中文搜索引擎，提供包括新闻、知识人、手机、本地、大百科、图片、视频、MP3 等全方位的搜索服务。

基础应用型服务。企业邮箱依靠新浪网的技术与网络服务，为企业提供集中管理的、以企业域名为后缀的专业邮箱，充分体现公司品牌形象，方便公司主管人员统一管理。

投资和城市联盟。新浪投资中国频道，秉承新浪网一贯的大范围、快速、深度的信息传播特点，充分利用新浪海峡两岸及香港的网络及技术实现优势，服务于中国各类招商引资机构、资本融资机构。

新浪城市联盟。这一全新的合作发展战略以新浪与各城市政府合作地方站为主要合作平台，为政府提供基于互联网平台的各类宣传服务，旨在塑造城市品牌、宣传城市旅游文化资源，带动招商引资，推动区域经济发展。

新浪 DM 系统。是新型的市场营销网络数据库系统工程。其营销模式具有低投入、高效化、智能化、科学化的特点。要有效运作 DM 系统工程，首先需要学习 DM 系统工程的知识，掌握如何运作 DM 系统工程的方法，再要求建立精干内行的高端团队才能顺利实施 DM 系统工程。该系统对大卖场的营销可以带来极大的商机和高额的利润。DM 系统工程的运作使营销管理更具可行性、科学性、发展性。

（5）电子商务。

新浪在中国和北美网站开设了新浪商城，通过自身的技术平台为国际及国内商户提供开展在线业务的机会。新浪与商户密切合作，为不同商户度身打造独具特色的电子商务解决方案，利用新浪在市场、用户和技术等方面的优势，帮助商户在互联网上迅速进行产品的推广、销售以及用户管理等业务。同时，新浪通过严格的商户准入制度、严谨的产品销售管理体系，解决网上购物用户的权益保障问题，从而积极推进中国网上购物市场的健康、有序发展。

（6）网页游戏。

随着网页游戏的兴起，新浪新增加了网页游戏资讯频道，而且还运营着网页游戏。新浪网页游戏旗下的网页游戏有：卧龙吟、盗墓笔记、神仙道、神曲等。

（7）移动支付。

2013 年，新浪微博推出移动支付。新浪对外证实其微博平台正在研发一项移动支付服务，申请的第三方支付牌照也进入公示阶段。这表明新浪微博正在加速布局第三方支付和移动支付，为今后在微博上推广购物服务做准备。

二、腾讯

1. 腾讯概况

Tencent 腾讯

腾讯控股有限公司（腾讯）是一家民营 IT 企业，成立于 1998 年 11 月 29 日，总部位于中国广东深圳，是中国最大的互联网综合服务提供商之一，也是中国服务用户最多、最广的互联网企业之一。腾讯公司在开曼群岛注册，董事会主席兼首席执行官是马化腾，其主要产品有 IM 软件、网络游戏、门户网站以及相关增值产品。

2013 年 9 月 11 日，腾讯股价突破 400 元大关，收报 402.2 元。2013 年“BrandZ 全球最具价值品牌百强榜”腾讯品牌价值排名第 21 名，超越第 31 名的 Facebook。截至 2014 年 4 月，腾讯是全球第四大互联网公司，仅次于谷歌、亚马逊和 Ebay。

2. 腾讯的发展简历

1998 年 11 月，腾讯成立。次年 2 月，即时通讯软件（IM）OICQ 诞生。OICQ 原本是利用中国电信深圳分公司的资金和服务器资源开发，并提供给中国电信使用，后腾讯发现此软件的潜力，通过与中国电信的交涉后收回此软件的使用权。

腾讯创始人马化腾原计划是提供一项通过寻呼机访问信息的互联网服务，并将此服务作为产品销售给其他公司。但其前雇主润迅通讯以及 Tom. Com 对此产品不感兴趣。1999 年年底，OICQ 拥有 10 万用户，其盈利的重要渠道之一是销售 OICQ 号。线下申请号码会“由于网络问题”而极为困难，而利用收费声讯台或短信申请号码则较为快捷，借此吸引用户利用收费渠道申请号码。这时美国在线对这家公司发出律师信，称其产品名字与旗下产品 ICQ 类似，其后腾讯将 OICQ 改称 QQ。2002 年 3 月，QQ 注册用户数突破 1 亿大关。2003 年 8 月，腾讯推出 QQ 游戏，并以其 VIP 服务收取用户费用，这也是其日后的重要收入来源。2004 年 6 月 16 日，腾讯在香港联合交易所主板正式挂牌。

腾讯上市后，开始其一系列的收购行动。2005 年 3 月 16 日，腾讯收购 Foxmail。2010 年 4 月 12 日，腾讯斥资 23. 28 亿元入股 Digital Sky Technologies（DST），借以进军俄语及东欧的互联网市场。2010 年 8 月 24 日，腾讯斥资 0. 6 亿美元收购 discuz 开发商北京康盛创想公司。2010 年，腾讯以 3 亿美元（约 19 亿元人民币）入股东欧互联网公司 Mail. ru 集团，拥有其近 8% 的股权。2011 年 5 月 17 日，腾讯出资 8440 万美元收购艺龙旅行网 16% 的股权，成为艺龙第二大股东。

此外，2007 年，腾讯开始涉足大型网络游戏，并占有了一定的市场份额。《穿越火线和地下城与勇士》是其代表作品。自 2008 年 6 月 10 日起，腾讯获纳入恒生指数成分股。2010 年 3 月，QQ 同时在线用户突破 1 亿，QQ 拥有了中国大陆即时通讯市场不可撼动的地位。

腾讯的成功有人说是因为它的模仿，但其实不然，笔者认为腾讯成功的关键是抓住了互联网的一个重要元素——用户体验。如果没有好的用户体验，再强大的公司也不会长久地留住用户，正是因为不断地对于用户体验的提升使得腾讯能够“做什么成什么”。当然，核心产品的用户黏合度也是其成功的重要因素之一。

3. 腾讯的产品与服务

截至 2012 年，QQ 的注册用户超过 10 亿，活跃用户超过 7 亿，为中国使用人数最多的即时通讯软件，其服务提供商腾讯为中国最大的互联网通讯应用软件服务商。依托如此巨大的用户数，腾讯也不断地在向全互联网业务发展。下面我们将逐一做介绍。

TM：Tencent Messenger（简称 TM）是腾讯公司第二款即时通讯软件。针对办公环境设计，侧重于熟人间的沟通和联系。特色功能主要有TM强化安全措施、优化性能、更加高效安全。TM电子名片、TM隐身时对组、联系人可见、TM反打扰，等等。

QQ概念版：腾讯公司2010年推出，支持Windows 7（3.5分以上配置）。QQ概念版是利用微软最新一代的客户端展现层技术——WPF打造的创新型IM产品，现在已停止使用。

QT语音：即QQ Talk（简称QT），QT语音是由腾讯公司2010年开发完成的支持多人语音交流的团队语音通讯工具，主要面向需团队协作的游戏用户，也适用于需多人语音沟通的办公和家庭用户。

腾讯通RTX（Real Time eXchange）：是腾讯公司推出的企业级即时通讯平台。企业员工可通过服务器所配置的组织架构查找需要进行通讯的人员，并采用丰富的沟通方式进行实时沟通。以文本消息、文件传输、直接语音会话或者视频的形式满足不同办公环境下的沟通需求。

TT浏览器：是一款基于IE内核的多标签页面浏览器，后更名为QQ浏览器。

QQ电脑管家：是腾讯公司于2010年推出的新型产品，是由腾讯原先产品——QQ医生和QQ软件管理软件整合而成的最新电脑安全产品。

QQ邮箱：腾讯公司2002年推出，为超过6000万的邮箱用户提供免费和增值邮箱服务。QQ邮箱和QQ即时通讯软件已成为中国网民网上通讯的主要方式。

QQ旋风：支持多个任务同时进行，每个任务使用BT下载、QQ会员专享在线云播放、多地址下载、多线程、断点续传、线程连续调度优化、下载速度快，无广告、无流氓插件，完全免费。

QQ词典：是腾讯公司推出的一款桌面词典软件。

QQ拼音输入法：简称QQ拼音、QQ输入法，是由腾讯公司开发的一款汉语拼音输入法软件。

QQ音乐播放器：是腾讯公司自主研发的一款同时支持在线音乐和本地音乐的播放器，是国内领先的正版在线数字音乐平台。

腾讯视频：是由腾讯公司自主研发的P2P流媒体互动传播平台，现已更名为腾讯视频。

搜搜：是腾讯旗下的搜索网站，是腾讯主要的业务单元之一。网站于2006年3月正式发布并开始运营。搜搜已成为中国网民首选的三大搜索引擎之一，主要为网民提供实用便捷的搜索服务，同时承担腾讯全部搜索业务，是腾讯整体在线生活战略中重要的组成部分之一。

QQ影音：是腾讯公司最新推出的一款支持大多数影音格式的视频和音乐文件的本地播放器。

服务

腾讯微博：在UI方面具有很好的视觉效果，主流UI界面和Twitter有着类似的视觉效果。

微信（wechat）：是腾讯公司于2011年1月21日推出的一个为智能终端提供即时通讯服务的免费应用程序。

微视：作为腾讯一款独立的应用，微视的定位是基于开放关系链的8秒短视频分享社区，用户可以通过QQ号、腾讯微博以及腾讯邮箱账号登录，将拍摄的短视频同步分享到微信好友、朋友圈、腾讯微博。

无线和固网业务：主要为用户提供QQ与手机或其他终端互联互通的即时通讯及增值服务。

手机腾讯网：腾讯公司的手机腾讯网网站，为免费的无线WAP站点。

超级QQ：是腾讯公司开发的一款手机短信类主打产品，产品定位为手机QQ的VIP服务。

娱乐一击：是腾讯公司于2006年为规避行业风险推出的超值短信娱乐套餐“短信超人”的娱乐版，是在原使用QQ发送短信的包月服务的基础上，增加了部分娱乐资讯功能。

互动娱乐业务：该系统负责腾讯的游戏业务，是全球领先的游戏开发和运营机构。拥有QQ Game休闲游戏平台、大型网游、中型休闲游戏、桌面养成游戏、对战平台五大类近60款游戏。

互联网增值业务：是基于腾讯公司的核心服务——即时通讯平台之上，为QQ用户提供更加丰富多彩的个性化增值服务。

Q币（Q点）：是由腾讯推出的一种虚拟货币，腾讯的所有收费业务全可由Q币（Q点）支付。另外，Q点与Q币在细节上没有具体差别，只是10Q点=1Q币。

QQ空间：是新一代的多媒体个人空间，是一种全新的网络生活方式。

QQ会员：是腾讯公司高端增值用户，为会员提供手机、客户端等增值服务，同时还拥有折扣特权及线下活动。

QQ秀：是QQ虚拟形象设计系统。QQ用户可以选择QQ秀商城的虚拟服饰、珠宝首饰、场景和化妆整形来装扮在 QQ、QQ 聊天室、腾讯社区、QQ 交友等服务中显示虚拟形象。

QQ 交友：是国内最大的休闲交友平台，该平台目标用户为年轻的时尚一族。

拍拍网：是腾讯旗下的电子商务交易平台，网站于 2005 年 9 月 12 日上线发布，2006 年 3 月 13 日宣布正式运营。拍拍网为用户提供包括网上购物和商品的自主买卖交易的网上交易服务。

财付通：是由腾讯公司推出的中国领先在线支付应用和服务平台，致力于为互联网个人和企业用户提供安全、便捷、专业的在线支付服务。

WebQQ：是基于 Web 浏览器的 IM 服务，不需要下载客户端即可获得基本的 IM 服务，具有 Web 产品固有的便利性，在 Web 上可以使用腾讯 WebQQ、浏览器、搜搜、电影、音乐、游戏、微博、邮箱、网盘、QQ 地图，同时在 Web 上最大限度地保留了客户端软件的操作习惯。

QQ 短信：是腾讯 QQ 最新推出的一个插件，是 QQ 应用盒子的组成部分。可以在 QQ 聊天时发短信。最新更新时间是 2011 年 5 月 16 日。

腾讯新闻客户端：是基于 iPhone/iPod touch/Android 台的腾讯新闻服务。

腾讯在线教育：2014 年 4 月 23 日，腾讯低调上线了腾讯课堂页面启用二级域名，腾讯课堂的上线意味着腾讯在线教育由此达成闭环。访问腾讯课堂二级域名，该页面拥有课程分类、课程推荐、机构（老师）入驻、课程交易等多个功能。

三、阿里巴巴

1. 阿里巴巴概况

阿里巴巴即阿里巴巴集团。阿里巴巴集团创立于 1999 年，由私人持股，是一家提供电子商务在线交易平台的公司，阿里巴巴集团在大中华地区、新加坡、印度、英国及美国设有 70 多个办事处，共有 20400 多名员工。业务包括 B2B 贸易、网上零售、购物搜索引擎、第三方支付和云计算服务。集团的子公司及关系公司有阿里巴巴 B2B、淘宝网、天猫、一淘网、阿里云计算及支付宝。旗下的淘宝网和天猫在 2012 年销售额达到 1.1 万亿元人民币，超过亚马逊公司和 eBay 之和。英国《经济学人》杂志称其为“世界上最伟大的集市”。

2. 阿里巴巴发展简史

1999 年，马云带领下的 18 位创始人在杭州的公寓里正式成立了阿里巴巴集团。1999—2000 年，阿里巴巴从软银、高盛、美国富达投资等机构融资 2500 万美元。2003 年，依旧在马云位于杭州的公寓里，个人电子商务网站淘宝网成立。2003 年，发布在线支付系统——支付宝。2005 年，阿里巴巴集团与雅虎美国建立战略合作伙伴关系，同时，执掌雅虎中国。2007 年 11 月，阿里巴巴网络有限公司在香港联交所挂牌上市。2007 年 11 月，阿里巴巴集团成立网络广告平台阿里妈妈。2009 年 8 月，作为“大淘宝”战略的一部分，口碑网入驻淘宝，使淘宝成为一站式电子商务服务提供商，为更多的电子商务用户提供服务。2009 年 9 月，阿里巴巴集团庆祝创立 10 周年，同时成立阿里云计算。2010 年 3 月，阿里巴巴集团宣布成立大淘宝战略执行委员会，其成员来自淘宝、支付宝、阿里云计算和中国雅虎的高管，以确保“大淘宝”战略的成功执行。

2010 年 11 月，淘宝商城启动独立域名 Tmall. com。2011 年 1 月，阿里巴巴集团宣布将在中国打造一个仓储网络体系，并与伙伴携手大力投资中国物流业。2011 年 6 月，阿里巴巴集团将淘宝网分拆为三家独立的公司：淘宝网（taobao. com），淘宝商城（tmall. com）和一淘（etao. com），以更精准和有效地服务客户。2012 年 1 月，淘宝商城宣布更改中文名为天猫，加强其平台的定位。2012 年 6 月，阿里巴巴网络有限公司正式从香港联交所退市。2012 年 7 月，阿里巴巴集团宣布将现有子公司的业务升级为阿里国际业务、阿里小企业业务、淘宝网、天猫、聚划算、一淘和阿里云七个事业群。2012 年 11 月，淘宝网和天猫平台本年度的交易额突破人民币 1 万亿元。

2014 年 5 月 6 日，阿里巴巴向美国证券交易委员会提交了首次公开募股申请，阿里巴巴计划出售 12% 的股份，按其估值推算，这次公开募股融资额将为 200 亿美元左右，超过 2008 年信用卡巨头维萨公司 196. 5 亿美元的融资额。

阿里巴巴让我们感受到了互联网对于实际经济生活产生的巨大影响，互联网为我们带来了便利，并逐渐改变了中国老百姓的购物习惯，无法想象如今社会如果没有淘宝网将会是怎样的。

3. 旗下公司及业务

（1）阿里巴巴国际交易市场。

阿里巴巴国际交易市场（www. alibaba. com）创立于 1999 年，现为全球领先的小企业电子商务平台，旨在打造以英语为基础、任何两国之间的跨界贸易平台，并帮助全球小企业拓展海外市场。阿里巴巴国际交易市场服务全球

240 多个国家和地区数以百万计买家和供应商，展示超过 40 个行业类目的产品。

（2）1688。

1688（www. 1688. com 前称阿里巴巴中国交易市场）创立于 1999 年，现为中国领先的小企业国内贸易电子商务平台。1688 早年定位为 B2B 电子商务平台，近年逐步发展成为网上批发及采购市场，其业务重点之一是满足淘宝系平台卖家的采购需求。

（3）全球速卖通。

全球速卖通（www. aliexpress. com）创立于 2010 年 4 月，是全球领先的消费者电子商务平台之一，集结不同的小企业卖家提供多种价格实惠的消费类产品。全球速卖通目前服务数百万名来自 220 多个国家和地区的注册买家，覆盖 20 多个主要产品类目，其目标是向全球消费者提供具有特色的产品。

（4）淘宝网。

淘宝网（www. taobao. com）成立于 2003 年 5 月，是中国最受欢迎的 C2C 购物网站，致力于向消费者提供多元化且价格实惠的产品选择，截至 2013 年 3 月，约有 7. 6 亿条产品信息。根据 Alexa 的统计，淘宝网是全球浏览量最高的 20 个网站之一。截至 2013 年 3 月 31 日，淘宝网和天猫平台的交易额合计突破人民币 1 万亿元。

（5）天猫。

天猫（www. tmall. com）是中国领先的平台式 B2C 购物网站，致力提供优质的网购体验。天猫由淘宝网于 2008 年 4 月创立，于 2011 年 6 月独立于淘宝网的 C2C 交易市场，自行运营。自推出以来，天猫已发展成为日益成熟的中国消费者选购优质品牌产品的目的地。根据 Alexa 的统计，天猫是中国浏览量最高的 B2C 零售网站。

截至 2013 年 3 月，超过 7 万个国际和本地品牌已在天猫上开设官方旗舰店，当中包括优衣库、欧莱雅、Adidas、宝洁、联合利华、Gap、Ray - Ban、Nike、Levi’s 等。天猫设有多个专注不同行业的垂直商城，包括“电器城”“书城”“家装馆”“名鞋馆”及“美容馆”等，针对个别行业的特性提供合适的客户服务。于 2012 年 11 月 11 日的特别推广期间，天猫和淘宝网创下了单日交易额人民币 191 亿元的新高。截至 2013 年 3 月 31 日，淘宝网和天猫平台的交易额合计突破人民币 1 万亿元。

（6）聚划算。

聚划算（www. juhuasuan. com）是中国全面的品质团购网站，由淘宝网于2010年3月推出，于2011年10月成为独立业务，其使命是结合消费者力量，以优惠的价格提供全面的优质商品及本地生活服务选择。

（7）一淘。

一淘（www. etao. com）是中国全面覆盖商品、商家及购物优惠信息的网上购物搜索引擎，由淘宝网于2010年10月推出，于2011年6月成为独立业务。一淘旨在为网上消费者打造“一站式的购物引擎”，协助他们做购买决策，并更快地找到物美价廉的商品。

一淘的功能和服务包括商品搜索、优惠及优惠券搜索、酒店搜索、返利、淘吧社区，等等。

一淘的搜索结果涵盖多个B2C购物网站和品牌商家的商品和信息，包括淘宝网、天猫以及亚马逊中国、当当网、国美、1号店、Nike中国及凡客诚品，等等。

（8）阿里云计算。

阿里云计算（www. aliyun. com）于2009年9月创立，现为云计算与数据管理平台开发商，其目标是打造互联网数据分享第一服务平台，并提供以数据为中心的云计算服务。阿里云计算致力向淘宝系平台卖家以及第三方用户提供完整的互联网计算服务，包括数据采集、数据处理和数据存储，以助推动阿里巴巴集团及整个电子商务生态系统的成长。

阿里云计算为阿里巴巴集团旗下业务。

（9）支付宝。

支付宝（www. alipay. com）成立于2004年12月，是中国最多人选用的第三方网上支付平台，致力于为上亿计的个人及企业用户提供安全可靠、方便快捷的网上支付和收款服务。2012年11月11日，支付宝完成了超过1亿笔交易，创下了单日交易量的新高。

支付宝是中国互联网商家首选的网上支付方式，它提供的第三方信用担保服务，让买家可以在确认所购商品满意后才将款项支付给商家，降低了消费者网上购物的交易风险。

支付宝与多个金融机构包括全国性银行、各大地区性银行以及Visa和MasterCard合作，为国内外商家提供支付方式。除淘宝网和天猫外，支持使用支付宝交易服务的商家已经涵盖了网上零售、虚拟游戏、数码通讯、商业服务、机票、公用事业等行业。支付宝同时提供有助全球卖家直销到中国消费者的支付方案，支持14种主要外币的支付服务。

四、百度

1．百度概况

百度是全球最大的中文搜索引擎，2000年1月由李彦宏、徐勇两人创立于北京中关村，致力于向人们提供“简单，可依赖”的信息获取方式。“百度”二字源于中国宋朝词人辛弃疾的《青玉案·元夕》词句“众里寻他千百度”，象征着百度对中文信息检索技术的执着追求。

2．百度发展简史

2000年1月，李彦宏从美国硅谷回国，在中关村创立百度。2000年6月，百度正式推出全球最大、最快、最新的中文搜索引擎，并且宣布全面进入中国互联网技术领域。在创立之初，百度选择了与其他搜索引擎不同的商业模式，即和门户网站合作。2000年11月16日，百度公司宣布，正式向三大门户网站之一的新浪网中国区提供中文网页信息检索服务，支持其全面推出综合搜索引擎。但这种模式很快显示了局限性，门户网站数量的有限性决定了其需求的有限性。2001年年初，李彦宏借用了“付费排名”搜索引擎商业模式，客户通过购买关键字并进行竞价，决定其在搜索结果中排名的先后，并通过上下文内容分析技术，将广告同时投放于其他顶尖级搜索引擎，与这些合作伙伴共同分享利益。2002—2003年，竞价排名迅速成为百度主要收入来源；2004年，百度80%的收入来自竞价排名。

2005年，百度在美国纳斯达克上市，一举打破首日涨幅最高等多项纪录，并成为首家进入纳斯达克成分股的中国公司。通过数年来的市场表现，百度优异的业绩与值得依赖的回报，使之成为中国企业价值的代表，傲然屹立于全球资本市场。

2009年，百度推出全新的框计算技术概念，并基于此理念推出百度开放平台，帮助更多优秀的第三方开发者利用互联网平台自主创新、自主创业，在大幅提升网民互联网使用体验的同时，带动起围绕用户需求进行研发的产业创新热潮，对中国互联网产业的升级和发展产生巨大的拉动效应。

随着中国互联网从PC端向移动端转型，百度也在积极围绕核心战略加大对移动和云领域的投入和布局，不断把PC领域的优势向移动领域扩展。

在通过技术创新不断满足用户的移动搜索需求的同时，百度也在继续积极推动移动云生态系统的建设和发展，与产业实现共赢。2012年9月，百度面向开发者全面开放包括云存储、大数据智能和云计算在内的核心云能力，为开发者量身定做从开发到运营的“七种武器”，为开发者提供更强大的技术运营支持与推广变现保障，以帮助他们在移动云时代获得更好的收益和成长。如今，百度已经成为中国最具价值的品牌之一。

百度在中国的地位至少目前来看是无人能够替代的，作为互联网最基础需求的搜索引擎在中国的先行者，百度目前在PC端的成功从某种程度上来说也是一种必然，“有问题上百度”已经成为越来越多的中国人的习惯。但在未来移动互联网将越来越成熟，百度在移动端的发展将会为我们带来怎样的改变，相信不久之后我们便能看到。

3. 百度的产品与服务

（1）网页搜索。

作为全球最大的中文搜索引擎公司，百度一直致力于让网民更便捷地获取信息，找到所求。用户通过百度主页可以瞬间找到相关的搜索结果，这些结果来自于百度超过数百亿的中文网页数据库。

（2）垂直搜索。

秉承“用户体验至上”的理念，除网页搜索外，百度还提供MP3、图片、视频、地图等多样化的搜索服务，给用户提供更加完善的搜索体验，满足多样化的搜索需求。

（3）百度快照。

全新的浏览方式，解决了因网络问题、网页服务器问题及病毒问题所导致无法浏览的问题。它的原理就是只加载网上的文字、图片和超链接。而快速版的百度快照则不加载图片，因此，原来的标准快照和快速版快照所显示出来的效果略有不同。

（4）社区产品。

信息获取的最快捷方式是人与人直接交流，为了让那些对同一个话题感兴趣的人们聚集在一起，方便地展开交流和互相帮助，百度贴吧、知道、百科、空间等围绕关键词服务的社区化产品也应运而生，而百度Hi的推出，更是将百度所有社区产品进行了串联，为人们提供了一个表达和交流思想的自由网络空间。

（5）框计算。

框计算是由百度董事长兼首席执行官李彦宏在2009年8月18日“百度技术创新大会”上提出的全新技术概念。用户只要在“框”中输入服务需求，系统就能明确识别这种需求，并将该需求分配给最优的内容资源或应用提供商处理，最终精准高效地返回给用户相匹配的结果。这种高度智能的互联网需求交互模式，以及“最简单可依赖”的信息交互实现机制与过程，称之为“框计算”。

（6）开发者中心。

在2012年3月23日百度开发者大会上，百度面向广大开发者群体隆重发布成立开发者中心网站。开发者中心服务的群体包括但不限于移动客户端应用开发者、Web App开发者、网站站长、终端厂商，等等。

结合百度在云计算领域的先天优势和丰富经验，面向开发者提供以下四大服务体系：首先，开发支持。提供开发所需的SDK，包括API、文档和测试、部署工具，提供各种开发便利，降低开发难度。其次，运营支撑。充分利用实时大数据分析能力，提供专业的全平台分析手段，帮助开发者洞察运营所需的各种细节。再次，渠道推广。利用百度的流量入口优势，为开发者提供可持续发展的流量以及用户增长模式，实现双方共赢。最后，商业变现。帮助开发者挖掘即有流量背后的商业价值，实现“流量—变现—分成”的经典平台模式，与百度实现共赢。

（7）百度云。

百度云是百度公司在开放自身的核心云能力（包括云存储、云计算和大数据智能）的基础上，为广大开发者和最终用户提供的一系列云服务和产品。其服务的对象包括开发者和个人用户两大群体。

在2012年3月的百度开发者大会上，百度正式发布百度云战略，推出百度开发者中心网站，并建立开发服务、运营服务、渠道推广以及变现四大服务体系，为开发者构建平等、开放、共赢的生态系统。2012年8月，百度云计算（阳泉）中心在山西省阳泉市奠基。建成后的云计算（阳泉）将在数据存储规模、计算能力和环保节能等三方面都达到亚洲一流水准。据规划，建成后的百度云计算中心数据存储量超过4000PB，可存储的信息量相当于20多万个中国国家图书馆的藏书总量；同时由于使用了百度自主研发的高性能、低功耗服务器，数据中心CPU总量高达70万颗、CPU内核总数超过300万个；此外，数据中心采用多项适用中国环境及法规的高科技技术来提升整体数据中心的能源效率，可实现节能约43%。在2012年9月的百度世界大会上，百度发布了面向开发者的“七种武器”，包括个人云存储PCS、多屏幕Screen X技术、云应用生成服务Site App、LBS·云、移动云测试MTC、百度应用引擎BAE和浏览内核Engine。2012年10月，百度宣布推出仅两个月的百度云个人用户量已突破1000万。2012年11月，百度宣布将与美国高通公司合作，实现并推广针对由高通骁龙处理器支持的Android终端的百度云服务。

（8）百度移动。

面对互联网从PC端向移动端转型的浪潮，百度也正不断把PC领域的优势向移动领域扩展。

为了满足移动互联网时代广大网民的搜索需求，百度移动搜索提供了多入口化的搜索方式，包括网页版移动搜索、百度移动搜索APP以及内嵌于手机浏览器、WAP站等各处的移动搜索框，因此能够快速、全面、精准地提供搜索服务。

多入口的架设也让百度移动搜索牢牢掌握了移动互联网的制高点。凭借着百度移动搜索、百度手机地图、百度语音助手等，百度形成了全方位、立体化的产品矩阵与完整布局，延续了其在传统互联网领域的入口优势。

凭借着领先的技术、创新的功能以及良好的使用体验，百度移动获得了2012年度移动互联网最佳创新应用奖。而根据CNNIC《2012中国网民搜索行为研究报告》数据显示，百度搜索在手机用户中的渗透率达到96.9%，用户首选率已经达到88.5%。

2012年10月，百度正式成立了LBS（基于位置的服务）事业部，负责包括百度地图、百度身边及即将上线的百度路况等移动互联网项目，从产业链条上打通上下游，实现数据的互通，共享用户和信息市场，帮助服务合作伙伴应对营销个性化、定制化、时效化的挑战，帮助用户发现周围的优惠，帮助商户捕捉潜在的客户，实现供需无缝对接。同时，与百度移动云事业部双管齐下，形成“云+端”的移动战略布局。

（9）百度推广。

百度推广是一种按效果付费的网络推广方式，用少量的投入就可以给企业带来大量的潜在客户，有效提升企业销售额和品牌知名度。百度推广按照给企业带来的潜在客户的访问数量计费，企业可以灵活控制网络推广投入，获得最大回报。

（10）凤巢系统。

“凤巢”是全新的百度搜索推广服务管理平台的内部开发代号。通过这一全新平台，客户可以对百度搜索推广信息进行更为高效的管理与优化，对推广效果更为科学地进行评估。

2009 年 4 月 20 日，全球最大的中文搜索引擎百度正式推出搜索推广专业版，即此前受到业界广泛关注的“凤巢推广系统”。百度方面表示，搜索营销专业版作为新一代搜索推广管理平台，能够帮助企业捕获更多的商业机会，赢得更多的客户，并有效提升推广效果。专家指出，百度此举，无论对用户、企业还是对营销大环境及百度自身发展来讲，都意义非凡。

2009 年 12 月 1 日，伴随百度“凤巢”系统切换，百度通过“凤巢”逐渐取代“竞价”系统。新系统所有功能和数据将有效提高企业客户的推广效果，为企业带来更多的商机。然而面对新的挑战，更多的客户尚处于探索阶段，尤其“凤巢”切换之日，引发了一次次的波动。如何适应新系统，保证企业平稳过渡，成了广告主更为关注的问题。

（11）品牌营销。

作为全球最大的中文搜索引擎，百度凭借强大的网民搜索数据库，能清晰洞察网民消费意愿和消费形态，成为中国“最懂消费者”的 ROI 媒体平台。

百度品牌营销，依托百度营销平台的这一独特优势，在服务客户的过程中，始终以消费者为中心，为客户制订最佳的网络营销解决方案，力求使广告营销诉求直达消费者心智，从而实现营销 ROI 的最大化。

（12）百度联盟。

百度联盟一直致力于帮助合作伙伴挖掘专业流量的推广价值，帮助客户推介最有价值的投放通路，是国内最具实力的互联网联盟体系之一。百度联盟的使命是：搭建中国互联网诚信、专业、可信赖的泛媒体平台，帮助合作伙伴在各自的领域获得成功。

如今，百度联盟已成功拓展和运营了搜索推广合作、网盟推广合作、知道内容合作、百度 TV、CPA/CPL/CPS 等业务。

第四章　互联网的应用

互联网真正被大家所熟知和使用的是互联网中五花八门的各种应用，这些互联网的应用为我们带来了对于互联网最直观和最深刻的印象。说起互联网应用，可以说是十分的庞大和复杂，其中包括了数不清的应用产品，为了方便理解，我们将互联网的应用按照所提供的服务性质和功能做如下分类：

首先是基础性服务应用，包括搜索、网络媒体、电子邮箱、信息聚集分类平台，等等。之所以将它们称为基础性服务，是因为它满足了大众对于互联网最初的需求，即信息或者资讯的获取。

其次是商务应用，包括电子商务、企业信息化服务、网络教育、第三方支付，等等。这一类应用与市场商业有着紧密的联系，这一类应用往往会与线下产业有着紧密的结合，满足了人们或者企业对于实际生活工作的种种需求。

最后一类是交流娱乐应用，包括网络游戏、网络影视、网络音乐、即时通讯、社交平台，等等。这一类应用满足了人们对于娱乐交流的需求。

当然我们也可以将互联网应用按照盈利情况来进行分类。第一类是大众需求性的免费产品，包括例如新浪的新闻、微博，腾讯的 QQ、微信，网易的邮箱，百度的搜索等，这一类产品主要是为大众服务的免费性应用；第二类是提供给相对专项性人士的营利性产品，包括各种以盈利为目的的付费性的服务，比如各类网络游戏、各大网站的推广位，等等。

近几年来随着互联网终端技术以及网络技术的不断发展，移动互联网越来越被大家所使用，如果按照互联网应用的使用设备和场景来分类，其实我们可以更加简单地将互联网应用分为传统互联网应用（PC 端网络应用）和移动互联网应用。不过这种分类方式其实本身是没有意义的，所以我们将它与前面第一种分类方式进行融合，如图 4 -1 表所示，得到一个更加直观的分类解读。

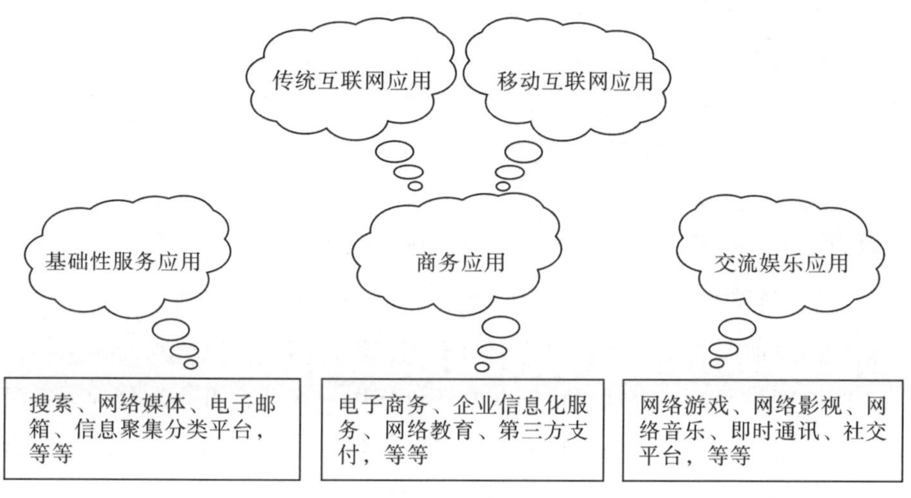

图 4-1　加图题

本章将着重介绍一些关于传统互联网的热门应用，即在我们传统 PC 上使用的一些应用，而下章将着重介绍关于移动互联网的一些有趣的应用软件。其实现代互联网中传统应用与移动互联网应用是相互融合且不可分割的，往往一个 PC 端应用也会在移动端中有相应的应用软件。之所以将之分开介绍是为了能更好地使读者了解传统互联网应用与移动互联网应用的一些区别，以及为什么说移动互联网是目前互联网发展的方向。

一、门户网站

1. 什么是门户网站

门户（portal），原意是指正门、入口，现多用于互联网的门户网站和企业应用系统的门户系统。门户网站（Portal Web，Directindustry Web），这里可以分为广义和狭义两种定义。广义的门户网站是指，一个 Web 应用框架，它将各种应用系统、数据资源和互联网资源集成到一个信息管理平台之上，以统一的用户界面提供给用户，并建立企业对客户、企业对内部员工和企业对企业的信息通道，使企业能够释放存储在企业内部和外部的各种信息。而我们现在更多的是通过狭义的定义来认识门户网站的，门户网站是指通向某类综合性互联网信息资源并提供有关信息服务的应用系统。

门户网站最初提供搜索服务、目录服务，如雅虎、AOL、Excite，类似如今的 hao123。导航网站也提供新闻页面，但是因为不是将内容存在自己的服务器上，而是向外部链接到来源站点，现在一般不认为这样的网站是门户网站。后来由于市场竞争日益激烈，门户网站不得不快速地拓展各种新的业务类型，希望通过门类众多的业务来吸引和留住互联网用户，以至于目前门户网站的业务包罗万象，成为网络世界的“百货商场”或“网络超市”。从现状来看，门户网站主要提供新闻、搜索引擎、网络接入、聊天室、电子公告牌、免费邮箱、影音资讯、电子商务、网络社区、网络游戏、免费网页空间，等等。

2. 门户网站的分类

根据网站所架设地点和管辖范围的不同，门户网站可以分为局域网门户网站和互联网门户网站。根据网站创办方和目标用户区分，可大致分为个人门户网站、政府门户网站、企业门户网站、专业门户网站、分类信息网站、综合门户网站，等等。

个人门户网站：在该网站可以查找到关于某个人所能提供的一切上网的信息，比如这个人的文字作品、图片、声音、视频以及联系方式，等等。

政府门户网站：在该网站可以查到关于某个政府或者某级政府所能提供的一切上网信息，一般会提供在政府有关机构办事的帮助指南，以及在线办事的平台。

企业门户网站：在该网站可以查到企业的业务范围，最新消息，针对媒体发放的信息，以及针对投资者的信息，等等。

专业门户网站：也叫作垂直门户网站，是以该网站自己的编辑工序集成其他媒体关于某一特定领域的报道，并托管在自己的服务器上展示。一般来说，科技、体育、娱乐、财经等领域比较容易出现专业门户网站。

分类信息网站：在该网站可以查到某个领域或全行业的在线个人或公司名录、交易信息等，部分网站甚至允许直接在网上发起交易。

综合门户网站：做得比较大的综合门户网站，一般是该国或该语言使用区域内流量排名靠前的网站。他们会将从网上多个来源搜集到的信息分成不同栏目，最高层级的栏目被称为频道，而每一个频道其实都相当于一个专业门户网站。

3. 网络媒体

说起门户网站，我们的脑海中好像总会浮现出另外一个词——网络媒体。实际上，我们今天所谈论的门户与当初 yahoo 初创时所说的门户已经有了很大的不同。那个时候，大多数网民面对茫茫网海无从下手，正是yahoo这种以提供搜索服务为主的网站扮演了引网民“入门”的角色，成为网民进入互联网的“门户”。将提供新闻服务作为门户网站的主业乃至核心竞争力，这其实只是后来的事情。

网络媒体作为新兴媒体，与电视、报纸、广播并称为四大媒体。对于中国老百姓来说，“网络媒体”一词的出现似乎是与门户网站在国内的发展分不开的，正如我们所熟悉的一样，在我们提起网络媒体时首先想到的是新浪网、搜狐网、腾讯网、新华网，这些被我们所熟知的综合性门户网站。这些网站因通过系统的分类为我们提供了各种资讯被我们所使用。

我们现在回想，在20世纪90年代初，对于中国大多数的普通人来说，下班路上买一份报纸，以及每天晚上全家人围坐在电视前7点准时收看新闻联播是我们每天获取新闻资讯的主要渠道似乎也是我们的一种习惯。进入20世纪90年代末，随着计算机越来越普及，一个新的资讯获取方式进入了我们普通老百姓的生活——“新闻网站”。就像许多新的发明出现初始一样，刚开始从互联网上获取新闻资讯对于普通人来说还只是一件时髦的事，我们更多地使用互联网看新闻资讯是为了“温习”我们在报纸和电视上看过的新闻或者说是一种对于新闻资讯的补充。但很快，我们发现互联网上的新闻内容更加丰富并且不受时间的限制更加的方便，逐渐地越来越多的人开始更多地使用互联网来获取信息，而这些通过网络方式传播信息的网站也被我们称为“网络媒体”。

不知从何时起，我们发现周围的朋友、同事，每天打开计算机的第一件事便是通过互联网浏览一下今日的新闻。网络媒体已经成为我们生活中不可缺少的一部分，甚至减少了我们对于报纸、电视、广播的需求。

毫无疑问，从狭义来看，网络媒体是互联网带给我们的一个具有颠覆意义的创新，就像电灯代替了火、汽车代替了马车一样，它改变了我们对于信息获取的习惯，现在的网络媒体越来越成为我们获取资讯的主要来源，而纸质阅读反而成为一种时尚。甚至有许多评论家预言，传统媒体很快将灭亡，取而代之的将是以互联网为基础的在各种终端设备中出现的网络媒体。从广义来看，网络媒体更像是传统媒体的一次进化，现在大量的传统媒体正在向网络媒体方向转变，但作为媒体核心竞争力的内容并没有改变，只是内容的载体在变化而已。

何为网络媒体？根据对于传统媒体的理解，从我们一般的狭义来看网络媒体可以看成通过互联网平台发布新闻的信息平台，比如传统新闻单位的电子版、网络版。但从我们实际的使用来看这一狭隘的定义显然是不准确的，实际上我们常用的商业门户网站，才是更多被大众所使用的信息发布平台。根据以上所述我们可以这样来表述：网络媒体是通过互联网发布公共信息的平台，其中大部分信息发布业务是为了满足大众特殊需求的新闻信息以及其他服务信息。其中不仅包括新闻单位网站，也包括了互联网商业企业创办的有新闻信息等公共信息发布业务的网站。

我们可以简单地将网络媒体分类为综合性门户网络媒体和垂直性专业网络媒体。其中综合性网络媒体包括新浪网、腾讯网、人民网、新华网等，这类网站的特点是内容包罗万象，为一般大众用户提供了所谓一站式的资讯服务。垂直性专业网络媒体包括：天极网（IT 资讯网站）、和讯网（财经资讯网站）等，这类网站内容领域相对专一，主要提供某一领域相对专业的资讯，为对这一领域有着更多深入需求的用户服务。

二、电子商务

1. 什么是电子商务

电子商务尽管在各国或不同的领域有不同的定义，但其关键依然是依靠着电子设备和网络技术进行的商业模式，随着电子商务的高速发展，它已不仅仅包括其购物的主要内涵，还应包括了物流配送等附带服务。电子商务包括电子货币交换、供应链管理、电子交易市场、网络营销、在线事务处理、电子数据交换（EDI）、存货管理和自动数据收集系统。在此过程中，利用到的信息技术包括：互联网、外联网、电子邮件、数据库、电子目录和移动电话。

首先将电子商务划分为广义和狭义的电子商务。广义的电子商务定义为使用各种电子工具从事商务活动；狭义的电子商务定义为主要利用 Internet 从事商务或活动。无论是广义的还是狭义的电子商务的概念，电子商务都涵盖了两个方面：一是离不开互联网这个平台，没有了网络，就称不上为电子商务；二是通过互联网完成的一种商务活动。

从狭义上讲，电子商务（Electronic Commerce，简称 EC）是指通过使用互联网等电子工具（这些工具包括电报、电话、广播、电视、传真、计算机、计算机网络、移动通讯等）在全球范围内进行的商务贸易活动，是以计算机网络为基础所进行的各种商务活动，包括商品和服务的提供者、广告商、消费者、中介商等有关各方行为的总和。人们一般理解的电子商务是指狭义上的电子商务。

从广义上讲，电子商务一词源自于 Electronic Business，就是通过电子手段进行的商业事务活动。通过使用互联网等电子工具，使公司内部、供应商、客户和合作伙伴之间，利用电子业务共享信息，实现企业间业务流程的电子化，配合企业内部的电子化生产管理系统，提高企业的生产、库存、流通和资金等各个环节的效率。

联合国国际贸易程序简化工作组对电子商务的定义是：采用电子形式开展商务活动，它包括在供应商、客户、政府及其他参与方之间通过任何电子工具。如 EDI、Web 技术、电子邮件等共享非结构化商务信息，并管理和完成在商务活动、管理活动和消费活动中的各种交易。

从电子商务的含义及发展历程可以看出电子商务具有如下基本特征：

普遍性：电子商务作为一种新型的交易方式，将生产企业、流通企业以及消费者和政府带入了一个网络经济、数字化生存的新天地。

方便性：在电子商务环境中，人们不再受地域的限制，客户能以非常简捷的方式完成过去较为繁杂的商业活动。如通过网络银行能够全天候地存取账户资金、查询信息等，同时使企业对客户的服务质量得以大大提高。在电子商务商业活动中，有大量的人脉资源开发和沟通，从业时间灵活，完成公司要求，有钱有闲。

整体性：电子商务能够规范事务处理的工作流程，将人工操作和电子信息处理集成为一个不可分割的整体，这样不仅能提高人力和物力的利用率，也可以提高系统运行的严密性。

安全性：在电子商务中，安全性是一个至关重要的核心问题，它要求网络能提供一种端到端的安全解决方案，如加密机制、签名机制、安全管理、存取控制、防火墙、防病毒保护等，这与传统的商务活动有着很大的不同。

协调性：商业活动本身是一种协调过程，它需要客户与公司内部、生产商、批发商、零售商间的协调。在电子商务环境中，它更要求银行、配送中心、通讯部门、技术服务等多个部门的通力协作，电子商务的全过程往往是一气呵成的。

2. 电子商务的分类

我们现在一般将电子商务按照交易对象，分为企业对企业的电子商务（B2B），企业对消费者的电子商务（B2C），企业对政府的电子商务（B2G），消费者对政府的电子商务（C2G），消费者对消费者的电子商务（C2C），企业、消费者、代理商三者相互转化的电子商务（ABC），以消费者为中心的全新商业模式（C2B2S），以供需方为目标的新型电子商务（P2D）。

C2B2S（Customer to Business - Share）：C2B2S 模式是 C2B 模式的进一步延伸，该模式很好地解决了 C2B 模式中客户发布需求但产品初期无法聚集庞大的客户群体而致使与邀约的商家交易失败的问题。全国首家采用该模式的平台为晴天乐客。

B2B（Business to Business）：商家（泛指企业）对商家的电子商务，即企业与企业之间通过互联网进行产品、服务及信息的交换。通俗地说，是指进行电子商务交易的供需双方都是商家（或企业、公司），使用了 Internet 的技术或各种商务网络平台，完成商务交易的过程。这些过程包括发布供求信息、订货及确认订货、支付过程，票据的签发、传送和接收，确定配送方案并监控配送过程，等等。

B2C（Business to Customer）：B2C 模式是中国最早产生的电子商务模式，如今的 B2C 电子商务网站非常多，比较大型的有天猫商城、京东商城、一号商城、亚马逊、苏宁易购、国美在线，等等。

C2C（Consumer to Consumer）：C2C 同 B2B、B2C 一样，都是电子商务的几种模式之一。不同的是 C2C 是用户对用户的模式，C2C 商务平台就是通过为买卖双方提供一个在线交易平台，使卖方可以主动提供商品上网拍卖，而买方可以自行选择商品进行竞价。

B2M（Business to Manager）：B2M 是相对于 B2B、B2C、C2C 的电子商务模式而言，是一种全新的电子商务模式。而这种电子商务模式相对于以上三种有着本质的不同，其根本的区别在于目标客户群的性质不同，前三者的目标客户群都是作为一种消费者的身份出现，而 B2M 所针对的客户群是该企业或者该产品的销售者或者为其工作者，而不是最终消费者。

B2G（Business to Government）：B2G 模式是企业与政府管理部门之间的电子商务，如政府采购、海关报税的平台、国税局和地税局报税的平台，等等。

M2C（Manufactures to Consumer）：M2C 是针对 B2M 的电子商务模式而出现的延伸概念。在 B2M 环节中，企业通过网络平台发布该企业的产品或者服务，职业经理人通过网络获取该企业的产品或者服务信息，并且为该企业提供产品销售或者提供企业服务，企业通过经理人的服务达到销售产品或者获得服务的目的。

O2O（Online to Offline）：O2O 是新兴起的一种电子商务新商业模式，即将线下商务的机会与互联网结合在了一起，让互联网成为线下交易的前台。这样线下服务就可以用线上来揽客，消费者可以用线上来筛选服务，还有成交可以在线结算，很快达到规模。该模式最重要的特点是：推广效果可查，每笔交易可跟踪。如美乐乐的 O2O 模式为例，其通过搜索引擎和社交平台建立海量网站入口，将在网络的一批家居网购消费者吸引到美乐乐家居网，进而引流到当地的美乐乐体验馆。线下体验馆则承担产品展示与体验以及部分的售后服务功能。

C2B（Customer to Business）：C2B 是电子商务模式的一种，即消费者对企业（Customer to Business）。最先由美国流行起来的消费者对企业（C2B）模式也许是一个值得关注的尝试。C2B 模式的核心是通过聚合分散分布但数量庞大的用户形成一个强大的采购集团，以此来改变 B2C 模式中用户一对一出价的弱势地位，使之享受到以大批发商的价格买单件商品的利益。

P2D（Provide to Demand）：P2D 是一种全新的、涵盖范围更广泛的电子商务模式，强调的是供应方和需求方的多重身份，即在特定的电子商务平台中，每个参与个体的供应面和需求面都能得到充分满足，充分体现特定环境下的供给端报酬递增和需求端报酬递增。

B2B2C（Business to Business to Customers）：所谓 B2B2C 是一种新的网络通讯销售方式。第一个 B 指广义的卖方（即成品、半成品、材料提供商等），第二个 B 指交易平台，即提供卖方与买方的联系平台，同时提供优质的附加服务，C 即指买方。卖方不仅仅是公司，还可以包括个人，即一种逻辑上的买卖关系中的卖方。

B2T（Business to Team）：B2T 是继 B2B、B2C、C2C 后的又一电子商务模式，即为一个团队向商家采购。团购 B2T，本来是“团体采购”的定义，而今，网络的普及让团购成为很多中国人参与的消费革命。网络成为一种新的消费方式——网络团购，就是互不认识的消费者，借助互联网的“网聚人的力量”来聚集资金，加大与商家的谈判能力，以求得最优的价格。尽管网络团购的出现只有短短两年多的时间，却已经成为在网民中流行的一种新消费方式。据了解，网络团购的主力军是年龄 25～35 岁的年轻群体，在北京、上海、深圳等大城市十分普遍。

根据运营模式的不同我们也可以将电子商务做一个更加简单的分类。第一类：综合商城。商城，谓之城，自然城中会有许多店。是的，综合商城就如我们平时进入天河城、正佳等现实生活中的大商城一样。商城一楼可能是一级品牌，然后二楼是女士服饰，三楼是男士服饰，四楼是运动装饰，五楼是手机数码，六楼是特价场……将N个品牌专卖店装进去，这就是商城。而后面的淘宝商城也是这种形式，它有庞大的购物群体、有稳定的网站平台、有完备的支付体系、有诚信安全体系（尽管仍然有很多不足），促进了卖家进驻卖东西，买家进去买东西。如同传统商城一样，淘宝网自己是不卖东西的，只是提供了完备的销售配套。而线上的商城，在人气足够、产品丰富、物流便捷的情况下，具有成本优势，其24小时的不夜城、无区域限制、更丰富的产品等优势，体现着网上综合商城即将获得交易市场的一个角色。

第二类：专一整合型，这一分类中我们又可以分成两种。第一种是百货商店。商店，谓之店，说明卖家只有一个；而百货，即是满足日常消费需求的丰富产品线。这种商店是自有仓库，以备更快的物流配送和客户服务。第二种是垂直商店。垂直商店服务于某些特定的人群或某种特定的需求，提供有关这个领域需求的全面及更专业的服务。

3. 电子商务在中国的发展

在中国，电子商务是随着互联网一起发展起来的。笔者将电子商务的发展分为以下几个阶段。

起步阶段：1990—1993年，电子数据交换时代，成为中国电子商务的起步期。

雏形阶段：1993—1997年，政府领导组织开展“三金工程”阶段，为电子商务发展期打下坚实的基础。1993年成立了以时任国务院副总理邹家华为主席的国民经济信息化联席会议及其办公室，相继组织了金关、金卡、金税等“三金工程”，取得了重大进展。1996年1月成立国务院国家信息化工作领导小组，由副总理任组长，20多个部委参加，统一领导组织中国信息化建设。1997年4月在深圳召开全国信息化工作会议，各省市地区相继成立信息化领导小组及其办公室，各省开始制定本省包含电子商务在内的信息化建设规划。1997年，广告主开始使用网络广告。1997年4月，中国商品订货系统（CGOS）开始运行。

发展阶段：1998—2000年，互联网电子商务发展阶段。1998年3月，中国第一笔互联网网上交易成功。1998年10月，国家经贸委与信息产业部联合宣布启动以电子贸易为主要内容的“金贸工程”，它是一项推广网络化应用、开发电子商务在经贸流通领域的大型应用试点工程。1999 年 3 月，8848 等 B2C 网站正式开通，网上购物进入实际应用阶段。1999 年兴起政府上网、企业上网，电子政务（政府上网工程）、网上纳税、网上教育（湖南大学、浙江大学网上大学），远程诊断（北京、上海的大医院）等广义电子商务开始启动，已有试点，并进入实际试用阶段。

稳定阶段：2000—2009 年，电子商务逐渐以传统产业 B2B 为主体，标志着电子商务已经进入可持续发展的稳定期。

成熟阶段：3G 的蓬勃发展促使全网全程的电子商务 V5 时代成型，电子商务已经受到国家高层的重视，并提升到国家战略层面。

4. 移动电子商务

随着移动技术的不断发展，移动电子商务也越来越被大家所认识。所谓移动电子商务就是利用手机、PDA 及掌上电脑等无线终端进行的 B2B、B2C 或 C2C 的电子商务。它将互联网、移动通讯技术、短距离通讯技术及其他信息处理技术完美地结合，使人们可以在任何时间、任何地点进行各种商贸活动，实现随时随地、线上线下的购物与交易、在线电子支付以及各种交易活动、商务活动、金融活动和相关的综合服务活动，等等。

移动电子商务是在无线传输技术高度发达的情况下产生的，比如经常提到的 3G 技术，技术移动电子商务的载体。除此之外，Wi-Fi 和 Wapi 技术也是无线电子商务的选项之一。借助 3G/Wi-Fi 网络体验全新概念的移动会议，在会议的同时随时利用手机来管理会议，最大限度地提高工作效率。

三、互联网金融

1. 什么是互联网金融

互联网金融是指以依托于支付、云计算、社交网络以及搜索引擎等互联网工具，实现资金融通、支付和信息中介等业务的一种新兴金融。互联网金融不是互联网和金融业的简单结合，而是在实现安全、移动等网络技术水平上，被用户熟悉接受后（尤其是对电子商务的接受），自然而然为适应新的需求而产生的新模式及新业务，是传统金融行业与互联网精神相结合的新兴领域。互联网金融与传统金融的区别不仅仅在于金融业务所采用的媒介不同，更重要的在于金融参与者深谙互联网“开放、平等、协作、分享”的精髓，通过互联网、移动互联网等工具，使得传统金融业务具备透明度更强、参与度更高、协作性更好、中间成本更低、操作上更便捷等一系列特征。理论上任何涉及了广义金融的互联网应用，都应该是互联网金融，包括但是不限于为第三方支付、在线理财产品的销售、信用评价审核、金融中介、金融电子商务等模式。互联网金融的发展已经历了网上银行、第三方支付、个人贷款、企业融资等多阶段，并且越来越在融通资金、资金供需双方的匹配等方面深入传统金融业务的核心。

从广义上讲，具备互联网精神的金融业态统称为互联网金融。从狭义的金融角度来看，互联网金融则应该定义在跟货币的信用化流通相关层面，也就是资金融通依托互联网来实现的方式方法都可以称之为互联网金融。中国涌现了P2P等广义上的互联网金融企业，也出现了清华大学五道口金融学院互联网金融实验室这样的研究机构，同时也可以看到很多狭义上的互联网金融企业的悄然出现。

通过互联网技术手段，最终可以让金融机构离开资金融通过程中曾经的主导型地位，因为互联网的分享，公开、透明等的理念让资金在各个主体之间的游走非常的直接、自由，而且违约率低，金融中介的作用会不断地弱化，从而使得金融机构日益沦落为从属的服务性中介的地位，而不再是金融资源调配的核心主导定位。也就是说，互联网金融模式是一种努力尝试摆脱金融中介（金融脱媒）的行为。

当前互联网金融格局由传统金融机构和非金融机构组成。传统金融机构主要为传统金融业务的互联网创新以及电商化创新等，非金融机构则主要是指利用互联网技术进行金融运作的电商企业、创富贷（P2P）模式的网络借贷平台，众筹模式的网络投资平台，挖财类的手机理财APP，以及第三方支付平台，等等。

2. 中国互联网金融模式

当前中国主要互联网金融模式：

第一种模式是传统的金融借助互联网渠道为大家提供服务。这个就是大家熟悉的网银，互联网在其中发挥的作用应该是渠道的作用。

第二种模式是类似阿里金融，由于它具有电商的平台，为它提供信贷服务创造的优于其他放贷人的条件。互联网在里边发挥的作用是依据大数据收集和分析进而得到信用支持。

第三种模式是大家经常谈到的P2P模式，这种模式更多地提供了中介服务，这种中介服务把资金出借方与需求方结合在一起，发展至今由P2P的概念已经衍生出了很多模式。中国网络借贷平台已经超过 2000 家，平台的模式各有不同，归纳起来主要有以下四类：

（1）担保机构担保交易模式，这也是相对安全的 P2P 模式。此类平台作为中介，平台不吸储、不放贷，只提供金融信息服务，由合作的小贷公司和担保机构提供双重担保。此模式首先在创富贷平台创立，由创富贷与中安信业共同推出产品“机构担保标”。此类平台的交易模式多为“1 对多”，即一笔借款需求由多个投资人投资。此种模式的优势是可以保证投资人的资金安全，中安信业、证大速贷、金融联等中国大型担保机构均介入到此模式中。

（2）大型金融集团推出的互联网服务平台。与其他平台仅仅几百万元的注册资金相比，陆金所 4 个亿的注册资本显得尤其亮眼。此类平台有大集团的背景，且是由传统金融行业向互联网布局，因此在业务模式上金融色彩更浓，更“科班”。还拿风险控制来说，陆金所的 P2P 业务依然采用线下的借款人审核，并与平安集团旗下的担保公司合作进行业务担保，还从境外挖了专业团队来做风控。线下审核、全额担保虽然是最靠谱的手段，但成本并非所有的网贷平台都能负担，无法作为行业标配进行推广。值得一提的陆金所采用的是“1 对 1”模式，1 笔借款只有 1 个投资人，需要投资人自行在网上操作投资，而且投资期限为 1 ~ 3 年，所以在刚推出时天天被抱怨买不到，而且流动性不高。但由于 1 对 1 模式债权清晰，因此陆金所在 2012 年年底推出了债权转让服务，缓解了供应不足和流动性差的问题。

（3）以交易参数为基点，结合 O2O（Online to Offline，将线下商务的机会与互联网结合）的综合交易模式。例如阿里小额贷款为电商加入授信审核体系，对贷款信息进行整合处理。这种小贷模式创建的 P2P 小额贷款业务凭借其客户资源、电商交易数据及产品结构占得优势，其线下成立的两家小额贷款公司对其平台客户进行服务。线下商务的机会与互联网结合在了一起，让互联网成为线下交易的前台。

（4）以 P2P 网贷模式为代表的创新理财方式受到了广泛的关注和认可，与传统金融理财服务相比，P2P 的借款人主体是个人，以信用借款为主，在借款来源一端被严格限制为有着良好实体经营、能提供固定资产抵押的有借款需求的中小微企业。依托搭建的线下多金融担保体系，从结构上彻底解决了 P2P 模式中的固有矛盾，让安全保障更实际且更有力度。

第四种模式是通过交互式营销，充分借助互联网手段，把传统营销渠道和网络营销渠道紧密结合；将金融业实现由“产品中心主义”向“客户中心主义”的转变；调整金融业与其他金融机构的关系，共建开放共享的互联网金融平台。由于此模式发展时间较短，平台的模式各有不同，归纳起来主要有以下三大类：

（1）专业 P2P（Professional to Professional）模式。在专业的金融服务人员之间建立信息交换和资源共享的平台，在中间从事信息匹配和精准推荐，促进线上信任的建立和交易的欲望。专业 P2P 模式远非市场上泛滥的 P2P 贷款模式可比，其从本质上才是符合金融监管的规则，符合当前金融机构自身发展的需求，也更符合互联网精神与特质。

（2）金融混业经营模式。通过互联网平台对所有金融机构开放共享资源，为金融产品销售人员发布各种金融理财产品、项目信息，为客户打造和定制金融理财产品。在金融混业经营中使用的互联网平台则定位于服务 500 万金融机构和非金融机构及客户经理，并将囊括房产、汽车、奢侈品销售人员，提供一个开放共享、进行综合开拓交叉销售的平台，悬赏、交易、展示、学习，以及管理和服务自己的客户。

（3）金融交叉销售模式。打破理财行业的机构壁垒，通过平台上各类理财产品的展卖聚拢投资人资源，促进金融产品销售人员产品的销售。金融产品销售人员可以在平台上进行内部的交流沟通和资源置换，在不同产品的领域寻找并组建自己的合作团队，达成利益分享规则后，团队内共享投资人资源，为投资人推介团队内部产品进行资产配置，从而实现金融产品销售人员间的交叉销售合作，取得共赢。

以互联网为代表的现代信息科技，特别是移动支付、云计算、社交网络和搜索引擎等，将对人类金融模式产生根本影响。20 年后，可能形成一个既不同于商业银行间接融资，也不同于资本市场直接融资的第三种金融运行机制，可称之为“互联网直接融资市场”或“互联网金融模式”。

在互联网金融模式下，因为有搜索引擎、大数据、社交网络和云计算，市场信息不对称程度非常低，交易双方在资金期限匹配、风险分担的成本非常低，银行、券商和交易所等中介都不起作用；贷款、股票、债券等的发行和交易以及券款支付直接在网上进行，这个市场充分有效，接近一般均衡定理描述的无金融中介状态。在这种金融模式下，支付便捷，搜索引擎和社交网络降低信息处理成本，资金供需双方直接交易，可达到与资本市场直接融资和银行间接融资一样的资源配置效率，并在促进经济增长的同时，大幅降低交易成本。

以 P2C 模式为代表的互联网金融平台，爱投资是此类的代表。与其他平台相比，爱投资开创的P2C模式，其借款人为具有稳定的现金流及还款来源的企业。相较个人而言，企业的信息比较容易核实，还款来源更稳定。从风险控制上讲，爱投资经过严格线下审核制度，对申请融资的企业的资质审核、实地考察进行严格把关，并挖掘出极具投资价值的企业项目和项目信息，向投资者翔实公开，并且爱投资在企业担保贷款上与经验丰富的融资性担保公司进行合作，同时，自建风控团队会对合作的担保公司及担保公司审核后提交的项目进行核查，确保投资者的资金安全能够得到有效的保证。从结构化设计理念上讲，爱投资秉承让专业的机构做专业的事。利用互联网实现信息对称、实现资源高效利用，做到投资者和有融资需求的需求方进行直接对接，尽量减少复杂的中间环节，让投资人能直接享受到企业经营发展的成长红利，相比之下企业直接投资信息更加透明化，而且投资人收益也相比其他的投资方式收益有了显著的提高。

四、视频网站

1. 什么是视频网站

视频网站是指在完善的技术平台支持下，让互联网用户在线流畅发布、浏览和分享视频作品的网络媒体。除了传统的对视频网站的理解外，近年来，无论是P2P直播网站、BT下载站，还是本地视频播放软件，都将向影视点播扩展作为自己的一块战略要地。影视点播已经成为各类网络视频运营商的兵家必争之地。

目前比较著名的视频网站如下：

（1）优酷网。

优酷网是中国领先的视频分享网站，是中国网络视频行业的第一品牌。优酷网以“快者为王”为产品理念，注重用户体验，不断完善服务策略，其卓尔不群的“快速播放，快速发布，快速搜索”的产品特性，充分满足用户日益增长的多元化互动需求，使之成为中国视频网站中的领军势力。

（2）土豆网。

土豆网同样也是中国领先的视频分享网站，其起步较早，2005年4月就开始运营，在网友中拥有较高的知名度。现已被优酷视频收购。

（3）乐视网。

乐视网是国内最早购买影视剧版权的视频网站，乐视网已经拥有国内最大的正版影视剧版权库，拥有5万多集电视剧、4000多部电影，几乎覆盖了国内所有的影视剧网络版权。在喜欢影视剧的网友中有着比较高的知名度。

（4）奇艺网。

爱奇艺，原名奇艺。2010年4月22日，奇艺正式上线，2011年11月26日，奇艺正式宣布品牌升级，启动“爱奇艺”品牌并推出全新标志。爱奇艺创始人龚宇博士担任CEO。自成立伊始，爱奇艺坚持“悦享品质”的公司理念，以“用户体验”为生命，通过持续不断的技术投入、产品创新，为用户提供清晰、流畅、界面友好的观影体验。

（5）酷6网。

酷6网，是中国最具行业领导地位的视频网站之一。通过不断为用户提供最新鲜、最有趣的视频内容，酷6网始终活跃在中国在线视频市场的最前沿。自成立以来，酷6网始终保持着高速发展的步调，开创差异化视频的营销模式，其丰富的视频营销广告创新模式赢得众多用户、机构和行业客户的青睐。

（6）腾讯视频。

腾讯视频，定位于中国最大在线视频媒体平台，以丰富的内容、极致的观看体验、便捷的登录方式、24小时多平台无缝应用体验以及快捷分享的产品特性，满足用户在线观看视频的需求。2011年4月，腾讯视频上线测试，使用域名为原腾讯播客域名，腾讯QQ Live网站已被纳入到腾讯视频中同步运作。

（7）搜狐视频。

2004年年底，伴随着网络视频刚刚在世界范围内兴起，宽带时代和流媒体技术发展的必然，搜狐视频的前身搜狐宽频成立。2006年，作为门户网站第一个视频分享平台——搜狐播客成立；2009年2月，搜狐“高清影视剧”频道上线，独家首播千余部影视剧。

（8）PPTV。

PPTV网络电视是PPLive旗下产品，一款P2P网络电视软件，支持对海量高清影视内容的“直播+点播”功能。可在线观看“电影、电视剧、动漫、综艺、体育直播、游戏竞技、财经资讯”等丰富的视频娱乐节目。

（9）PPS。

PPS（全称PPStream）是全球第一家集P2P直播点播于一身的网络电视软件，能够在线收看电影、电视剧、体育直播、游戏竞技、动漫、综艺、新闻、财经资讯，等等。

（10）YouTube。

YouTube 是世界上最大的视频分享网站，早期公司总部位于加利福尼亚州的圣布里诺。在比萨店和日本餐馆，让用户下载、观看及分享影片或短片。2005 年 2 月，由三名 PayPal 的前任员工所创站，网站的名称和标志皆是自早期电视所使用的阴极射线管发想而成。2006 年 11 月，Google 公司以 16.5 亿美元收购了 YouTube，并把其当作一家子公司来经营。但是对于如何通过 YouTube 盈利，Google 一直保持非常谨慎的态度。

（11）百度影音。

2011 年 2 月，百度最新推出了一款全新体验的播放器产品百度影音。百度影音支持 XP/ Vista/ Win7（32 位）操作系统，4 月 26 日最新 Beta4 版，软件大小为 12.2M，其支持网络上大多主流媒体格式的视频、音频文件，支持实现本地播放和在线点播。

2. 视频网站发展的障碍

麦肯锡一项新的研究表明，未来 4 年，中国将有超过 7 亿人观看网络视频。尽管潜力巨大，但很多观察人士对该产业的前景仍持谨慎态度。他们认为，尽管中国网络视频市场正在飞速发展，但很少有企业实现盈利。我们的研究表明，该产业能够创造利润，但只有资金雄厚的企业才能生存下来分享利润。

可以提供视频点播服务的网络电视（IPTV）不会很快流行起来。电信企业正忙于升级网络以提供更快的宽带网络连接，但监管障碍使它们不能用网络电视代替付费的有线电视。

这种缺少竞争的环境给了视频网站巩固其商业模式的喘息空间，广告收入无疑会增加。网络广告收入估计在 30 亿元人民币，约占中国网络广告总支出的 8.8%。受访的广告商说，到 2013 年，这个数字可能超过 130 亿元人民币，占中国网络广告总支出的 16%还多。

随着网站内容的增加，扩展网络以满足用户需求的成本也在增加。P2P 技术（可以让网络视频用户相互下载而不是从服务器上下载视频）相对便宜，但这项技术的性质意味着，它只适合很多人同时观看的非常受欢迎的节目，例如现场直播的足球赛。

另一项（经常被忽略的）成本和潜在的发展障碍是，网络环境缺少富有经验的广告销售人员。受访的业内专家估计，在 2000 名中国网络销售人员中，仅有约1/3的人员拥有足够的经验。

鉴于这些情况，最佳的商业模式仍不清晰。一些视频网站通过让广告商给频道冠名收取费用，另一些以向注册用户提供没有广告的服务收取费用，还有一些找到了合作伙伴共同进军电子商务和网络游戏市场。

五、即时通讯（IM）

1. 即时通讯的起源

即时通讯（Instant Messaging，简称IM）是一个终端服务，允许两人或多人使用网络即时的传递文字信息、档案、语音与视频交流。即时通讯按使用用途分为企业即时通讯和网站即时通讯，根据装载的对象又可分为手机即时通讯和PC即时通讯。

IM最早的创始人是三个以色列青年在1996年开发出来的，取名叫ICQ。ICQ是英文中I seek you的谐音，意思是我找你。1998年当ICQ注册用户数达到1200万时，被AOL看中，被AOL以2.87亿美元的天价买走。目前ICQ有1亿多用户，主要市场在美洲和欧洲，已成为世界上最大的即时通讯系统。

早期的ICQ很不稳定，尽管如此，还是受到大众的欢迎，雅虎也推出Yahoo! pager，美国在线也将具有即时通讯功能的AOL包装在Netscape Communicator，而后微软更将Windows Messenger内置于Windows XP操作系统中。被中国用户所熟知的腾讯公司推出的腾讯QQ也迅速成为中国最大的即时消息软件。

在早期的即时通讯程式中，使用者输入的每一个字元都会即时显示在双方的荧幕，且每一个字元的删除与修改都会即时地反映在荧幕上。这种模式比起使用e-mail更像是电话交谈。在现在的即时通讯程式中，交谈中的一方通常只会在另一方本地端按下送出键后才会看到对方的信息。

近年来，许多即时通讯服务开始提供视讯会议的功能，网络电话（VoIP）与网络会议服务开始整合为兼有影像会议与即时信息的功能。于是，这些媒体的分别变得越来越模糊。

2. 即时通讯的行业应用

个人即时通讯：主要是以个人（自然）用户使用为主，开放式的会员资料，非营利目的，方便聊天、交友、娱乐，如Anychat、YY语音、IS、QQ、网易POPO、新浪UC、百度HI、盛大圈圈、移动飞信、LAHOO（乐虎）、LASIN（乐信）、FastMsg、蚁傲，等等。此类软件，以网站为辅、以软件为主，以免费使用为辅、以增值收费为主。

商务即时通讯：此处商务泛指以买卖关系为主。商务即时通讯，有企业平台网的阿里旺旺贸易通、阿里旺旺淘宝版、慧聪 TM、QQ（拍拍网，使 QQ 同时具备商务功能）、MSN、Anychat、阳光互联 Lync，等等。

商务即时通讯的主要功用，是实现了寻找客户资源或便于商务联系，以低成本实现商务交流或工作交流。此类以中小企业、个人实现买卖，外企方便跨地域工作交流为主，借助多方互联的信息手段，把分散在各地的与会者组织起来，通过电话进行业务会议的沟通形式，利用电话线作为载体来开会的新型会议模式。与传统会议相比较，具有会议安排迅速，没有时间、地域限制，费用低廉等特点。与传统的点对点电话业务相比较，从功能上讲，打破通话只能局限于双方的界限，可以满足三方以上（根据不同提供商的产品，及时实现多方同时通话）具有电话无法实现的沟通更加顺畅、信息更加真实、范围更加广泛等特点。受到资费的限制多数应用于企业日常工作中。

企业即时通讯：一种是以企业内部办公为主，建立员工交流平台，减少运营成本，促进企业办公效率；另一种是以即时通讯为基础，整合相关应用。截至目前，企业通讯软件被各类企业广泛使用，例如，Anychat 即时通讯、Active Messenger、网络飞鸽、腾讯 RTX、叮当旺业通、微软 Microsoft Lync、阳光互联 Lync、大蚂蚁 BigAnt、Anychat、IBM Lotus Sametime、互联网办公室 IMO、腾讯 EC 营销即时通讯、中国移动企业飞信、FastMsg、蚁傲、中电智能即时通讯软件，等等。

行业即时通讯：主要局限于某些行业或领域使用的即时通讯软件，不被大众所知。也包括行业网站所推出的即时通讯软件，如化工网或类似网站推出的即时通讯软件。行业即时通讯软件，主要依赖于购买或定制软件。使用单位一般不具备开发能力。

网页即时通讯：在社区、论坛和普通网页中加入即时聊天功能，用户进入网站后可以通过右下角的聊天窗口跟同时访问网站的用户进行即时交流，从而提高了网站用户的活跃度、访问时间、用户黏度。把即时通讯功能整合到网站上是未来的一种趋势，这是一个新兴的产业，已逐渐引起各方关注。

泛即时通讯：一些软件带有即时通讯软件的基本功能，但以其他使用为主，如视频会议。泛即时通讯软件，对专一的即时通讯软件是一大竞争与挑战。

六、社交网站（SNS）

1. 什么是社交网站

社交网站全称 Social Network Site，即社会性网络服务，专指帮助人们建立社会性网络的互联网应用服务。主要作用是为一群拥有相同兴趣与活动的人创建在线社区。这类服务往往是基于互联网，为用户提供各种联系、交流的交互通路，如电子邮件、实时消息服务，等等。此类网站通常通过朋友，一传十、十传百地把网络展延开去，极其类似树叶的脉络。多数社交网络会提供多种让用户交互起来的方式，有聊天、寄信、影音、文件分享、博客、讨论组群，等等。社交网络为信息的交流与分享提供了新的途径。作为社交网络的网站一般会拥有数以百万的登记用户，使用该服务已成为了用户们每天的生活。

2. 社交网络发展简史

1967 年，哈佛大学的心理学教授 Stanley Milgram（1933—1984 年）创立的六度分割理论，简单地说："你和任何一个陌生人之间所间隔的人不会超过六个，也就是说，最多通过六个人你就能够认识任何一个陌生人。"按照六度分割理论，每个个体的社交圈都不断放大，最后成为一个大型网络。这是社会性网络（Social Networking）的早期理解。后来有人根据这种理论，创立了面向社会性网络的互联网服务，通过"熟人的熟人"来进行网络社交拓展，比如 Art-Comb，Friendster，Wallop，Adoreme，等等。

但"熟人的熟人"只是社交拓展的一种方式，而并非社交拓展的全部。因此，一般所谓的 SNS，则其含义还远不止"熟人的熟人"这个层面。比如根据相同话题进行凝聚（如贴吧）、根据爱好进行凝聚（如 Fexion 网）、根据学习经历进行凝聚（如 Facebook，人人网）、根据周末出游的相同地点进行凝聚、根据中国农民应用网络的方式凝聚（如农享网）等，都被纳入"SNS"的范畴。

早期在互联网上多维持着很多提供用户互动支持的服务，例如 BBS、新闻组，等等。早期社交网络的服务网站呈现为在线社区的形式，用户多通过聊天室进行交流。随着 Blog 等新的网上交际工具的出现，用户可以通过网站上建立的个人主页来分享喜爱的信息。2002—2004 年间，世界上三大最受欢迎的社交网络服务类网站是 Friendster、MySpace、Bebo。在 2005 年之际，MySpace 成为世上最巨大的社交网络服务类网站，传闻当时其页面访问量超越了作为著名搜索引擎的Google。2006年第三方被允许开发基于Facebook的网站API的应用，使得Facebook随后一跃成为全球用户量增长最快的网站。众多网站随后开始仿效开发自己网站的API。

3. 社交网站的商业模式

社交网络服务的商业模式，大体上可以区分为“广告收入模式”“向用户收费的模式”“第三方网站诱导模式”“游戏模式”。

广告收入模式：这是通过互联网广告所取得收益的模型。通过用户的登录习惯、发言内容、发言频率，加上海量数据的挖掘，已决定对哪些用户投放广告。这其中的佼佼者，以开心网、人人网、Facebook、Mixi和MySpace为主。

向用户收费的模式：使用此类模式的网站是直接向用户收取利用网站的服务费，主要的有查找职缺的美国LinkedIn、中国台湾的爱情公寓网站。

第三方网站诱导模式：这种模式其实也是一种变相的广告收入模式，例如，餐厅找上Facebook协助当地餐厅进行推广或促销，为了提高知名度，餐厅会设法通过Facebook的服务给消费者一些优惠，或直接付给Facebook广告费。又或是政治人物网站找上Facebook协助政客进行网络宣传战，为了提高知名度以达胜选之目的，政客们会支付Facebook广告费。

游戏模式：各国研发游戏的设计厂商在一些社交网站构筑平台，内置购买机制，除了为自己提高收入外，也提供社交网站盈利之来源。

七、微博

1. 什么是微博

微博（Weibo），是微型博客（Micro Blog）的简称，即一句话博客，是一种通过关注机制分享简短实时信息的广播式的社交网络平台。微博是一个基于用户关系信息分享、传播以及获取的平台。用户可以通过WEB、WAP等各种客户端组建个人社区，以140字（包括标点符号）的文字更新信息，并实现即时分享。微博的关注机制分为可单向、可双向两种。

微博作为一种分享和交流平台，其更注重时效性和随意性。微博更能表达出每时每刻的思想和最新动态，而博客则更偏重于梳理自己在一段时间内的所见、所闻、所感。因微博而诞生出微小说这种小说体裁。2014年3月27日晚间，在中国微博领域一枝独秀的新浪微博宣布改名为“微博”，并推出了新的LOGO标志，新浪色彩逐步淡化。

最早也是最著名的微博是美国的 Twitter。2006 年 3 月，博客技术先驱 Blogger 创始人埃文·威廉姆斯创建的新兴公司 Obvious 推出了大微博服务。在最初阶段，这项服务只是用于向好友的手机发送文本信息。

2. 中国微博发展简史

2005 年从校内网起家的王兴，在 2006 年把企业卖给千橡互动后，于 2007 年 5 月创建了饭否网。而腾讯作为一个拥有 4.1 亿 QQ 用户的企业，看着用户对随时随地发布自己状态的强烈需求后，也忍不住尝试了一把，2007 年 8 月 13 日，腾讯滔滔上线。在 2007 年 5 月，国际计算总共有 111 个类似 Twitter 的网站。

从 2007 年中国第一家带有微博色彩的社交网络饭否网开张，到 2009 年，“微博”这个全新的名词以摧枯拉朽的姿态横扫世界，打败奥巴马、甲流等名词，成为全世界最流行的词汇。伴随而来的是一场微博世界人气的争夺战，大批量的名人被各大网站招揽，各路名人也以微博为平台，在网络世界里聚集人气，同样，新的传播工具也造就了无数的草根英雄，从默默无闻到新的话语传播者，往往只在一夜之间、寥寥数语。

从 2009 年 7 月中旬开始，国内大批老牌微博产品（饭否网、腾讯滔滔等）停止运营，一些新产品开始进入人们的视野，像开放的叽歪，6 月开放的 Follow5，7 月开放的 9911，8 月开放的新浪微博，其中 Follow5 在 2009 年 7 月 19 日孙楠大连演唱会上的亮相，是国内第一次将微博引入大型演艺活动，与 Twitter 当年的发展颇有几分神似。

2009 年 8 月，中国门户网站新浪推出“新浪微博”内测版，成为门户网站中第一家提供微博服务的网站，微博正式进入中文上网主流人群视野。随着微博在网民中的日益火热，在微博中诞生的各种网络热词也迅速走红网络，微博效应正在逐渐形成。

2010 年，国内微博迎来春天，微博像雨后春笋般崛起。四大门户网站均开设微博。根据相关公开数据，截至 2010 年 1 月，该产品在全球已经拥有 7500 万注册用户。据中国互联网络信息中心（CNNIC）于 2011 年 7 月 19 日发布的《第 28 次中国互联网络发展状况统计报告》显示，2011 年上半年，中国微博用户从 6331 万增至 1.95 亿，增长约 2 倍。微博在网民中的普及率从 13.8% 增至 40.2%。从 2010 年年底至今，手机微博在网民中的使用率从 15.5% 上升到 34%。

2013 年上半年新浪微博注册用户达到 5.36 亿，2012 年第三季度腾讯微博注册用户达到 5.07 亿，微博成为中国网民上网的主要活动之一。

3. 微博为何如此吸引

与传统的博客不同，微博有 140 个字的长度限制，对于西文，以英文为例，一个英文单词加上空格平均也要五六个字符，而中文以双字词为主流，这样每条 Twitter 能够传达的信息量，就只有一条中文微博的 1/3 左右。如果用信息密度更低的语言（比如西班牙语）写微博，所传达的信息量就更少了。然而如此稀少的信息量却引发了全球如此的热潮，可见微博确实有它特有的吸引人的特性，下面我们来做一归纳。

便捷性：微博提供了这样一个平台，你既可以作为观众，在微博上浏览你感兴趣的信息；也可以作为发布者，在微博上发布内容供别人浏览。发布的内容一般较短，例如 140 字的限制，微博由此得名。当然也可以发布图片、分享视频等。微博最大的特点就是：发布信息快速，信息传播的速度快。例如你有 200 万听众（粉丝），你发布的信息会在瞬间传播给 200 万人。

相对于强调版面布置的博客来说，微博的内容组成只是由简单的只言片语组成，从这个角度来说，对用户的技术要求门槛很低，而且在语言的编排组织上，没有博客那么高。另外，微博开通的多种 API 使得大量的用户可以通过手机、网络等方式来即时更新自己的个人信息。

微博网站即时通讯功能非常强大，通过 QQ 和 MSN 直接书写，在有网络的地方，只要有手机也可即时更新自己的内容，哪怕你就在事发现场。例如一些大的突发事件或引起全球关注的大事，如果有微博客在场，利用各种手段在微博客上发表出来，其实时性、现场感以及快捷性，甚至超过所有媒体。

背对脸：与博客上面对面的表演不同，微型博客上是背对脸的交流，就好比你在电脑前打游戏，路过的人从你背后看着你怎么玩，而你并不需要主动和背后的人交流。可以一点对多点，也可以点对点。当你 follow 一个自己感兴趣的人时，两三天就会上瘾。移动终端提供的便利性和多媒体化，使得微型博客用户体验的黏性越来越强。

原创性：在微博客上，140 字的限制将平民和莎士比亚拉到了同一水平线上，这一点导致大量原创内容爆发性地被生产出来。李松博士认为，微型博客的出现具有划时代的意义，真正标志着个人互联网时代的到来。博客的出现，已经将互联网上的社会化媒体推进了一大步，公众人物纷纷开始建立自己的网上形象。然而，博客上的形象仍然是化妆后的表演，博文的创作需要考虑完整的逻辑，这样大的工作量成为博客作者很重的负担。“沉默的大多数”在微博客上找到了展示自己的舞台。

草根性：微博的草根性更强，且广泛分布在桌面、浏览器和移动终端等多个平台上，有多种商业模式并存，或形成多个垂直细分领域的可能。微博信息获取具有很强的自主性、选择性，用户可以根据自己的兴趣偏好，依据对方发布内容的类别与质量，来选择是否“关注”某用户，并可以对所有“关注”的用户群进行分类；微博宣传的影响力具有很大弹性，与内容质量高度相关。其影响力基于用户现有的被“关注”的数量。用户发布信息的吸引力、新闻性越强，对该用户感兴趣、关注该用户的人数也越多，影响力也越大。只有拥有更多高质量的粉丝，才能让你的微博被更多的人关注。此外，微博平台本身的认证及推荐亦有助于增加被“关注”的数量；内容短小精悍。微博的内容限定为140字左右，内容简短，不需长篇大论，门槛较低；信息共享便捷迅速。可以通过各种连接网络的平台，在任何时间、任何地点即时发布信息，其信息发布速度超过传统纸媒及网络媒体。

4. 中国知名微博平台

由于微博背靠新浪网、腾讯网等老牌且强劲的国内知名网媒，媒体优势得天独厚，换句话说，单从基因比较，微博的媒体基因就比Twitter来得更深一些；另外，微博的出现，让国内网民拥有了一个可以独立自主且相对自由的发声渠道，许多一手新闻甚至猛料均来自草根。在国内监管较为严格的媒体环境之下，微博这个属性显得弥足珍贵，是不论富贵贫穷的公开平台。微博虽然火热，但是风格与Twitter完全不同。国人不爱隐私爱热闹，微博与其说是朋友圈，不如说是粉丝厂。正好又由于众所周知的原因，微博变成网民集体娱乐广场和讨伐的战场，知识分子启蒙的公共课堂。

腾讯微博：腾讯微博限制字数为140字，有私信功能，支持网页、客户端、手机平台，支持对话和转播，并具备图片上传和视频分享等功能。支持简体中文、繁体中文和英语。在“转播”设计上，转发内容独立限制在140字以内，采取的类似与Twitter一样的回复类型@，这与大多数国内微博相同，此外，腾讯微博更加鼓励用户自建话题，在用户搜索上可直接对帐号进行查询。微博和IM是两种不同的平台，在拥有了强大的QQ平台下，腾讯方面并未打算把腾讯微博作为战略级产品推出，更多的是为了遏制对手，起到战略防御的作用。

新浪微博：新浪微博似乎没有跳出新浪博客文化的框框，而使用了“评论”，这样显得过于正式，貌似与轻松、随意、活力的设计有点不符。推广策略上，貌似也走着新浪博客过去走过的路，以名人效应拉动，从人气用户推荐可见：名嘴黄健翔，明星李冰冰，容祖儿，SOHO 中国的潘石屹。是一个由新浪网推出，提供微型博客的服务网站。新浪微博是一个类似于 Twitter 和 Facebook 的混合体，用户可以通过网页、WAP 页面、外部程序和手机短信、彩信等发布 140 汉字（280 字符）以内的信息，并可上传图片和链接视频，实现即时分享。新浪微博可以直接在一条微博下面附加评论，也可以直接在一条微博里面发送图片，新浪微博最先添加这两点功能。2014 年 3 月 27 日晚间，新浪微博网页 logo 悄然换新，原来的新浪微博已经改为“微博”二字，微博从新浪分离，为独立上市淡化“新浪”品牌。

网易微博：网易微博是继承了 Twitter 的简约风格，无论是从色彩布局，还是整体设计上，都可以找到一点 Twitter 的感觉。交互上，摒弃了新浪微博回复提醒的烦琐功能，相比于新浪微博的评论内嵌，网易微博采用了@ 的形式进行用户之间的友好交流。信息提醒方面，区别于新浪微博的右侧小范围提醒，采用 Twitter 式的 Ajax 免刷新设计的横条，大大扩大了可点击范围。话题搜索快捷插入功能上，单个#比如“话题#”比新浪微博的“#话题#”更考虑到用户插入话题的便捷性和易用性。同时将“#意见反馈”放到内容框下更显眼的位置，可见网易微博把用户的建议与意见放到一个相当重要的位置。

搜狐微博：搜狐微博是搜狐网旗下的一个功能，如果你已有搜狐通行证，可以登录搜狐微博直接输入帐号登录。可以将每天生活中有趣的事情、突发的感想，通过一句话或者图片发布到互联网中与朋友们分享。

八、微信

1. 什么是微信

微信是腾讯公司于 2011 年 1 月 21 日推出的一个为智能终端提供即时通讯服务的免费应用程序，微信支持跨通讯运营商、跨操作系统平台，通过网络快速发送免费（需消耗少量网络流量）语音短信、视频、图片和文字，同时，也可以使用通过共享流媒体内容的资料和基于位置的社交插件“摇一摇”“漂流瓶”“朋友圈”“公众平台”“语音记事本”等服务插件。

微信提供公众平台、朋友圈、消息推送等功能，用户可以通过“摇一摇”“搜索号码”“附近的人”扫二维码方式添加好友和关注公众平台，同时微信将内容分享给好友以及将用户看到的精彩内容分享到微信朋友圈。截至2013年11月，注册用户量已经突破6亿，是亚洲地区最大用户群体的移动即时通讯软件。

2. 微信的发展历程

微信由深圳腾讯控股有限公司（Tencent Holdings Ltd.）于2010年10月筹划启动，由腾讯广州研发中心产品团队打造。该团队经理张小龙所带领的团队曾成功开发过Foxmail、QQ邮箱等互联网项目。腾讯公司总裁马化腾在产品策划的邮件中确定了这款产品的名称叫作“微信”。

2011年1月21日，微信发布针对iPhone用户的1.0测试版。该版本支持通过QQ号来导入现有的联系人资料，但仅有即时通讯、分享照片和更换头像等简单功能。在随后1.1、1.2和1.3三个测试版中，微信逐渐增加了对手机通讯录的读取、与腾讯微博私信的互通以及多人会话功能的支持，截至2011年4月底，腾讯微信获得了四五百万注册用户。2011年8月，微信添加了“查看附近的人”的陌生人交友功能，用户达到1500万。到2011年年底，微信用户已超过5000万。

2012年3月，微信用户数突破1亿大关。4月19日，微信发布4.0版本。这一版本增加了类似Path和Instagram一样的相册功能，并且可以把相册分享到朋友圈。2012年4月，腾讯公司开始做出将微信推向国际市场的尝试，为了微信的欧美化，将其4.0英文版更名为“Wechat”，之后推出多种语言支持。2013年10月24日，腾讯微信的用户数量已经超过了6亿，每日活跃用户1亿。

3. 微信的主要功能

聊天：这一功能包括支持发送语音短信、视频、图片（包括表情）和文字，是一种聊天软件，支持多人群聊。这一功能也是微信的基础功能。

微信支付：这是集成在微信客户端的支付功能，用户可以通过手机完成快速的支付流程。微信支付向用户提供安全、快捷、高效的支付服务，以绑定银行卡的快捷支付为基础。

朋友圈：用户可以通过朋友圈发表文字和图片，同时可通过其他软件将文章或者音乐分享到朋友圈。用户可以对好友新发的照片进行“评论”或

“赞”，用户只能看到相同好友的评论或赞。

微信摇一摇：这是微信推出的一个随机交友应用，通过摇手机或点击按钮模拟摇一摇，可以匹配到同一时段触发该功能的微信用户，从而增加用户间的互动和微信黏度。

游戏中心：可以进入微信玩游戏（还可以和好友比高分），例如“飞机大战”。

微信公众平台：通过这一平台，个人和企业都可以打造一个微信的公众号，可以群发文字、图片、语音三个类别的内容。

九、网络游戏

1. 什么是网络游戏

网络游戏：英文名称为 Online Game，又称“在线游戏”，简称“网游”。指以互联网为传输媒介，以游戏运营商服务器和用户计算机为处理终端，以游戏客户端软件为信息交互窗口的旨在实现娱乐、休闲、交流和取得虚拟成就的具有可持续性的个体性多人在线游戏。

网络游戏区别于单机游戏而言的，是指玩家必须通过互联网连接来进行多人游戏。一般指由多名玩家通过计算机网络在虚拟的环境下对人物角色及场景按照一定的规则进行操作以达到娱乐和互动目的的游戏产品集合。而单机游戏模式多为人机对战。因为其不能连入互联网而使玩家与玩家互动性差了很多，但可以通过局域网的连接进行有限的多人对战。

2. 网络游戏发展史

第一代网络游戏（1969—1977 年）：第一款真正意义上的网络游戏可追溯到 1969 年，当时瑞克·布罗米为 PLATO（Programmed Logic for Automatic Teaching Operations）系统编写了一款名为《太空大战》（*Space War*）的游戏，游戏以八年前诞生于麻省理工学院的第一款计算机游戏《太空大战》为蓝本，不同之处在于，它可支持两人远程连线。

PLATO 是历史上最为悠久也是最著名的一套远程教学系统，由美国伊利诺斯州厄本姆的伊利诺斯大学开发于 20 世纪 60 年代末，其主要功用是为不同教育程度的学生提供高质量的远程教育，它具有庞大的课程程序库，可同时开设数百门课，可以记录下每一位学生的学习进度。PLATO 还是第一套分时共享系统，它运行于一台大型主机而非微型计算机上，因此具有更强的处理能力和存储能力，这使得它所能支持的同时在线人数大大增加。1972 年，PLATO 同时在线的人数已达到 1000 多名。

那些年里，PLATO 平台上出现了各种不同类型的游戏，其中一小部分是供学生自娱自乐的单机游戏，而最为流行的则是可在多台远程终端机之间进行的联机游戏，这些联机游戏即是网络游戏的雏形。尽管游戏只是 PLATO 的附属功能，但共享内存区、标准化终端、高端图像处理能力和中央处理能力、迅速的反应能力等特点令 PLATO 能够出色地支持网络游戏的运行，因此在随后的几年里，PLATO 成了早期网络游戏的温床。

PLATO 系统上最流行的游戏是《圣者》（*Avatar*）和《帝国》（*Empire*），前者是一款“龙与地下城”设定的网络游戏，后者是一款以“星际迷航”为背景的网络游戏。这些游戏绝大多数是程序员利用业余时间编写并免费发布的，他们只是希望自己的游戏能获得大家的认可。当然，也有一些开发者通过自己的游戏获得了收入，但通常每小时只有几美分，并且还得在若干作者之间进行分配。

第二代网络游戏（1978—1995 年）：一些专业的游戏开发商和发行商开始涉足网络游戏，推出了第一批具有普及意义的网络游戏。这一阶段的网络游戏体现了“可持续性”的概念，玩家所扮演的角色可以成年累月地在同一世界内不断发展，而不像 PLATO 上的游戏那样，只能在其中扮演一个匆匆过客。而且游戏可以跨系统运行，只要玩家拥有计算机和调制解调器，且硬件兼容，就能连入当时的任何一款网络游戏。

1978 年在英国的埃塞克斯大学，罗伊·特鲁布肖用 DEC－10 编写了世界上第一款 MUD 游戏——“MUD1”，这是一个纯文字的多人世界，拥有 20 个相互连接的房间和 10 条指令，用户登录后可以通过数据库进行人机交互，或通过聊天系统与其他玩家交流。

特鲁布肖离开埃塞克斯大学后，把维护 MUD1 的工作转交给了理查德·巴特尔，巴特尔利用特鲁布肖开发的 MUD 专用语言——“MUDDL”继续改进游戏，他把房间的数量增加到 400 个，进一步完善了数据库和聊天系统，增加了更多的任务，并为每一位玩家制作了计分程序。

MUD1 是第一款真正意义上的实时多人交互的网络游戏，它可以保证整个虚拟世界的持续发展。尽管这套系统每天都会重启若干次，但重启后游戏中的场景、怪物和谜题仍保持不变，这使得玩家所扮演的角色可以获得持续的发展。MUD1 的另一重要特征是，它可以在全世界任何一台 PDP－10 计算机上运行，而不局限于埃塞克斯大学的内部系统。

1982 年，约翰·泰勒和凯尔顿·弗林组建 Kesmai 公司，这家公司在网络游戏的发展史上留下了不少具有纪念意义的作品。Kesmai 公司的第一份合约是与 CompuServe 签订的，当时约翰·泰勒看见了 CompuServe 打出的一则名为“太空战士”（Mega Wars）的广告——“如果你能编写一款这样的游戏，你就能获得每月 3 万美元的版税金”，他便把同凯尔顿·弗林一起开发的《凯斯迈之岛》（*The Island of Kesmai*）的使用手册寄了一份给当时在 CompuServe 负责游戏业务的比尔·洛登，洛登对此很感兴趣。《凯斯迈之岛》的运行平台为 UNIX 系统，而 CompuServe 使用的是 DEC－20 计算机，于是 Kesmai 公司重新为 CompuServe 开发了一个 DEC－20 的版本。这款游戏运营了大约 13 年，1984 年开始正式收费，收费标准为每小时 12 美元。同年，MUD1 也在英国的 Compunet 上推出了第一个商业版本。

1984 年，马克·雅克布斯组建 AUSI 公司（《亚瑟王的暗黑时代》的开发者 Mythic 娱乐公司的前身），并推出游戏《阿拉达特》（*Aradath*）。雅克布斯在自己家里搭建了一个服务器平台，安装了 8 条电话线以运行这款文字角色扮演游戏，游戏的收费标准为每月 40 美元，这是网络游戏史上第一款采用包月制的网络游戏，包月制的收费方式有利于加速网络游戏的平民化进程，对网络游戏的普及将起到重要作用。遗憾的是，包月制在当时并没有成长起来的条件，1990 年 AUSI 公司为《龙门》（*Dragon's Gate*）定的价格为每小时 20 美元，尽管费用高得惊人，但仍有人愿意每月花上 2000 多美元去玩这款游戏，因此在 20 世纪 80 年代末 90 年代初，包月制并未引起人们的关注。

1991 年，Sierra 公司架设了世界上第一个专门用于网络游戏的服务平台——The Sierra Network（后改名为 ImagiNation Network，1996 年被 AOL 收购），这个平台有点类似于国内的联众游戏，它的第一个版本主要用于运行棋牌游戏（当时的比尔·盖茨是一名狂热的桥牌手，在 Sierra Network 上拥有自己的账号，且常常光顾），第二个版本加入了《叶塞伯斯的阴影》（*The Shadow of Yserbius*）、《红色伯爵》（*Red Baron*）和《幻想空间》（*Leisure Suit Larry Vegas*）等功能更为复杂的网络游戏。当时 Sierra Network 的运营者还曾同理查德·加利奥特联系，希望把开发中的《网络创世纪》搬到 Sierra Network 上。随后几年内，MPG－Net、TEN、Engage 和 Mplayer 等一批网络游戏专用平台相继出现。

第三代网络游戏（1996—2006 年）：越来越多的专业游戏开发商和发行商介入网络游戏，一个规模庞大、分工明确的产业生态环境最终形成。人们开始认真思考网络游戏的设计方法和经营方法，希望归纳出一套系统的理论基础，这是长久以来所一直缺乏的。

“大型网络游戏（MMOG）”的概念浮出水面，网络游戏不再依托于单一的服务商和服务平台而存在，而是直接接入互联网，在全球范围内形成了一个大一统的市场。包月制被广泛接受，成为主流的计费方式，从而把网络游戏带入了大众市场。

第三代网络游戏始于1996年秋季《子午线59》的发布，这款游戏由Archetype公司独立开发。Archetype公司的创建者为克姆斯兄弟，即将发售的《模拟人生在线》的设计师迈克·塞勒斯和已被取消的《网络创世纪2》的设计师戴蒙·舒伯特都曾在这家公司工作过。

《子午线59》本应是一款划时代的作品，可惜发行商3DO公司在决策过程中出现了重大失误，在游戏的定价问题上举棋不定，面对《网络创世纪》这样强大的竞争对手，先机尽失，“第一网络游戏”的头衔终被《网络创世纪》夺走。《网络创世纪》于1997年正式推出，用户人数很快就突破10万大关。

《网络创世纪》的成功加速了网络游戏产业链的形成，随着互联网的普及以及越来越多的专业游戏公司的进入，网络游戏的市场规模迅速膨胀起来。这其中既有《无尽的任务》《天堂》《艾莎隆的召唤》和《亚瑟王的暗黑时代》的成功，也有《网络创世纪2》《银河私掠者在线》和《龙与地下城在线》的被取消。一些传统的单机游戏开发商，如Maxis、Westwood和暴雪等，也依托自己的品牌实力加入进来，而更重要的则是一批中小开发商的涌现，它们在为网络游戏市场创造更丰富、更多样化的内容的同时，也为整个游戏业带来了不安定的泡沫因素。

《魔兽世界》（*World of Warcraft*）同样是一部少有的网络游戏杰作，是著名的游戏公司暴雪（Blizzard Entertainment）所制作的第一款网络游戏，属于大型多人在线角色扮演游戏（3D Massively Multiplayer Online Role - playing Game）。本游戏以该公司出品的即时战略游戏《魔兽争霸》的剧情为历史背景，是除魔兽争霸资料片以及被取消的《魔兽争霸：魔族王子》（*Warcraft Adventures*：*Lord of the Clans*）之外魔兽争霸系列的第四款游戏。玩家把自己当作魔兽世界中的一员在这个广阔的世界里探索、冒险、完成任务。作为大型多人游戏，魔兽世界为成千上万的玩家提供了舞台。新的历险、探索未知的世界、征服怪物，在这个过程中，一个富有献身精神的活跃的队伍能为我们不断注入活力。魔兽世界的内容使该游戏摆脱了累月的枯燥的练级，它会不断地带来新的挑战和冒险。魔兽世界于2004年年中在北美公开测试，2004年11月开始在美国发行，发行的第一天已经受到广大玩家的热烈支持。2005年年初，韩国和欧洲服务器相继进行公测并发行，反应同样热烈。中国内地亦已于2005年6月正式收费运营。暴雪在2007年1月宣布，《魔兽世界》的全球注册用户数量超过800万，其中北美200万，欧洲150万，中国350万。到2008年1月，暴雪宣布全球注册用户已经超过了1000万。

第四代网络游戏（2008—2012年）：随着网络时代不断变迁和网络用户的需求不断高涨，第四代网络游戏就此诞生。除此之外，随着私服、外挂等非法程序的侵入，第三代网络游戏渐渐走向低谷，这也是第四代网络游戏迅速崛起的条件之一。

随着WEB技术的发展，在网站技术上各个层面得到提升，国外已经开始新兴许多的“无端网游”，不用客户端也能玩的游戏，也叫网页游戏、web game或者web游戏，也有一些公司宣称为“老板眼皮底下也能玩的游戏”。确实，网页游戏依靠WEB技术支持就能玩的在线多人游戏类型，受到许多办公室白领一族的追捧。2007年开始，中国内地也陆续开始有许多网页游戏开始较大规模地运营，网页游戏作为网络游戏的一个分支已经逐渐形成。

第五代网络游戏（2010年至今）：近几年来，随着手机游戏技术自身的日益成熟，手机游戏的巨大商机开始展现在人们面前。如今传统游戏产业的商家已经开始从家用机游戏、PC游戏等传统的游戏领域逐渐向手机游戏领域扩张，并尝试与手机游戏开发商以及服务提供商进行更加紧密的合作，这一切都证明手机游戏市场已成为目前移动领域最具有活力的市场。

手机游戏需求旺盛：来自于易观国际的信息显示，手机游戏是国内移动互联网用户中最受欢迎的免费/付费应用。78.4%的移动互联网用户曾玩过手机游戏；在付费用户中，有46.9%的用户购买过手机游戏。

十、搜索引擎

1. 什么是搜索引擎

搜索引擎是指根据一定的策略、运用特定的计算机程序从互联网上搜集信息，在对信息进行组织和处理后，为用户提供检索服务，将用户检索相关的信息展示给用户的系统。搜索引擎包括全文索引、目录索引、元搜索引擎、垂直搜索引擎、集合式搜索引擎、门户搜索引擎与免费链接列表，等等。

（1）全文索引。

搜索引擎分类部分提到过全文搜索引擎从网站提取信息建立网页数据库的概念。搜索引擎的自动信息搜集功能分两种：一种是定期搜索，即每隔一段时间（比如 Google 一般是 28 天），搜索引擎主动派出“蜘蛛”程序，对一定 IP 地址范围内的互联网网站进行检索，一旦发现新的网站，它会自动提取网站的信息和网址加入自己的数据库。另一种是提交网站搜索，即网站拥有者主动向搜索引擎提交网址，它在一定时间内（2 天到数月不等）定向向网站派出“蜘蛛”程序，扫描其的网站并将有关信息存入数据库，以备用户查询。随着搜索引擎索引规则发生很大变化，主动提交网址并不保证网站能进入搜索引擎数据库，最好的办法是多获得一些外部链接，让搜索引擎有更多机会找到网站并自动将其网站收录。

当用户以关键词查找信息时，搜索引擎会在数据库中进行搜寻，如果找到与用户要求内容相符的网站，便采用特殊的算法——通常根据网页中关键词的匹配程度、出现的位置、频次、链接质量——计算出各网页的相关度及排名等级，然后根据关联度高低，按顺序将这些网页链接返回给用户。这种引擎的特点是搜全率比较高。

（2）目录索引。

也称为分类检索，是互联网上最早提供 WWW 资源查询的服务，主要通过搜集和整理互联网的资源，根据搜索到网页的内容，将其网址分配到相关分类主题目录的不同层次的类目之下，形成像图书馆目录一样的分类树形结构索引。目录索引无须输入任何文字，只要根据网站提供的主题分类目录，层层点击进入，便可查到所需的网络信息资源。

虽然有搜索功能，但严格意义上不能称为真正的搜索引擎，只是按目录分类的网站链接列表而已。用户完全可以按照分类目录找到所需要的信息，不依靠关键词（Keywords）进行查询。

（3）元搜索引擎。

接受用户的查询请求后，同时在多个搜索引擎上搜索，并将结果返回给用户。著名的元搜索引擎有 InfoSpace、Dogpile、Vivisimo 等，中文元搜索引擎中具代表性的是搜星搜索引擎。在搜索结果排列方面，有的直接按来源排列搜索结果，如 Dogpile；有的则按自定的规则将结果重新排列组合，如 Vivisimo。

（4）垂直搜索引擎。

是 2006 年后逐步兴起的一类搜索引擎。不同于通用的网页搜索引擎，垂直搜索引擎专注于特定的搜索领域和搜索需求（例如：机票搜索、旅游搜索、生活搜索、小说搜索、视频搜索、购物搜索等），在其特定的搜索领域有更好的用户体验。相比通用搜索动辄数千台检索服务器，垂直搜索引擎需要的硬件成本低、用户需求特定、查询的方式多样。

（5）集合式搜索引擎。

该搜索引擎类似元搜索引擎，区别在于它并非同时调用多个搜索引擎进行搜索，而是由用户从提供的若干搜索引擎中选择，如 HotBot 在 2002 年年底推出的搜索引擎。

（6）门户搜索引擎。

AOL Search、MSN Search 等虽然提供搜索服务，但自身既没有分类目录也没有网页数据库，其搜索结果完全来自其他搜索引擎。

（7）免费链接列表（Free for All Links，简称 FFA）。

一般只简单地滚动链接条目，少部分有简单的分类目录，不过规模要比 Yahoo！等目录索引小很多。

2. 搜索引擎的工作原理

第一步，搜索引擎是通过一种特定规律的软件跟踪网页的链接，从一个链接爬到另外一个链接，像蜘蛛在蜘蛛网上爬行一样，所以被称为“蜘蛛”也被称为“机器人”。搜索引擎蜘蛛的爬行是被输入了一定的规则的，它需要遵从一些命令或文件的内容。第二步，搜索引擎是通过蜘蛛跟踪链接爬行到网页，并将爬行的数据存入原始页面数据库。其中的页面数据与用户浏览器得到的 HTML 是完全一样的。搜索引擎蜘蛛在抓取页面时，也做一定的重复内容检测，一旦遇到权重很低的网站上有大量抄袭、采集或者复制的内容，很可能就不再爬行。第三步，搜索引擎将蜘蛛抓取回来的页面，进行各种步骤的预处理。第四步，用户在搜索框输入关键词后，排名程序调用索引库数据，计算排名显示给用户，排名过程与用户直接互动的。由于搜索引擎的数据量庞大，虽然能达到每日都有小的更新，但是一般情况下，搜索引擎的排名规则都是根据日、周、月阶段性有不同幅度的更新。

3. 搜索引擎的起源

互联网发展早期，以雅虎为代表的网站分类目录查询非常流行。网站分类目录由人工整理维护，精选互联网上的优秀网站，并简要描述，分类放置到不同目录下。用户查询时，通过一层层的点击来查找自己想找的网站。也有人把这种基于目录的检索服务网站称为搜索引擎，但从严格意义上讲，它并不是搜索引擎。

1990年，加拿大麦吉尔大学（University of McGill）计算机学院的师生开发出Archie。当时，万维网（World Wide Web）还没有出现，人们通过FTP来共享交流资源。Archie能定期搜集并分析FTP服务器上的文件名信息，提供查找分别在各个FTP主机中的文件。用户必须输入精确的文件名进行搜索，Archie告诉用户哪个FTP服务器能下载该文件。虽然Archie搜集的信息资源不是网页（HTML文件），但和搜索引擎的基本工作方式是一样的：自动搜集信息资源、建立索引、提供检索服务。所以，Archie被公认为现代搜索引擎的鼻祖。

4. 搜索引擎的商务模式

在搜索引擎发展早期，多是作为技术提供商为其他网站提供搜索服务，网站付钱给搜索引擎。后来，随着2001年互联网泡沫的破灭，大多转向为竞价排名方式。

搜索引擎的主流商务模式（百度的竞价排名、Google的AdWords）都是在搜索结果页面放置广告，通过用户的点击向广告主收费的。这种模式最早是比尔·格罗斯（Bill Gross）提出的。他于1998年6月创立GoTo公司（后于2001年9月更名为Overture），实施这种模式，取得了很大的成功，并且申请了专利。这种模式有两个特点：一是点击付费（Pay Per Click），用户不点击则广告主不用付费。二是竞价排序，根据广告主的付费多少排列结果。2001年10月，Google推出AdWords，也采用点击付费和竞价的方式。2002年，Overture起诉Google侵犯了其专利。2004年8月，Google和Yahoo!（Yahoo!于2003年7月收购Overture）达成和解，向后者支付了270万普通股（合3亿美元不到）作为和解费。

AdSense是Google于2003年推出的一种新的广告方式。AdSense使各种规模的第三方网页发布者进入Google庞大的广告商网络。Google在这些第三方网页放置跟网页内容相关的广告，当浏览者点击这些广告时，网页发布者就可以获得收入。AdSense在blogger中很受欢迎。同时，Google武断地删除一些帐号，引起部分人的不满。类似的广告方式，其他搜索引擎也先后推出。Yahoo!的广告方式是YPN（Yahoo Publisher Network），除了可以在网页上显示与内容相关的广告以外，还可以通过在RSS订阅来显示广告。微软的广告计划叫AdCenter。百度也推出主题推广。

十一、移动互联网

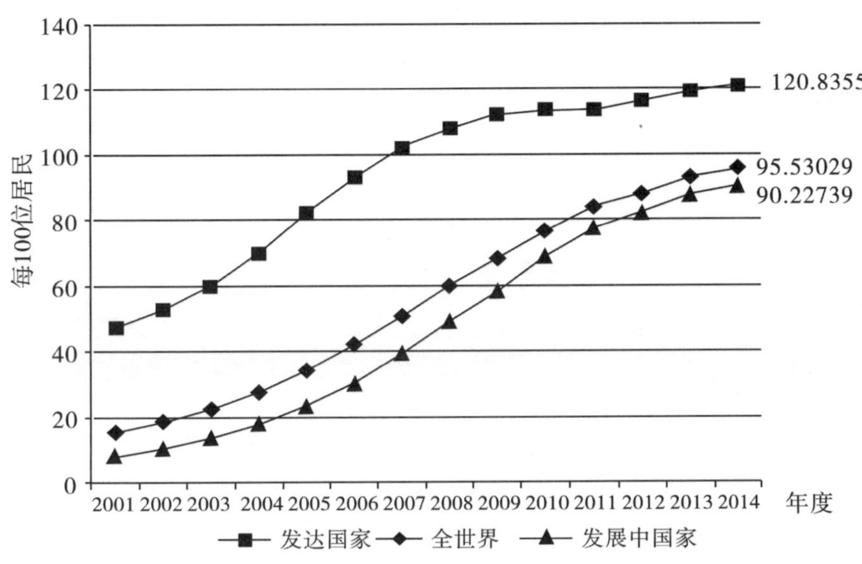

图 4-2 手机等移动设备入网用户增长状况（2001—2014 年）

P. S. 1. 本图表原英文为“Mobile-cellular subscriptions per 100 inhabitants, 2001—2014”，翻译采用《富足》P365，C65 图表的翻译。Mobile-cellular 有文章翻译成“移动蜂窝”。2. 最新的 MIS2014 分析“Mobile-cellular subscriptions”的时候，采用的是 C-1、C-2和 C-3 三个表综合起来分析说明。

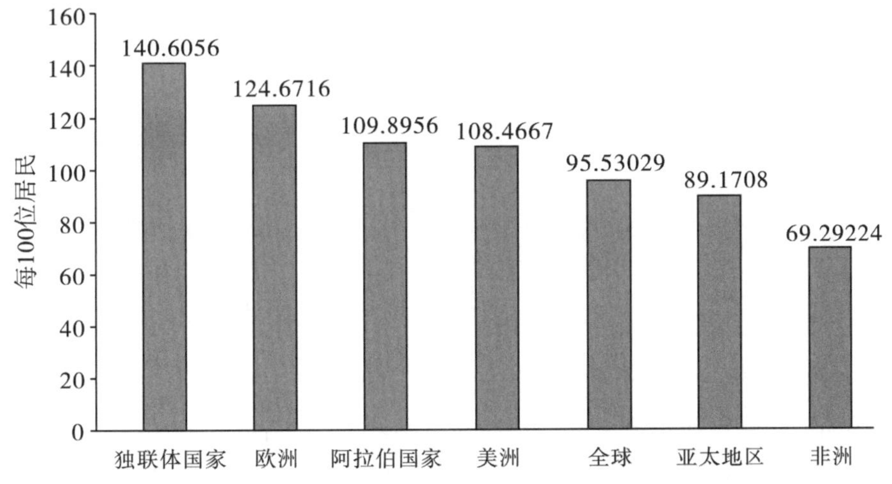

图 4-3 2014 年按地区划分手机等移动设备入网用户状况

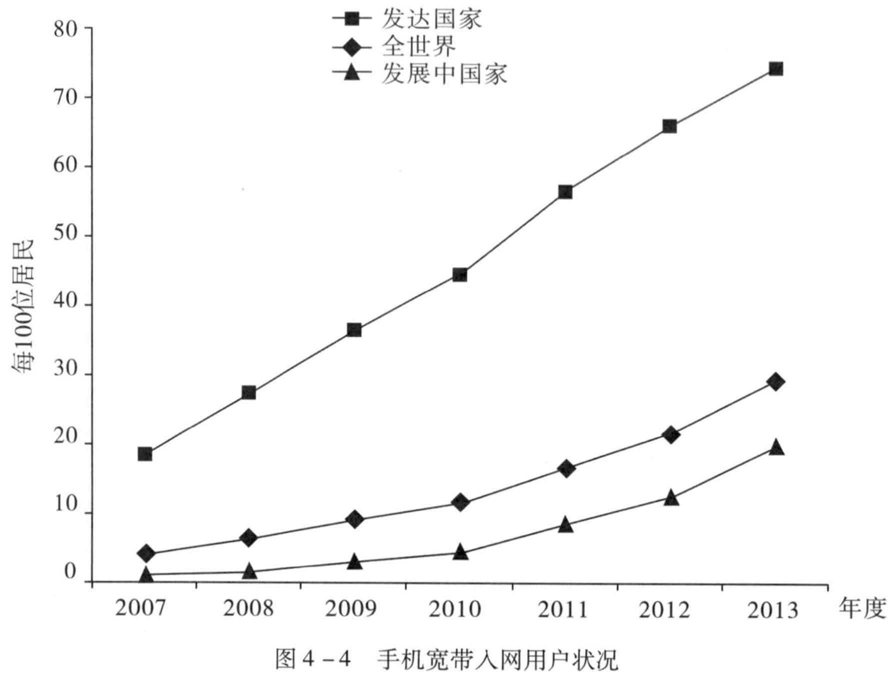

图 4－4 手机宽带入网用户状况

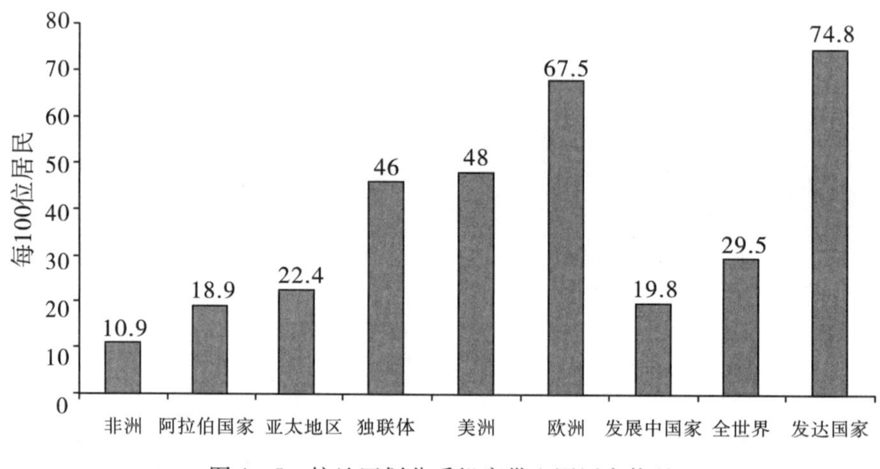

图 4－5 按地区划分手机宽带入网用户状况

1. 我国移动互联网现状

移动互联网，通俗地讲就是移动通讯和互联网两者的结合。《著云台》的分析师团队结合科学发展的理论认为，移动互联网是指互联网的技术、平台、商业模式和应用与移动通讯技术结合并实践的活动的总称。

在我国互联网的发展过程中，PC 互联网已日趋饱和，移动互联网却呈现井喷式发展。前瞻产业研究院发布的《中国移动互联网行业市场前瞻与投资战略规划分析报告前瞻》数据显示，截至2013年年底，中国手机网民超过5亿，占比达81%。伴随着移动终端价格的下降及Wi－Fi的广泛铺设，移动网民呈现暴增趋势。

移动互联网（Mobile Internet，简称MI）是一种通过智能移动终端，采用移动无线通讯方式获取业务和服务的新兴业务，包含终端、软件和应用三个层面。终端层包括智能手机、平板电脑、电子书、MID等；软件包括操作系统、中间件、数据库和安全软件等。应用层包括休闲娱乐类、工具媒体类、商务财经类等不同应用与服务。随着技术和产业的发展，未来的LTE（长期演进，4G通讯技术标准之一）和NFC（近场通讯，移动支付的支撑技术）等网络传输层关键技术也将被纳入移动互联网的范畴之内。

截至2014年1月，我国移动互联网用户总数达8.38亿户，在移动电话用户中的渗透率达67.8%；手机网民规模达5亿，占总网民数的80%多，手机保持第一大上网终端地位。我国移动互联网发展进入全民时代。

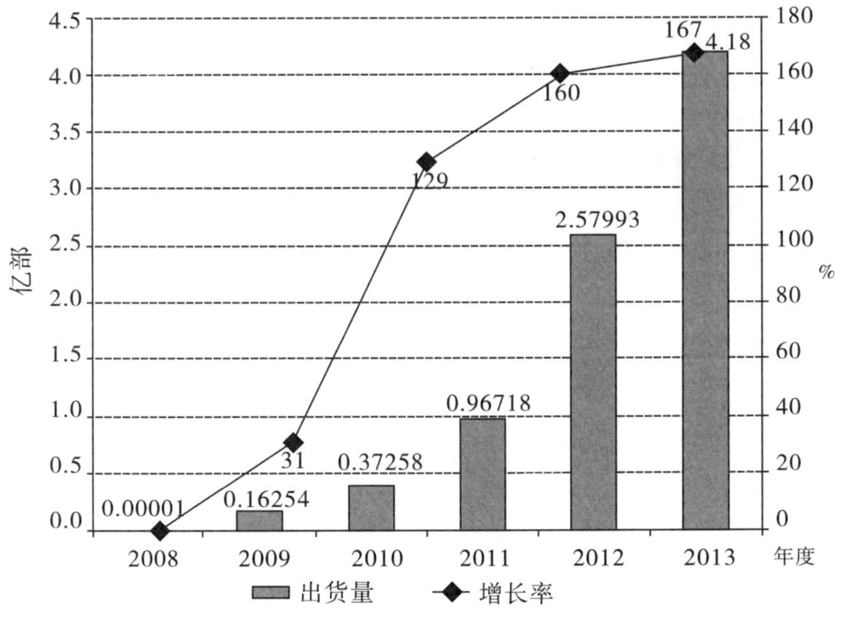

图4－6 我国智能手机出货量增长情况

2. 中国移动互联网发展史

2000年9月19日，中国移动和国内百家ICP首次聚在了一起，探讨商业合作模式。随后时任中国移动市场经营部部长张跃率团去日本 NTT DoCoMo 公司 I－mode 取经，“移动梦网”雏形初现。2001 年 11 月 10 日，中国移动通讯的“移动梦网”正式开通。当时官方的宣传称手机用户可通过“移动梦网”享受到移动游戏、信息点播、掌上理财、旅行服务、移动办公等服务。

如果说创建于 2004 年 3 月 16 日的 3G 门户开创的是中国 FREE WAP 的另外一种模式的话，那么这种模式在中国移动互联网长河里，仅仅是萌芽的开始。在这个萌芽时期，先后冒出了搜索、音乐、阅读、游戏等领域的多种无线企业，不过，整个行业都处在混沌之中，因为没有人能够讲得清楚未来是什么，商业模式之争成为讨论最多的话题。

好景不长，一股运营商 WAP 网的寒流从 2005 年年底悄然开始。2005 年 11 月，中国移动推出一项政策，禁止 SP 在免费 WAP 上推广业务；一个月后，中国移动宣布不再向免费 WAP 网站提供用户的号码和终端信息。而在 2006 年 7 月，这种猜测和讨论让一大批 FREE WAP 站长不得不提前鸣金收兵，提前上岸。2008 年 10 月，雷军正式出任 UC WEB 董事长。雷军的目标非常明确，在移动互联网领域中，UC WEB 有能力也有机会成为下一个谷歌和百度。

2008 年 12 月 31 日上午，国务院常务会议研究同意启动第三代移动通讯（3G）牌照发放工作，明确工业和信息化部按照程序做好相关工作。2009 年 1 月7 日，工业和信息化部在内部举办小型牌照发放仪式，确认国内 3G 牌照发放给三家运营商，为中国移动、中国电信和中国联通发放 3 张第三代移动通讯（3G）牌照。由此，2009 年成为我国的 3G 元年，我国正式进入第三代移动通讯时代。包括移动运营商、资本市场、创业者等各方急速杀入中国移动互联网领域，一时间，各种广告联盟、手机游戏、手机阅读、移动定位等纷纷获得千万级别的风险投资，3G 概念股票逐步被热炒。

根据《2013—2017 年中国移动互联网行业市场前瞻与投资战略规划分析报告》数据统计，截至 2012 年 6 月底，中国网民数量达到 5. 38 亿，其中手机网民达到 3. 88 亿，较 2011 年年底增加了约 3270 万人，网民中用手机接入互联网的用户占比由 2011 年年底的 69. 3% 提升至 72. 2% 。而台式计算机为 3. 80 亿，手机网民的数量首次超越台式计算机网民的数量，也意味着移动互联网迎来了它高速发展的时期。

3. 移动互联网的十大模式

（1）移动社交将成客户数字化生存的平台：在移动网络虚拟世界里，服务社区化将成为焦点。社区可以延伸出不同的用户体验，提高用户对企业的黏性。

（2）移动广告将是移动互联网的主要盈利来源：手机广告是一项具有前瞻性的业务形态，可能成为下一代移动互联网繁荣发展的动力因素。

（3）手机游戏将成为娱乐化先锋：随着产业技术的进步，移动设备终端上会发生一些革命性的质变，带来用户体验的跳跃。加强游戏触觉反馈技术，可以预见，手机游戏作为移动互联网的杀手级盈利模式，无疑将掀起移动互联网商业模式的全新变革。

（4）手机电视将成为时尚人士新宠：手机电视用户主要集中在积极尝试新事物、个性化需求较高的年轻群体，这样的群体在未来将逐渐扩大。

（5）移动电子阅读填补狭缝时间：因为手机功能扩展、屏幕更大更清晰、容量提升、用户身份易于确认、付款方便等诸多优势，移动电子阅读正在成为一种流行迅速传播开来。

（6）移动定位服务提供个性化信息：随着随身电子产品日益普及，人们的移动性在日益增强，对位置信息的需求也日益高涨，市场对移动定位服务需求将快速增加。

（7）手机搜索将成为移动互联网发展的助推器：手机搜索引擎整合搜索概念、智能搜索、语义互联网等概念，综合了多种搜索方法，可以提供范围更宽广的垂直和水平搜索体验，更加注重提升用户的使用体验。

（8）手机内容共享服务将成为客户的黏合剂：手机图片、音频、视频共享被认为是未来3G手机业务的重要应用。

（9）移动支付蕴藏巨大商机：支付手段的电子化和移动化是不可避免的必然趋势，移动支付业务的发展预示着移动行业与金融行业融合的深入。

（10）移动电子商务的春天即将到来：移动电子商务可以为用户随时随地提供所需的服务、应用、信息和娱乐，利用手机终端方便便捷地选择及购买商品和服务。多种支付方式，使用方便。移动支付平台不仅支持各种银行卡通过网上进行支付，而且还支持手机、电话等多种终端操作，符合网上消费者最求个性化、多样化的需求。

案例

移动平台：iOS 与 Android

1. iOS 系统与 Android 系统

iOS 是由苹果公司开发的移动操作系统。苹果公司最早于 2007 年 1 月 9 日的 Macworld 大会上公布这款系统，最初是设计给 iPhone 使用的，后来陆续套用到 iPod touch、iPad 以及 Apple TV 等产品上。iOS 与苹果的 Mac OS X 操作系统一样，也是以 Darwin 为基础的，因此同样属于类似 Unix 的商业操作系统。原本这款系统名为 iPhone OS，因为 iPad、iPhone、iPod touch 都使用 iPhone OS，所以 2010 WWDC 大会上宣布改名为 iOS。iOS 具有简单易用的界面、令人惊叹的功能，以及超强的稳定性，已经成为 iPhone、iPad 和 iPod touch 的强大基础。尽管其他竞争对手一直努力地追赶，但 iOS 内置的众多技术和功能让 Apple 设备始终保持着遥遥领先的地位。

安卓（Android）是一款基于 Linux 的自由及开放源代码的操作系统，主要使用于移动设备，如智能手机和平板电脑，由 Google 公司和开放手机联盟领导及开发。由于尚未有统一的中文名称，我国内地较多人使用安卓这个名字。Android 操作系统最初由 Andy Rubin 开发，主要支持手机。2005 年 8 月，由 Google 收购注资。2007 年 11 月，Google 与 84 家硬件制造商、软件开发商及电信营运商组建开放手机联盟共同研发改良 Android 系统。随后 Google 以 Apache 开源许可证的授权方式，发布了 Android 的源代码。第一部 Android 智能手机发布于 2008 年 10 月。Android 逐渐扩展到平板电脑及其他领域上，如电视、数码相机、游戏机，等等。2011 年第一季度，Android 在全球的市场份额首次超过塞班系统，跃居全球第一。2013 年第四季度，Android 平台手机的全球市场份额已经达到 78.1%。2013 年 9 月 24 日，谷歌开发的操作系统 Android 迎来了 5 岁生日，全世界采用这款系统的设备数量已经达到 10 亿台。Android 一词的本义指“机器人”，同时也是 Google 于 2007 年 11 月 5 日宣布的基于 Linux 平台的开源手机操作系统的名称，该平台由操作系统、中间件、用户界面和应用软件组成。

2. iOS 与 Android 的比较

Android 和 iOS 系统作为当今手机和平板电脑领域的主流操作系统很难说谁一定比谁更加优秀。iOS 凭借着优越的操作体验，以及丰富的应用将手机市场带入到了智能手机的时代。原来手机领域的巨人诺基亚以及摩托罗拉则分别被微软和谷歌公司收购，而索尼爱立信则分道扬镳。原先功能机的时代被乔布斯以一个苹果彻底击碎，又由安卓对其进行了发展壮大。凭借着安卓的开源性的特点，手机厂商纷纷加入其阵容，推出了各自的安卓系统的手机，将智能机的市场做大，进一步推进了智能手机市场的扩大。

iOS 系统的优点十分明显：流畅的操作体验、丰富的应用程序、精美的系统界面以及较高的安全性都是目前其他手机系统所难以媲美的。特别要提到的是 APP Store，这是乔布斯对苹果公司产品的一次伟大的创新。他将应用程序整合在一起，保护了程序开发者的利益，使得程序开发人员得到真正的利益，也方便了系统使用者对应用程序的搜索，不需要像以前使用塞班等系统时那样到处去搜索程序软件了。

Android 系统的源代码拥有良好的开放性，这一点能够吸引更多的开发者加入到其阵营中来。开发者对源代码进行修改，充分满足使用者的个人需求，符合个人的使用习惯。但是 Android 系统使用对硬件要求较高，这也是为什么很多手机厂商在推出自身手机时总是对一些硬件参数要着重强调，只有较高的硬件配置才能够更好、更流畅地运行。目前各主流手机生产厂商都开发了自己专属的 Android 系统版本。

Android 和 iOS 发展至今已经有着界面融合的趋势，双方都在取长补短，已经很难说谁比谁更为优秀。Android 系统的开发性特点更能够吸引开发者对其进行开发，而随之带来的是手机病毒和恶意收费软件在损害着安卓手机的用户。但是相对较为廉价的优势使得 Android 的市场占有率远远高于 iOS。而 iOS 封闭的系统能够带来更为安全的保证，但是用户不得不面对应用选择的制约以及系统使用中的一些不便。

3. iOS 与 Android 的未来预测

Android 与 iOS 操作系统在创新模式上分别属于开放式创新和封闭式创新，而两款系统的创新模式也在一定程度上决定了它们未来的发展趋势。尽管 iOS 系统的推出早于 Android 系统，且获得了良好的市场反应，但其封闭式的创新模式成了发展瓶颈，根据市场研究公司 Nielsen 2011 年发表的数据显示，Android 设备占美国正在使用的智能手机的43%，而 iOS 占美国目前正在使用的智能手机的 28%。在操作系统领域，各款系统的基础用户数量将最终决定该系统的命运，正如之前苹果的 Mac 系统没有战胜微软的 Windows 一样，封闭式的创新模式决定了 iOS 系统的传播和影响范围的有限性，而开放式的创新模式却为

Android 系统带来了更多的基础用户。可以预测，未来的移动设备操作系统的格局将会和现在 PC 时代一样，如果苹果公司不改变其封闭式的创新模式，那 iOS 系统很有可能重蹈当年 Mac 系统的覆辙，让 Android 系统顺利占领市场份额，一家独大。

第五章　互联网产生的现象与问题

与所有新发明的出现与发展一样，随着互联网的不断发展，随之而来也产生了各种各样的负面现象与问题，这样的现象与问题会给我们的生活带来怎样的影响，而我们又该如何解决呢？本章将对于这些互联网带给我们的困扰做一个简单的介绍。

一、互联网企业竞争的监管

不正当竞争在社会生活的各个领域普遍存在，它在为采取不正当竞争行为者带来超额利润的同时，却损害了整个社会的公平和效率，使社会正常有序的环境难以形成。因此，反不正当竞争一直是各国政府工作的一个重要方面，各国政府纷纷通过制定和颁布法律，成立专门的部门和加强国际合作等方式，打击和遏制各种各样的不正当竞争行为。然而，各种客观和主观的现实因素却为不正当竞争行为提供了生存的土壤，使得它在一些领域和一定程度上日益泛滥，给政府和社会的治理工作带来了严峻的挑战。特别是随着计算机和网络通讯技术的迅猛发展，不正当竞争行为如鱼得水，有了更加广阔的生存和发展空间。再加上网络的开放性和管理手段的滞后性，就不得不使网络环境下的反不正当竞争行为成为极为重要的任务之一。

1. 互联网不正当竞争的概念

当下，互联网行业已成为推动我国经济社会发展的重要力量。互联网行业的竞争从单一领域的竞争转为跨界融合的竞争，竞争手段由单一的客户端或网页转变为网页、客户端、应用商店、操作系统等混合载体的竞争，竞争行为具有较强的隐蔽性和复杂性，而某些不规范的竞争对企业、对消费者都造成了不同程度的伤害。

一般而言，网络环境下的不正当竞争包括两种情况：一种是传统企业以互联网为媒介和手段进行的不正当竞争；另一种是网站之间在开展信息服务、技术服务、在线交易过程中发生的不正当竞争。以上两种情况在表现形式上虽有所区别，但大多数情况下，两者又很难截然分开，毕竟，网络企业之间的竞争与传统企业之间的竞争具有较强的共性。《反不正当竞争法》中对不正当竞争的定义是："'不正当竞争'是指经营者违反本法规定，损害其他经营者的合法权益，扰乱社会经济秩序的行为。"可见，凡是在网络上侵犯他人的正当合法权益，破坏公正经营秩序的行为，都可视为网络环境下的不正当竞争行为。网络环境下的不正当竞争，虽具有其独特性，但又有与传统不正当竞争相统一的一面，因此对网络环境下不正当竞争的认定不能脱离《反不正当竞争法》所奠定的基本框架，网络只是作为一种技术手段，它不能改变不正当竞争行为的实质。

2. 互联网企业不正当竞争的表现

（1）价格欺诈，打价格战。

价格欺诈行为，又称欺骗性价格表示，是指经营者利用虚假或者使人误解的价格条件，诱骗消费者或者其他经营者与其进行交易的行为。价格欺诈是我国企业市场恶性竞争最为典型和常用的手段之一，针对这种行为，国家发改委也专门出台了《禁止价格欺诈行为的规定》的解释意见（以下简称《规定》），其中明确规定了价格欺诈的虚假标价，两套价格，模糊标价，虚夸标价，虚假折价，模糊赠售，隐蔽价格附加条件，虚构原价，不履行价格承诺，质量与价格、数量与价格不符 10 种主要表现形式和 13 种欺诈行为。《规定》规定的如此诸多表现形式和欺诈行为也充分表明价格欺诈的猖獗。互联网企业领域也不例外，甚至有过之而无不及。

价格欺诈主要是指企业不顾产品的价值，过高或过低销售商品，充分利用价格手段攻击。

对手以取得垄断优势，或欺骗消费者最终牟取高额利润，其本质是商业诚信缺乏所致。它主要包括恶意低价以攻击对手、虚构原价以欺骗消费者和只报价不卖货等三种形式。而互联网自身的特点使得互联网企业的产品信息更加公开化和销售更加便捷，加之产品多样化和商家、消费者众多等特殊性，势必加剧互联网企业之间的竞争，诱发比传统企业更加严重的价格欺诈等恶性竞争行为。在网络中进行虚构原价、有奖销售、巨奖推销，利用网络销售假冒产品，夸大、不实地表述其产品性能、出产地、产商等信息，误导消费者等欺诈行为更是屡见不鲜。以京东、国美、苏宁三大电商价格战最为典型。根据国家发改委价格监督检查和反垄断局初步调查结果，此次三大电商在“价格战”中存在价格欺诈行为，具体表现在：首先，“虚构原价”。三家电商均存在虚构原价的行为，即实际的促销价高于之前7日内交易的最低价（国家发改委的《意见》规定“原价”是指经营者在本次降价前7日内在本交易场所成交的有交易票据的最低交易价格，否则就属于价格欺诈行为）。其次，未履行“零毛利”承诺。京东曾表示，所有大家电将在未来三年内保持零毛利，但是，相关部门抽查发现部分产品即使促销后最低的毛利率也达到10%。再次，标明无货实际有货。众多网友反映商家缺货严重，有的电商承诺低价出售商品，但在网店上却标明无货，而实际的调查结果显示商家仓库实际有存货。最后，重合商品少。在价格战中，几家商家的产品重合度很低，有的电商促销的产品是独家经营，其他商家根本没有，因此也无从比较其此前承诺的价格究竟是否为最低价。

（2）宣传炒作，打宣传战。

当今，宣传日渐成为影响企业发展壮大的重要因素之一。企业要参与市场竞争，必须通过宣传扩大企业知名度。在广告日渐被普通消费者接受，并引导、影响消费者购买力的今天，宣传不仅是企业重要的组成部分，甚至可能是关键的一部分。然而，企业在宣传战的激烈较量过程中出现了企业宣传的恶性竞争。网络作为当前最重要的宣传工具之一，互联网企业通过宣传造势的恶性竞争更是雪上加霜。

互联网企业宣传造势主要是指企业不实宣传，体现在不实宣传自己和不实攻击对手两方面。宣传不仅是宣传自己的优势，同时可能还包括宣传竞争对手的劣势。一些企业缺乏诚信意识，借助媒体信息传达可能不及时、不完整、不对称等不足，大肆宣传炒作，为自己的企业和产品造势，或者直接幕后操纵、炒作企业，实现宣传之目的。同时，网络企业为宣传自己，又会把自己和同类竞争企业做比较，于无形有意之中模糊对手产品的优势，渲染对手企业产品的缺陷，甚至攻击贬低对手，从而通过恶性竞争手段实现牟利。更有甚者，打击报复、蓄意栽赃、抹黑对手，以实现自我广告诉求的宣传目的。如：故意顺从不实的媒体报道，捕风捉影，制造舆论以打击竞争对手。更有甚者，把竞争对手的隐私、行业机密泄露出来，达到攻击对手的目的。殊不知这种行为不仅危及对手，更可能使整个行业陷入困境，并极有可能“自己捡起石头砸自己脚”，危及自己。

（3）恶性诉讼，打法律战。

恶性诉讼是互联网企业近年来常用的恶性竞争重要手段之一。由于网络技术的快速应用和蓬勃发展，互联网企业的诉讼战近年来激增。通过诉讼维护自身权益原本无可厚非，但频繁借助诉讼打击对手已成为一些互联网企业大搞恶性竞争的重要方式。这些企业企图通过恶性诉讼，借用法律武器追逐市场占有率以打击、打垮对手，其中以搜狐系列起诉和被诉案最为典型。2009 年可以说是搜狐大打法律战的一年，作为国内最早期的互联网公司之一，搜狐因其旗下的搜狗输入法和腾讯旗下的 QQ 拼音输入法之间的竞争而对簿公堂，展开了一连串的恶战。同时，2009 年搜狐还先后将麒麟网、优酷网、土豆网、迅雷网等多家公司告上法庭。有意思的是，搜狐自身又因盗版等问题被中央电视台电影频道、优酷等公司起诉。

3. 互联网不正当竞争的法制方案

我国对商业的恶性竞争行为已经颁布了《中华人民共和国反不正当竞争法》，可是在中国现行的法律中，还没有一个适合管理网络商业性经济中引起恶性竞争行为的独立法律、规章，在引申《中华人民共和国反不正当竞争法》或其他法律来解决其网络恶性竞争行为的过程中，已经凸显出法律效力最为薄弱的一面。尽快完善相关法规，使互联网企业做到有法可依是当前所要考虑的最重要的因素。

（1）适当性修改相关法律的规定范围。

现在，在涉及网络恶性竞争行为的众多特殊案例中，揭露了针对新型网络恶性竞争行为在法律上存在一个很大的漏洞。所以，我们应该扩大相关法律的管辖范围，既要考虑网络空间的特殊性，也要思考如何与传统法律相结合，在《中华人民共和国宪法》的法学理念指导下进行定制或修改。

（2）完善其司法工作。

在相关的司法工作中，对网络的恶性竞争行为规范是构建在现行的法律基础上，并通过法律解释和实际应用不断补充的。在我国网络法则未形成，网络恶性竞争又如此激烈的情况下，唯有从多年的审判案件中总结经验，利用相关的现行法律打击网络恶性竞争行为，同时进行法律中的“解释”“规定”“批复”等方面的司法解释，以便稳定目前网络恶性竞争行为猖獗不止的局面，更好地完善法律体系。

（3）优化法律责任规章制度。

对于网络中出现的恶性广告竞争行为，应该优化法律责任规章制度来规范市场，让经营者认识到网络恶意广告竞争的行为是违法的，同时需要加强这些规章制度的执行力度。在考虑网络恶性广告竞争的赔偿问题上，法律规定是可以有弹性的限制，主要考虑侵害人实施的恶性竞争行为对受害人造成的损失以及侵害人的具体经营状况等因素。

（4）立法、修改方面应与时俱进。

现在是高科技的信息时代，网络在高度地发展、更新，如果我们只依靠现有的国家法律去制约网络恶性竞争行为，是不能究其根本的。因此，我们应该跟上时代步伐和全球的立法趋势，务求建立一个完善的网络竞争法律体系。在定制中还要切合网络的特殊性，同时与各项法律密切联系起来。如《反限制竞争法》《反不正当竞争法》《反垄断法》在内的《竞争法》，等等。

（5）小结。

在网络环境背景下，恶性竞争行为严重危害了网络经济的发展，它与诚信经商的社会公德是背道而驰的，且是不容出现的行为，这是对我国的法律法规做出的一个严峻挑战。所以，我们必须归纳网络恶性竞争行为现象，认清形势发展；再通过其现象的分析、了解到法律规定网络恶性竞争中暴露的不足，从中找出一个适用于网络恶性竞争行为的法治方案，进而为网络化经济的绿色发展出一分力。

二、失控的“人肉搜索”

互联网的发展不仅使人类社会的信息传播技术和传播方式发生了根本性的变革，而且在全球化的今天，这种变革已经给整个社会带来了多层次的影响。作为一种以计算机技术和互联网为基础的特殊传播方式，“人肉搜索”的强大功能和作用已经成为网络社会的一股巨大力量，人们像担心网络媒体的出现会导致纸质媒体消失一样开始质疑“人肉搜索”存在的必要性，并对其进行更深层次的思考。

1.“人肉搜索”是如何产生的

所谓“人肉搜索”是指利用人工参与来提纯搜索引擎提供信息的一种机制，实际上就是通过其他人来搜索自己搜不到的东西，与知识搜索的概念差不多，只是更强调搜索过程的互动而已。搜索引擎也有可能对一些问题不能进行解答，当用户的疑问在搜索引擎中不能得到解答时，就会试图通过其他几种渠道来找到答案，或者通过人与人的沟通交流寻找答案。人肉搜索引擎最早起源于猫扑网，跟很多世界学习室论坛一样，猫扑上面也经常有人问这个问题、那个问题。同时，猫扑有种虚拟货币叫作 Mp，问问题的人往往会用 Mp 来奖励可以帮助他们的人。虽然 Mp 不能吃、不能喝，但还是有很多人醉心于挣取更多的 Mp。那些惯于通过回答问题挣取 Mp 的人，在猫扑一般叫作赏金猎人。

当某人需要解决一个问题时，就在猫扑发帖并许诺一定数量的 Mp 作为酬谢。很快，就会有赏金猎人看到这个帖子，他们就会去用搜索引擎来寻找问题的答案，然后争先恐后地把找到的答案回在帖子里面邀功。最后，提问题的人得到了答案，赏金猎人得到了 Mp，皆大欢喜，这也就形成了所谓的“人肉搜索引擎”的机制。有趣的是，我们可以发现“人肉搜索引擎”的搜索流程和搜索引擎，在不同服务器之间的分布式搜索流程看起来是那么的相似，区别仅仅在于发动和执行流程的是人还是机器。

虽然国外也有“人肉搜索”的案例，但是一种普遍的观点认为，“人肉搜索”在我国不仅得到了更为广阔的发展，而且其程度和影响也已经超过了人们的估计。业界普遍认为 2001 年的“陈自瑶事件”是“人肉搜索”的发端，但当时“人肉搜索”还没有像现在这样产生广泛的影响，直到 2006 年的“虐猫事件”才使得“人肉搜索”进入公众视野并迅速形成一种网络力量。人们逐渐认识到原来这种网络力量的影响力已经完全可以无法阻挡地从网络虚拟空间直接介入现实社会，其影响力超乎想象，并直接导致参与“人肉搜索”人数的剧增。任何现实中的丑恶、憎恨都可以随意在网络空间里进行“人肉”，一阵穷追猛打，最终导致丑恶原形毕露，真相浮出水面。于是，就有了“铜须门事件”“天价烟事件”“李刚事件”“郭美美事件”以及“微笑局长杨达才事件”，等等。当然，也包括“犀利哥”和汶川地震时寻人求助类的“人肉搜索”。这些事件在将“人肉搜索”影响力推向极致的同时也向人们显示：“人肉搜索”的影响力并不仅仅局限于网络虚拟空间，其对现实社会的影响巨大，而且日益剧增。

人肉搜索之所以在我国得到如此迅速的发展主要有以下几点原因：

第一，互联网技术迅速发展的推动。如今互联网已越来越多地介入到人类的生活中，互联网技术为“人肉搜索”的产生提供了条件。不同于传统的纸质媒体和电子媒体，互联网提供了超链接、复制等瞬间获取信息的手段，并承载着多种形态的信息形式，包括文本、音频、视频、图表等，使得信息内容更形象和丰富。

搜索过程中信息越真实、越生动形象、越丰富，传播效果就越显著，网民就越容易被感染和唤起。同时，各种各样的社会信息在网上大范围传播，网民可以在这一虚拟世界中自由地表达意见，进行各种形式的超时空社会互动，这为“人肉搜索”时信息的交流互动提供了便利。

第二，网民复杂心理因素的驱使。“人肉搜索”现象产生的直接动因与诸多网民的广泛参与有很大关系，究其根源是网民复杂心理动机的驱使。其中包括：①猎奇心理，即人都有好奇心和窥私欲，对新鲜事物充满好奇。在猎奇、窥私心理的作用下，网民要一探究竟，便自发聚集起来搜集事件当事人的相关信息甚至隐私。②减压宣泄心理。在市场竞争日趋白热化的今天，面临各种压力和矛盾的人们急需一个可以尽情宣泄的途径。③从众趋同心理。网民在群体效应下易产生从众趋同心理，即当个体发现自己的行为或观点与群体不一致或与群体中大多数人有分歧时，就会感受到一种压力，促使他们采取与群体一致的行为来获得心理上的平衡。④平等参与心理。每个人都期望获得平等和尊重，希望自己能够拥有发言权。网络信息的搜集、整理、归纳和处理并不需要太专业的技术，只要具备了基础性的计算机和网络知识即可。⑤追求自我实现心理。每个人都看重自己的价值，相对复杂的现实社会充满了变数，实现自我价值并非易事。虚拟的网络世界所创造的独特的网络沟通环境，正好能够满足网民追求自我实现的心理要求。

第三，社会道德失范行为的诱发。当前中国正处于社会转型时期，思想多样、价值多元、规范缺失、道德弱化等原因导致了一些道德失范问题，而且一些问题在现实生活中不能得到及时有效的解决，成为社会焦点。在市场经济下，受消费文化商业浪潮的冲击，消费主义倾向让人们的行为和心理等都受到影响。这在客观上促成了人们的集体无意识，社会道德失范现象屡见不鲜。“虐猫”事件中残忍虐待小动物的行为，“铜须门”和“死亡博客”事件中的“第三者”行为，“华南虎照”事件中挑战社会公信力的行为，都与人们固有的道德观相抵触，引起人们的不满和愤怒。道德拷问是“人肉搜索”得以形成和展开的动力。

第四，中国传统文化中“侠义精神”的影响。中国人的骨子里有一种根深蒂固的侠客情结。侠义精神以“惩恶扬善、锄强扶弱”为核心，具有鲜明的道德价值取向。“人肉搜索”作为一种有代表性的网络行为，受到了中国传统文化中“侠义精神”的影响，发挥着道德审判作用。网民们秉承正直正义之气，把自己当成“侠客”“侦探”“警察”，汇聚群体的力量对社会道德失范问题进行制裁和惩罚。道德问题是“人肉搜索”的基本关注点，“替天行道”是网络讨伐大军名正言顺的理由。网络虽是个虚拟世界，网民个体却是现实世界中的普通人，针对某些问题网民组成了临时性心理群体，以维护社会正义和伦理道德秩序为理由，相互协作查出当事人的真实信息。“死亡博客”事件、“辽宁女辱骂灾民”事件等都具有明显的道德倾向，网民打着道德审判的旗号，在最短的时间内揭露事件的真相。

2.“人肉搜索”的效应

“人肉搜索”像是一把双刃剑，会带来正面与负面两种效应：一方面“人肉搜索”导致肇事人的姓名、身份、家庭地址等个人资料被广泛公布。因其侵犯隐私权，而常与所在国的法律相抵触，因此受到一些人的批评。但另一方面有时也是法律落后、民众自力救济的现象，成为一种民众的“道德法庭”。

（1）正面效应。

首先，它作为一种迅速获取信息的渠道，为人民服务。随着人类进入信息时代，我们的社会也正日益转型为一个信息社会，由于信息传播媒介的日益多元化，各种各样的信息铺天盖地而来，可大众媒介提供的巨量信息中严重缺乏受众所需要的“有价值的”“能了解事情真相的”“对自己有用”的信息。而“人肉搜索”能够在最短的时间内揭露事实真相、给出最有价值的信息，它的出现极大地满足了人们个性化的信息需求。

其次，进行舆论评判，构筑社会公德。人肉搜索的互动性不同于一般现实社会的互动，但又源于现实生活。网民将涉嫌违法、违纪或者道德上存在严重问题的人或事的相关信息公布于网上，他们可以在网络中畅所欲言而不必忌惮现实生活中道德意识的约束、法律制裁的威慑以及来自“熟人社会”的舆论监督。由此，网络一度成为毫无束缚的言论自由的天堂，也为社会公德的构建提供了现实途径。“人肉搜索”使那些挑战人们道德底线的言行无所遁形，从而使网络不当的言行者在现实社会中接受舆论监督与道德评判，并为其行为承担应有的责任，提高了其不当言行的成本，并在全社会范围内形成一种正向引导机制。

再次，表达情感成为维护社会稳定的安全阀。有些“人肉搜索”可能从法律上来说不一定合法，但它是个人表达情感和维护社会稳定的重要途径。在法律无法解决或者出现困难的时候，网民通过“人肉搜索”来伸张正义，批判违背道德的行为，因此有人将“人肉搜索”定为“第二法庭，罪恶可以在这里受到审判，正义可以在这里得到伸张”。同时，社会所具有的匿名性和开放性，使参与“人肉搜索”的人们不必担心种种后果，从“人来疯”般的集体炮轰行为中感受到一种快慰和道德优越感，从而宣泄现实生活中日益沉重的生存压力与对当前转型时期种种社会矛盾的不满，利于个人身心的发展，成了人们表达情感的安全阀。

最后，成为一种自力救济机制。随着文明的发展、制度的演化，以及国家机构设置的完善、国家职能的加强，公力救济日益取代自力救济，自力救济越来越受到限制，但是在我国案件众多、司法资源相对匮乏的背景下，合理限度内的自力救济不仅可以对当事人的合法权利予以及时救助，还提高了违法者的违法成本和机会成本，同时也节约了稀缺的公共资源，达到对社会资源的有效利用，在整个社会范围内达到效率的最优。

（2）负面效应。

首先，搜索超越界限，侵犯了个人的隐私权和名誉权。“人肉搜索”的内涵集中体现在对人的搜索上，窥视网络人物背后的细节和隐私。人肉大军在凭借网络匿名性和群体安全感的保护下，利用无所不及的手段，超越法律及道德底线搜索、公布事件当事人的姓名、手机号码、照片、住址，攻击IP、邮箱，破解密码，盗取通讯工具，披露个人恋爱、婚姻、家庭状况及与人格尊严有直接关系的公认的私生活领域，并对未经证实的信息发表具有攻击性和侮辱性的言论。所有这些行为对当事人的隐私权和名誉权都构成了侵害。

其次，扰乱了公民的日常生活。每个人都享有生活的安宁权，按照自己的意志去支配个人私生活而不受他人干涉的权利，不希望时刻被数双眼睛跟踪，时刻有被偷拍的可能，家里不断接到骚扰电话，甚至给工作及单位带来不必要的麻烦，致使生活不再平静。

再次，调查取证违背法律程序，亵渎法律法规尊严。网民经常以道德谴责为起点，不择手段地进行求证调查。然而，这种搜集记录证据或素材的行为并不合法，按照我国的相关法律，对于违法行为的调查取证是有关法律部门的责任。同时，法律对调查取证的过程也有严格的规定，如执法人员不得少于两人，并向当事人或有关人员出示有效证件等。而“人肉搜索”则是通过在网络上公布信息，引起网民的关注后，就开始滥用权利，各显神通，如火如荼地开展调查，并在没有经有关机构查证属实的情况下，随意地进行散播，触犯了法律，亵渎了我国法律法规的尊严。

最后，缺乏理性，演变为多数人的暴政“人肉搜索”的发动往往源于BBS、电子邮件或博客中对某一“事实”的披露，它发布的随意性和匿名性使得作为“人肉搜索”导火线的“事实”本身就存在不确定性。而网民提供的信息除了少数来源于现场目击或亲身调查外，大部分仍然来源于互联网本身，缺少实际的调查。在搜索过程中，网民往往既不去考虑消息来源的真实性和可靠性，也不考虑审判与惩罚行为的合法性与合理性，偏听偏信盲目地加入到“正义的道德审判和惩罚”之战中，导致最终被一些媒体认为是一场“网络世界的暴力”，逐渐变成“个人泄愤”或某些别有用心人的窥视工具。

3. 对“人肉搜索”的管理

（1）网络实名制。

网络实名制是指将上网者的身份和其真实姓名、身份证号等相对应联系及统一的制度。中国网络实名制的源头一般都认为是2002年清华大学新闻学教授李希光在谈及新闻改革时所提建议：“中国人大应该禁止任何人网上匿名”。网络实名制最主要的是为了防止匿名在网上散布谣言，制造恐慌和恶意侵害他人名誉的一系列网络犯罪行为。网络实名制能有效遏制网瘾，有利于建立社会主义信用体系，提高个人信息的准确度，人与人之间的联系将更方便、更安全。在全球范围内，韩国是首个强制推行网络实名制的国家。韩国在2006年12月通过了关于网络实名制的法律，并于2007年7月开始实施。目前，韩国日均访问量超过10万人次的100多个主要网站都实行了实名制，网民个人的真实姓名和身份证号码等信息进行记录和验证后，才能在这些网站留言、发布照片和视频。韩国信息通讯部在推行实名制后调查发现，一些主要网站论坛上谩骂和人身攻击等不文明的内容减少了一半以上，网络实名制收效显著。我国应积极借鉴韩国推行网络实名制的经验，促进互联网文明有序地发展。

（2）完善立法，追究“人肉搜索”者的责任。

目前，我国对“人肉搜索”的行为，《中华人民共和国刑法》尚未将其纳入调整范围之内。而在我国现行的《中华人民共和国民法通则》中，只规定了名誉侵权，而没有明确规定隐私权。隐私权作为人格权的重要组成部分，理应受到民法的重点保护，但遗憾的是我国的民事立法对隐私权尚无明文规定，而是以最高人民法院司法解释的形式予以补充。“人肉搜索”事件的大量出现要求进一步完善刑事、民事立法工作。在刑事立法方面，应将“人肉搜索”行为在刑法中予以规范，追究“人肉搜索”者的刑事责任，这将对“人肉搜索”

者起到极大的威慑作用。在民事立法方面，应在法律上明确规定隐私权的内涵、外延及侵权的责任形式。另外，还应制定专门法律来保护公民的网络隐私权，包括知情权、选择权、控制权、安全请求权等；规定权利主体和义务主体；规定侵害网络隐私权行为的种类以及侵权行为的认定；还应包括精神损害赔偿；等等。

（3）加强对论坛、博客等互动栏目的管理。

目前大多数“人肉搜索”事件都通过论坛、博客等互动栏目进行发布和传播，这就要求提供互动栏目的论坛、博客要加强自身管理，严格落实各项信息安全制度，实行发帖、回复先审后发制，对涉及“人肉搜索”的信息进行屏蔽或不予发布，同时做好信息内容及其发布时间、IP 地址的记录备份和保密工作，积极配合政府有关部门治理互联网“人肉搜索”。政府有关部门一方面应加强对论坛、博客的监督管理，督促提供博客栏目的网站实行实名制；另一方面对发生“人肉搜索”事件的论坛、博客要积极引导，还原事件真相，防止部分网民将网上“人肉搜索”发展为现实的聚集、围堵、伤害等，提高网民的文明上网意识和法律意识。在对“人肉搜索”事件的分析中，笔者发现少数网民随意发布过激、低俗的言论，侵犯他人隐私的行为会有很大的带动效应，这类似于“破窗理论”：一间房子如果窗户破了，没有人去修补，隔不久，其他的窗户也会莫名其妙地被人打破；一面墙如果出现一些涂鸦没有被清洗掉，很快，墙上就布满了乱七八糟、不堪入目的东西。同样，对某个“人肉搜索”事件，只要有极少数网民揭露别人隐私，发布谩骂、低俗言论的信息，就会影响到部分网民也跟随发布类似的信息。而无论是先发布者还是后效仿者，其行为都是违背最基本的法律，如《中华人民共和国宪法》《中华人民共和国刑法》及《中华人民共和国民法通则》，等等。显然，他们或无视法律的存在，或没有意识到自己的违法行为。很多参加“人肉搜索”的网民认为，在互联网上匿名侵权法律上无法追究，道德上无法谴责。所以，提高网民的文明上网意识和法律意识是解决互联网“人肉搜索”的根本途径。

案例

著名“人肉搜索”事件

1. 虐猫事件

2006 年 2 月 28 日，一网民在网络论坛里公布了一组虐猫的图片，此图片

极其血腥。图中一名打扮时髦的中年妇女残忍地用她的高跟鞋跟踩进了小猫的肚子里。图中的小猫张开了嘴巴，似乎在惨叫。不仅仅是这样，紧接着中年妇女又将高跟鞋跟狠狠地插进小猫的嘴里和眼睛里。最后小猫的眼珠都被踩出来，脑袋被踩爆了，小猫倒在血泊之中。

随后，网友们挖出了这段虐猫视频是出自一个叫作踩踏世界的网站，并把此网站的网址公布出来。而这段视频一直在此网站置顶很久，供网友浏览，使很多动物保护者为之气愤。伴随着众多网友的愤慨，大家一起寻找虐猫妇女的资料。有网友自发地贴出该妇女的照片，做成一张“宇宙通缉令”，让网友积极举报，并有不少人表示愿意悬赏捉拿凶手。

3 月 2 日，有网友在论坛上发出帖子，指出这个虐猫的妇女在黑龙江的一个小城，此帖让事件出现关键性转变。3 月 4 日，有人对此信息进行了确认并补充了一些资料。虐猫事件的嫌疑人基本能够确定。

根据这几张简单的视频截图，网民们不仅查清了虐猫的地点是黑龙江省萝北县，而且通过展开各种有限的线索，迅速挖出了踩猫者是一位离婚的中年护士。这名妇女被揪出来之后，网友们将她的单位、地址、电话等信息全部曝光，凭借着强大的舆论压力迫使她对此事郑重地道歉。虽然她没有触犯法律，但该妇女最终还是被单位解职。从虐猫的图片发布到网友们对当事人的挖掘，只用了短短几天的时间。这么高的效率不亚于警察办案的效率，“人肉搜索”显示出了巨大的威力。

2. 华南虎事件

2007 年 10 月 3 日，陕西农民周正龙称在巴山拍摄到了消失已久的华南虎照片。照片一登出，引起了社会的轩然大波。10 月 12 日，陕西省林业厅召开发布会展示拍摄的华南虎照片。但是数小时后，质疑“虎照”真伪的帖子就出现在了论坛里，此后，专业的网友们从光线和拍摄角度以及对一些年画的搜索角度提出了质疑。

2007 年 11 月 15 日，有网民称照片中的老虎和自家墙上所挂的年画极其相似。此后几天，全国各地网民不断报告发现“年画虎”，因此，华南虎照片真假的讨论遍地开花，认为造假的声音逐渐占据了上风。

为此，众多网友在百度贴吧上建立了华南虎吧，并在其中进行讨论。有网友仔细分辨了年画虎的照片，并在其左下角的商标位置，发现了一个繁体的“龙”字。于是他用“龙年画”“龙壁画”“龙墙画”等关键字在网上搜索，结果，惊人的结果出现了，竟然找到了有同样商标的一家浙江义乌某公司生产的墙画。纸是包不住火的，在2008年6月29日，所谓的“华南虎照片”终于被认定为假照片，周正龙因涉嫌诈骗罪被逮捕。周正龙造假行为之初，除了一些专家及时的质疑外，更是由于大量网民通过各种方式抨击造假，使打虎派始终没有放弃过质疑。“华南虎事件”使我们再次看到了“人肉搜索”的力量。

3. 天价烟事件

2008年12月10日，时任南京江宁区房管局局长的周久耕接受媒体采访时讲到，“对于开发商低于成本价销售楼盘，下一步将和物价部门一起进行查处，以防止烂尾楼的出现”。他的这番话将自己推到了舆论的风口浪尖上，其不当言论引发公众对其履职行为的关注和质疑，随后他的腐败问题也被曝光出来。

12月11日，一网友发表了题为《遍撒英雄帖，追查南京市江宁区房产局局长周久耕》的帖子，号召众网友一起追查周久耕。此后不久，一条名为《南京市江宁区房管局局长抽烟1500元/条》的帖子出现在猫扑等各大论坛，点击率一路飙升，并有网友上传了一组周久耕开会时的照片，将其左手边放着的一盒香烟圈点，给它来了个特写，这正是南京卷烟厂出产的顶级“九五之尊”香烟，一条1500元。

随着众多网友的加入，挖出了周久耕抽名烟、戴名表的众多图片。查出周久耕所佩戴的手表是世界名牌“江诗丹顿”，这种手表每只售价是10万元。随后，周久耕又被挖出其开的车是凯迪拉克。

2008年12月28日，周久耕被免职，理由是“发表不当言论”和“公款购买高档香烟奢侈消费行为”。2009年10月10日，南京中级人民法院做出了如下判决：被告人周久耕犯受贿罪，判处有期徒刑11年，没收财产人民币120万元，受贿所得赃款予以追缴并上缴国库。“天价烟事件”使“人肉搜索”在网络反腐时代具有标本的意义。

4. 贾君鹏事件

2009年7月16日，百度魔兽世界吧发表了一条名为“贾君鹏你妈妈喊你回家吃饭”的帖子，短短五六个小时就被390617名网友浏览，引来超过1.7万条回复，并在接下来的一天时间内吸引了710万点击和30万回复，被网友称为“网络奇迹”。

一个名不见经传被成千上万网友称为“贾君鹏”的网友，突然在短短几小时走红网络。许多网友在百度知道、新浪爱问纷纷悬赏询问“贾君鹏”为何人，更有不少网友加入恶搞队列，组成异常庞大的“贾君鹏家庭”。

不少网友对帖子里提到的“贾君鹏”产生了浓厚的好奇心。有网友通过原发帖者的IP地址发动了对“贾君鹏”的“人肉搜索”。搜索发现，在网络上符合身份的有两个，一个目前在北京海淀卖书，而另一个则在江苏镇江某建工集团，但都不能确定。

5. 女高中生事件

“人肉搜索”导致悲剧上演。2013年12月3日晚，在连续发出“第一次面对河水不那么惧怕”“坐稳了”两条微博后，广东陆丰18岁女高中生琪琪跳入河中自杀身亡。前一天，她曾到一家服装店购物，店主怀疑她偷衣服，于是将视频截图发到微博上求“人肉”。这则“人肉偷衣服女生”的信息引起了热烈反响，众多网友纷纷参与“人肉搜索”。很快，琪琪的个人信息曝光，被同学朋友指指点点，网上也是一片辱骂之声。琪琪的父亲认为此举致使女儿自寻短见，琪琪的姐姐在微博上公开指责涉事服装店店主系“诬陷”，参与“人肉搜索”的网友的行为导致“一个花季少女无奈走上绝路”。有学者表示，对于店主和死者，一方不曾想到“网络暴力”会失控导致超出个人想象，另一方因为毫无社会经验，面对“网络审判”束手无策，直至绝望。双方都缺乏法律意识，不懂得用法律武器保护自身权益。在网络上，众多网友为逝者点亮了蜡烛，反思“人肉搜索”的合法性和公正性。对于如何廓清法治和道德的界限，遏制网友“人肉”的冲动，更是引发了网友的热议。

三、谣言的控制

1. 谣言的产生与影响

报道的真实性是新闻价值的要素之一，是新闻的生命，无论何种媒介都必须遵循新闻真实性的规律。但是网络自身的传播特点为虚假信息和谣言的产生提供了生存的土壤。谣言泛滥给企业或个人带来的损害比起传统媒体来有过之而无不及，互联网具有高度的开放性和交互性，任何一个网站都能生产和发布信息，为所有传播信息和发表观点的人开辟了一个几乎不受限制的空间。正是这种无限的自由性使一些信息造假者和谣言传播者能够在网上发表不负责任的言论，或有意散布虚假信息，制造混乱。

目前由于我国网络信息管理的不规范、不严格，一些人在网络上不负责任地发布一些虚假信息，一些网络媒体为了吸引读者，更是大肆捏造事实，进行虚假报道。这种情况的出现，反映了我国在网络信息管理上还存在很大的漏洞。其危害是很大的：一是误导了社会。信息媒体是人民大众了解外界信息的途径，他们的思想、行为，人生观、价值观的形成受媒体的影响很大，如果大量虚假的信息充斥网络，肯定会在很大程度上影响我国的精神文明建设，对整个社会造成很大的影响。二是损害了被报道人的权益。对一些人的名誉造成了很大的影响，精神上制造了很大的压力。三是损害了网络信息媒体的健康发展。久而久之，就会使人们对媒体的可信度产生怀疑，将在很大程度上影响信息媒体的健康发展。四是影响了我国精神文明建设。网络媒体对精神文明建设承载着很大的责任，如果仅仅抱着吸引读者眼球的目的制造假信息，就与精神文明建设的目标背道而驰。

很多网络负面信息的真实与否，对大多数网民来说难以核实。谣言只是建立在毫无事实根据上的虚假信息传播，并且带有目的性，其社会危害是非常大的。而且，由于网络传播的匿名即时，很多网民也在无意之中成了谣言的传播者。他们不会在乎信息的真假，在这个信息爆炸的时代，人们往往是接受而没有足够的经历和时间来怀疑，从心理学角度来讲，传播信息也可以在一定程度上满足其自身的成名心理需求。

2. 谣言产生的原因及治理办法

网络谣言产生的原因是多方面的：网络媒体传播速度快、参与人群不易管理、对信息的真实性不易进行核实；发布信息者不易被查处，隐蔽性强；网络运营商出于经济目的，管理不到位，对一些虚假信息不加核实、不加过滤任其传播；网络信息管理缺乏有效的法律法规、缺乏有效的行业自律。针对存在的问题，为有效遏止网络虚假信息的传播，应该从以下几个方面治理网络谣言：一是健全法律法规，使网络处于正规有序的发展之中，使各运营商得到有效的约束；二是加大检查力度，对网络运营商进行有效的监督，对不按规定运营的加大惩处力度，使他们不敢违规经营；三是加强行业自律，赋予行业协会必要的权力；四是加大对全社会的教育力度。

网络信息呼唤法制建设。许多虚假信息充斥网络，严重扰乱了信息的正常传播，影响了良好的信息传播环境，给人们了解真实信息带来了很大困难，给一些人的正常生活带来了很大的负面影响，已经到了必须根治的时候了。在根治网络虚假信息大肆传播上，需要全社会的力量。要教育全社会高度重视网络虚假信息的危害，加强网络运营商的经营道德教育，使他们提高认识，增强遏止虚假信息传播的自觉性、有效性。但最根本的就是必须针对目前我国网络信息传播的特点，健全网络信息传播的法律法规，以法律的力量来有效遏止虚假信息的传播。这是因为只有健全的法制，才能保证网络信息的规范管理。

2013 年 9 月 9 日，最高人民法院召开新闻发布会，公布《最高人民法院、最高人民检察院关于办理利用信息网络实施诽谤等刑事案件适用法律若干问题的解释》（以下简称《解释》）。该《解释》已于 2013 年 9 月 5 日由最高人民法院审判委员会第 1589 次会议、2013 年 9 月 2 日由最高人民检察院第十二届检察委员会第 9 次会议通过，自 2013 年 9 月 10 日起施行。《解释》对诽谤罪构成要件中的“情节严重”标准，从诽谤信息实际被点击、浏览、转发的次数，诽谤行为的后果，行为人的主观恶性等方面加以具体化，在司法实践中可操作性更强。《解释》规定，“同一诽谤信息实际被点击、浏览次数达到 5000 次以上，或者被转发次数达到 500 次以上的”，应当认定为诽谤行为“情节严重”，从而为诽谤罪设定了非常严格的量化的入罪标准。相信这一《解释》的出台会对谣言产生更好的遏制作用，还互联网一片真实的天空。

3．各国对于谣言的严打

各种形式的网络谣言是世界各国政府面临的共同问题。在打击网络谣言方面，各国的立场是一致的：严厉打击，决不手软。在这方面，各国依据本国实际，不断探索、大胆实践。总体来讲，各国打击网络谣言行动大致可以分为以下几类：政府主导型、行业协会主导型与社会公众主导型。

新加坡：媒体发展管理局适时查处谣言，直至以诽谤罪起诉。

新加坡的互联网普及率很高。网络的盛行带来了很多便利，也带来了网络谣言等社会问题。如何监控网络谣言，防患于未然，成为政府的一大关注点。

1996 年，新加坡广播管理局被相关法规授权管理网络信息。2003 年，根据修改的互联网相关法规，新加坡媒体发展管理局接替广播管理局，履行网络信息管理的职能。该局鼓励网络行业建立自己的评判标准，如果发现网络谣言，该局会适时查处，严重造谣的还会被以诽谤罪起诉。

美国：130 项法律、法规规制网络传播内容。

2010 年 5 月 7 日，美国皮尤研究中心发布的一项调查表明，有 32% 的美国青少年曾经有过被人在网上散播谣言、未经允许公布私人电子邮件、收到威胁性信息、未经允许上载令人难堪的照片等欺凌和骚扰的经历。

为有效管理互联网，美国国会及政府各部门先后通过了《联邦禁止利用电脑犯罪法》《电脑犯罪法》《通讯正当行为法》《儿童互联网保护法》等约 130 项相关法律、法规，对包括谣言在内的网络传播内容加以规制。

美国各州、市也相继通过相关法规，纽约已通过立法惩治散布有关银行金融状况谣言的行为。2012 年 1 月 1 日，美国加利福尼亚州正式生效的一项新法规定，校方有权将利用互联网散布谣言等“欺凌行为”的学生予以停学或开除。

印度：散布虚假、欺诈信息最高可判 3 年有期徒刑。

2000 年 6 月，印度颁布《信息技术法》，涉及刑事诉讼、行政管理等内容。2008 年，孟买连环恐怖袭击事件发生后，印度对该法做出修订，规定对在网上散布虚假、欺诈信息的个人最高可判处 3 年有期徒刑，对故意利用计算机技术、破坏国家安全或对人民实施恐怖主义行为者，可判处有期徒刑直至终身监禁。

2011 年，印度再次修订《信息技术法》，重点加强对网站的规范管理，规定印度政府有关部门有权查封可疑网站和删除内容，网站则应当在接到通知 36 小时内删除不良内容，同时网站运营商还需要在声明中清楚地告知用户，不得发布有关煽动民族仇恨、威胁国家团结与公共秩序的内容。自 2010 年 9 月起，印度政府为维护国家安全，要求对黑莓邮件、即时通讯等通讯软件，以及脸谱和推特等社交网络平台进行监控，并多次要求上述网络运营商协助政府删除涉嫌违法网络内容。

英国：谣言治理是整个社会危机管理的一部分。

在英国，谣言治理是整个社会危机管理的一部分。为此，英国在社区设立了公民咨询局，主要职责就是向民众答疑解惑，对社会问题正本清源。

公民咨询局是政府免费提供法律咨询的机构，工作人员大多是来自社会不同领域的、具有专业知识的志愿者。公民咨询局与政府、议会等各方面联系密切，因此能保证在提供咨询时具有权威性。同时，民众通过公民咨询局，还能更直接地找到相关部门，提高民众与有关部门的沟通效率，扩大知情权。

英国的实践证明，谣言控制中心或咨询中心在社会动荡、自然灾害等危机时刻能及时把真实信息传播出去，从而达到社区和谐、社会稳定的作用。在一些特殊历史时期，为确保社会稳定，北爱尔兰还曾发动过“反谣言、反恐吓”运动。

委内瑞拉：通讯和信息部、国家电信委员会严打借谣言干扰行政之举。

委内瑞拉饱受各种谣言的困扰，舆论斗争激烈。委内瑞拉不久将举行总统大选，挑起公共不满的谎言再度回潮。

2013 年 2 月 4 日，委内瑞拉石油公司东部输油管道破裂，造成莫纳加斯州府马图林市区停水。委内瑞拉政府数日后宣布，已经对95%的污染地区进行了清理。然而，委内瑞拉反对派控制的卡拉沃沃州随后称，中部水厂从被污染的巴伦西亚湖提取水源，经水厂做简单消毒后直接向居民供水，造成委内瑞拉首都加拉加斯周边地区大面积饮水污染，该州要求中央政府宣布紧急状态。一时间，反对派媒体各显神通，放大“污染灾情”，CNN 西班牙语频道也加入到了传播行列。

查韦斯总统将此类谣言定义为“媒体恐怖主义”。委内瑞拉检察部进行调查，要求媒体在报道此事时提供相关证据。最后，委内瑞拉检察长发表电话讲话，以确凿的证据说明供水符合饮用标准。委内瑞拉环境部部长详细介绍了饮用水处理经过，事态逐步平息。

为打击散布谣言、干扰政府行政之举，委内瑞拉政府成立了专门机构：通讯和信息部，负责新闻管理和新闻发布；国家电信委员会，管理信息传播。国会还颁布电台、电视台、电子媒体社会责任法，规范全国所有电台、电视台的行为，尤其对网络管理提出了更高的要求。此外，委内瑞拉还关闭了传播谣言的私人电台、电视台，并在国际电视台开辟专门栏目，澄清各种传闻。

西班牙：培训“抵制谣言代理人”，向社区邻里传播真相。

西班牙巴塞罗那市政府设立了“抵制谣言代理人”岗位，招募和培训工作人员，专门从事破除谣言和向社区邻里传播真相的工作。公民在日常生活或旅行途中听到谣言，也有即时辨析的途径。

抵制谣言代理人拥有全面准确的信息，这为他们破解谣言提供了基础。例如，有人抱怨“当前享受公寓补助的都是外国移民”时，抵制谣言代理人迅速加以澄清：“今天收到公寓补助的人中，外国移民比例为1/20。”

当前，巴塞罗那已有350余名抵制谣言代理人。该市的做法得到了加泰罗尼亚地区其他城市的认可，希腊和瑞士一些城市也对此感兴趣并打算向巴塞罗那学习。

韩国：《电子通讯基本法》严惩危害公共利益的虚假信息散播者。

2008年4月，韩国与美国就进口美国牛肉谈判达成协议，有关美国牛肉有疯牛病隐患的传言在网络大肆传播，韩国 MBC 电视台还制作了相关节目，导致民众开展了反对进口美国牛肉的强烈示威和集会活动，持续了两个多月。韩国检方经过调查认为，MBC 电视台有关节目的核心内容是虚假的，随即对电视台相关负责人予以起诉。

同年12月月底，国际金融危机爆发后，韩国一普通公司职员朴大成在网上发布消息称，韩国各大金融机构发布紧急命令，禁止企业买入美元，以避免韩元过度贬值。韩国股市、汇市一片恐慌，韩国各大金融机构纷纷表示，该消息为虚假消息，检方随后起诉了朴大成。

上述两起事件发生后，立法机关抓紧研究制定更加严格的法规，以对发布谣言者进行处罚。当前，韩国《电子通讯基本法》规定，以危害公共利益为目的，利用电子通讯设备公然散播虚假信息的人，将被处以 5 年以下有期徒刑，并缴纳 5000 万韩元（1 美元约合 1138 韩元）以下罚款。

墨西哥：韦拉克鲁斯州和塔巴斯科州为打击谣言修订刑法。

前不久，墨西哥韦拉克鲁斯州的两名教师利用社交网站散布消息，称部分学校遭到袭击，学生被绑架，从而引发社会恐慌，造成该州交通瘫痪。为了打击类似的谣言，该州通过了刑法修正案：任何人以任何方式造谣称存在爆炸装置、武装袭击以及可能造成人体伤害的化学、生物或有毒物质，造成社会秩序混乱的，可处以 1 ~4 年有期徒刑，并处罚金。

塔巴斯科州议会也通过了刑法修正条款：对利用电话或其他大众传播手段，散布虚假警报或紧急情况信息，危害社会稳定或引发社会混乱的，处以 6 个月到 2 年有期徒刑并处罚金。

日本：总务省通过行业协会发布防止谣言传播指令。

2011 年日本大地震发生后，关于地震及福岛核事故的各种谣言在网络上迅速流传，给国民造成极大恐慌。

日本总务省发布通知，要求“电气通讯事业者相关团体”所管辖的电气通讯事业者在保证报道的同时，采取为大众所知的必要措施，以消除谣言的危害。电气通讯事业者相关团体包括电气通讯事业者协会、电子通讯服务协会、日本互联网接入商协会以及日本有线电视联盟，等等。

日本是注重行业协会组织的国家，各企业都要加入到行业所在的协会之中，并听从各行业协会的指令，电话、电视、网络等领域也都有各自的行业协会。行业协会大都归总务省管辖，总务省通过对行业协会发布通知，从而间接管理电话、电视、网络等，以防止谣言的传播。

澳大利亚：网络服务提供商签署协议，保证不传播谣言。

澳大利亚是世界上最早对互联网进行完善管理的国家之一，而打击、防范谣言则是其互联网管理的重点内容之一。

澳大利亚对网络管理的法规由政府、行业和受众代表共同制定。澳大利亚网络服务提供商与政府传播和媒体管理局签署协议，保证不传播谣言、垃圾邮件，等等。传播和媒体管理局还向网络服务商提供过滤软件，以保证协议的有效执行。

法国：网民和记者成立辟谣网站，提供真实信息。

谣言的危害让法国人震惊。2011 年 9 月 30 日，法国各地数百名中学生冲上街头，抗议教育部门取消一个月的假期。法国教育部门表示从没有这样的决定。原来，只是在教育部会议上，曾有人提出将学校假期缩短 15 天，结果被讹传并导致抗议活动。

针对各种谣言，法国一些网民和记者自发成立了“停止传谣”等辟谣网站。该网站的主页上写着：“本网旨在利用网络提供真实信息，替代那些口耳相传的虚假信息。请速将您认为是谣言的信息告知我们，如果核实确为谣传，本网即会刊登。”

四、钓鱼网站的危害与防范

1. 什么是钓鱼网站

通常来讲，网络诈骗一般会通过以下几种手段来进行：①黑客通过网络病毒方式盗取别人的虚拟财产。一般不需要经过被盗人的程序，在后门进行，速度快，而且可以跨地区传染，使侦破时间更长。②网友欺骗。一般指的是通过网上交友方式，以真人或网络结识，待被盗者信任后再获取财物资料的方式。速度慢，不过侦破速度也相应较慢。③网络“庞氏诈骗”。一般是指通过互联网虚假宣传快速发财致富，组织没有互联网工作经验人员，用刷网络广告等手段为噱头，收敛会费进行诈骗。

钓鱼网站是互联网中最常碰到的一种诈骗方式，通常指伪装成银行及电子商务、窃取用户提交的银行账号、密码等私密信息的网站，可用电脑管家进行查杀。“钓鱼”是一种网络欺诈行为，指不法分子利用各种手段，仿冒真实网站的 URL 地址以及页面内容，或利用真实网站服务器程序上的漏洞在站点的某些网页中插入危险的 HTML 代码，以此来骗取用户银行或信用卡账号、密码等私人资料。它一般通过电子邮件传播，此类邮件中一个经过伪装的链接将收件人连接到钓鱼网站。钓鱼网站的页面与真实网站界面完全一致，要求访问者提交账号和密码。一般来说，钓鱼网站结构很简单，只有一个或几个页面，URL 和真实网站有细微差别。

2. 钓鱼网站的诈骗手段

像垃圾邮件一样，钓鱼（英语叫作 phishing）是一种未经允许的电子邮件形式。尽管一些垃圾邮件可能只不过是讨厌的广告，而钓鱼则是试图从用户手中进行诈骗。不幸的是，人们落入了它的圈套。钓鱼是指用电子邮件作“鱼饵”，从而骗取访问金融账户信息的一种手段。通常，电子邮件看起来像来自一家合法公司，它试图诱惑用户把账号和相关密码给他们。电子邮件经常解释说，公司记录需要更新，或者正在修改一个安全程序，要求用户确认账户，以便继续使用。

从表面上看很难辨别这封电子邮件是否属于诈骗行为。像垃圾邮件一样，来自钓鱼黑客的电子邮件通常在电子邮件地址中包含伪造的“发件人”或者“回复”标题，使电子邮件看起来像来自一家合法公司。除了欺骗的“发件人”或者“回复”地址之外，伪造电子邮件通常基于HTML，第一眼看起来可能像真的一样。电子邮件经常包含真正的商标，看起来像拥有真正公司的网站地址，建议用户“小心”保管密码。电子邮件的所有的表象和措辞都用来使它看起来像是真的。

然而，当用户查看HTML（电子邮件内的计算机代码）时，用户可以看到网站地址是伪造的，点击链接实际上会把你带到另一个位置，即一个看起来像真的一样的外国网站。这些网站只是暂时开放，设计得跟真的一模一样，从而诱惑你输入你的登录信息和密码。一旦他们获得信息，就会试图从用户的账户中汇钱出去，或者收取费用。

钓鱼的一种常见做法是在电子邮件中包含一个表格，供收件人填写自己的姓名、账号、密码或者PIN号。

3. 钓鱼网站的危害与防范

网络钓鱼其实就是网络上众多诱骗手法之中的一种，由于它的手段基本就是通过网络用一些诱饵（比如假冒的网站）等使用者上当，很像现实生活中的钓鱼过程，所以就被称之为“网络上的钓鱼”。它的最大危害就是会窃取用户银行卡的账号、密码等重要信息，使用户受到经济上的损失。网络钓鱼是通过大量发送声称来自于银行或其他知名机构的欺骗性垃圾邮件，意图引诱收信人给出敏感信息（如用户名、口令、账号ID、ATM PIN码或信用卡详细信息）的一种攻击方式。

为了抵制钓鱼网站，作为被钓鱼网站方可采取如HTTPS协议、多重密码保护、动态口令牌、数字证书认证、预留验证信息、短信提醒和用户端安全保护措施等多种方法，增加被假冒的难度。作为普通的网络用户，应对钓鱼网站主要有以下几种防范策略：

第一，查验“可信网站”。通过第三方网站身份诚信认证辨别网站真实性。不少网站已在网站首页安装了第三方网站身份诚信认证——“可信网站”，可帮助网民判断网站的真实性。“可信网站”验证服务，通过对企业域名注册信息、网站信息和企业工商登记信息进行严格交互审核来验证网站真实身份，通过认证后，企业网站就进入中国互联网络信息中心（CNNIC）运行的国家最高目录数据库中的“可信网站”子数据库中，从而全面提升企业网站的诚信级别，网民可通过点击网站页面底部的“可信网站”标志确认网站的真实身份。网民在网络交易时应养成查看网站身份信息的使用习惯，企业也要安装第三方身份诚信标志，加强对消费者的保护。

第二，核对网站域名。假冒网站一般和真实网站有细微区别，有疑问时要仔细辨别其不同之处，比如在域名方面，假冒网站通常将英文字母 I 替换为数字 1，将 CCTV 换成 CCYV 或者 CCTV - VIP 这样的仿造域名。

第三，比较网站内容。假冒网站上的字体样式不一致，并且模糊不清。仿冒网站上没有链接，用户可点击栏目或图片中的各个链接看是否能打开。

第四，查询网站备案。通过 ICP 备案可以查询网站的基本情况、网站拥有者的情况，对于没有合法备案的非经营性网站或没有取得 ICP 许可证的经营性网站，根据网站性质，将予以罚款，严重的将关闭网站。

第五，查看安全证书。大型的电子商务网站都应用了可信证书类产品，这类的网站网址都是“https”打头的，如果发现不是“https”开头的，应谨慎对待。

整治钓鱼网站是一场持久战、技术战和攻坚战。网络安全机构要加强对钓鱼网站的拦截与控制，健全钓鱼网站事前防范和事后处理相结合的综合机制；政府监管部门要加强监管与打击力度，对钓鱼网站的查处保持高压态势；网民自身要加强安全防范意识，提高自我防范能力。只有多方联动，共同努力，才能彻底消灭钓鱼网站，还网民一个安全、可信的网络空间。

五、个人信息安全问题

信息时代的网络给人们带来了意想不到的便利，人们可以在网上看新闻、查阅资料、发邮件，甚至网上交易。但是，网络在给人们带来极大便利的同时，人们的个人信息安全也受到很大威胁。如何使个人信息在互联网上得到充分的保护，将网络对公民个人生活的安宁与自由所产生的负面影响降到最低程度；如何使网络用户的个人信息资料被合理地利用，以使之在发挥巨大价值的同时，又能够保证不被滥用。这需要包括提高网络用户个人信息安全意识、制定网络信息（隐私）保护法、实行行业自律、采取技术保护措施等多个方面的共同努力。

1. 什么是个人信息

所谓个人信息，是指一切可以识别本人的信息的所有数据资料。这些数据资料包括一个人生理的、心理的、智力的、个体的、社会的、经济的、文化的、家庭的等等方面，即指有关个人的一切数据、资料。这些信息有些是其自身产生的，如年龄、收入、爱好等；有些是非自身产生的，如他人对该人的评价等。也可以根据其公开的程度将个人信息分为两类：一类是极其个人化、永远不能公开的个人信息，如信用卡号、财务状况等；另一类是在某些范围和一定程度上可以公开的个人信息，如姓名、性别等。与“个人信息”相关的一个概念是“个人数据”（Personal Data）。所谓个人数据，是指标示个人基本情况的一组数据资料。从广义上说，一切有关个人的数据都属于个人数据的范畴。根据信息与数据两者之间的关系，一般认为个人数据属于个人信息的范围，个人信息包含了个人数据。

与“个人信息”相关的另一个概念是“隐私”，在《现代汉语词典》中，隐私是指不愿告人的或不愿公开的个人的事。严格按照法律的要求解释“隐私”，就是公民与公共利益无关的个人私生活秘密。它所包含的内容，就是私人信息、私人活动和私人空间。具体来说，诸如身高、体重、收入、生活经历、家庭电话号码、病患经历等属于私人信息；私人活动是一切个人的、与公共利益无关的活动，如日常生活、社会交往、夫妻之间的两性生活等；私人空间也称为私人领域，是指个人的隐秘范围，如身体的隐秘部位、个人居所、旅客行李、学生书包、日记、通讯等。从形式逻辑出发，“个人信息”和“个人隐私”是包含关系，即个人信息包含个人隐私，个人隐私是个人信息的下位概念，是个人信息的一部分。因此，当与公共利益无关的个人信息，信息主体不愿公开时就成为隐私。之所以主张保护个人信息，也是因为其涉及个人的隐私。

2. 在网络环境下个人信息不安全的因素

在网络环境下，个人信息可能受到侵犯或者说个人信息不安全的因素可以归纳为以下五个方面：

（1）个人信息的不合理搜集。

在电子商务时代，了解并满足用户的需求和期望，是网上经营者首要的任务，而最可靠的用户信息来自于用户自身。所以网络用户都会遇到这样的经历，即在网上浏览、咨询或购物时，总要填写一系列表格以确定浏览者的身份，这些个人资料包括：个人识别资料，如姓名、性别、年龄、身份证号码、电话、通讯地址等情况；个人背景，如职业、教育程度、收入状况、婚姻、家庭状况。然而网站却不能详细说明需要这些数据的原因、数据的使用目的及处置方式。一旦我们输入了这些信息，总担心这些个人信息是否会给自己带来不必要的麻烦。即使网站声称对个人信息安全负责，但因为填表者无法监督其对个人信息的使用情况，而对网上相关活动（如购物）产生抵触情绪，这也是目前制约电子商务发展的一个重要因素。

（2）个人数据的二次开发利用。

个人数据的二次开发利用是指商家利用自己所掌握的个人信息，建立起综合的数据库，从中分析出一些个人并未透露的信息，进而指导自己的营销战略。例如，大多数的网络用户都在网上申请了属于自己的免费邮箱，邮箱里总会出现一些垃圾邮件、广告邮件。毫无疑问，提供免费邮箱的网络服务商，已经将我们在申请邮箱时提供的个人数据进行了收集和二次开发，出售给别的商家使用。服务商将用户的邮件地址非法提供给其他机构，使其电子邮箱经常被垃圾邮件所塞满，甚至造成客户个人隐私或商业机密的泄露。这种情况与私拆他人信件、侵犯他人通讯秘密没有本质区别。

（3）个人数据交易。

个人数据交易表现为两种形式：第一种形式是商家之间或商家与机构之间互相交换自己所掌握的个人信息；第二种形式是网上商店将自己所掌握的个人信息出售给这些信息的需要者。个人数据交换是目前最为严重的一种侵权行为。第一种形式的交易被商家称为“在有限范围内与合作伙伴共享信息”。一般情况下商家的合作伙伴绝不止一个，如果共享的范围得不到有效控制的话，个人信息就有可能被极多的商家知晓，这无疑是在变相地侵犯个人的网络隐私权。第二种形式的交易则是为网络用户所谴责的靠出卖消费者信息赚钱。上述这些现象与目前很不完善的有关隐私权和个人数据保护的立法缺失是紧密关联的。

（4）网络服务商通过追踪软件来追踪对象在网上的行为。

大部分网络服务商取得用户隐私信息的方式是通过“网络小甜饼”（cookies）之类的追踪软件对网民浏览兴趣和爱好进行记录和跟踪，搜集其兴趣或者其他个人可识别的信息，然后根据这些信息，向用户有针对性地发送广告，或者把这些信息出售给他人。

（5）黑客。

黑客往往是网络技术的高手，他们可以利用各种技术手段窃取网络用户的私人信息。最著名的是一种叫作“BO”的黑客程序，它可以驻留在计算机中，源源不断地把黑客需要的信息传送给他自己。当然，通过对一些网站的攻击，黑客也可以获得大量的隐私信息。一位名叫 Raphael Gray 的 18 岁青年黑客曾经入侵美国、加拿大、泰国、日本、英国等国家的 9 个电子商务站点，窃取了超过 26000 个信用卡账户的信息，其中还包括号称世界首富的比尔·盖茨的信用卡账号。

3. 如何保护个人信息安全

（1）网络用户的自我保护。

首先，网络用户应该提高自己的隐私保护意识。每个消费者都应该意识到自己拥有维护个人信息资料的权利。网络用户应对自己的个人资料随时查询及请求阅览；随时请求补充或更正；随时请求删除；请求停止计算机处理及利用，以避免遭到不必要的骚扰。在未经个人同意及确认之前，个人不允许网站将为参加网站之特定活动所提供的资料用于其他目的（唯应政府及法律要求披露时，如当政府机关依照法定程序要求网站披露个人资料；网站根据执法单位之要求或为公共安全之目的提供个人资料除外）。其次，懂得如何保护个人信息。网站一般都开有公共论坛，如搜狐网站为用户提供聊天室、公告牌等服务。在这些区域内，用户公布的任何信息都会成为公开的信息。因此，用户应慎重考虑是否有必要在这些区域公开自己的个人信息。为保障个人的隐私及安全，个人在网站的帐号资料应用密码保护。个人切勿泄露密码及帐号资料给其他人，否则责任只能自己承担。

（2）政策和法律保护。

各国政府应制定相应的可操作的政策和法律来监督网站，采取适当的措施保护隐私权。就美国而言，盗用他人个人身份是美国增长最快的犯罪行为之一，每年大约有 40 万人因此受害。纽约州参议员于 2000 年 3 月就备受争议的网上收集个人资料等问题推出新的立法建议，该项建议旨在针对网络广告商涉嫌不当收集并使用网络用户的个人资料而引发的争议。这项立法建议严禁企业收集并共享能够鉴别个人身份的资料。立法发起人指出，该建议的基本出发点在于人们有知道谁在收集、如何使用他们的个人资料的权利。2000 年 4 月 21 日，美国《儿童网络隐私保护法》正式生效，这是美国进入网络时代出台的第一部有关保护网民隐私的联邦法律，引起了各界人士的极大关注。这一新法律的主要目的是保护 13 岁以下网童的隐私，要求网站在向 13 岁以下儿童询问个人信息时，必须先得到其家长的同意。如果有网站无视这项法律，违反一次，联邦贸易委员会将对其罚款 1.1 万美元，其处罚是严重的。但是受保护的对象仅限于 13 岁以下的儿童，无疑使这部法律对隐私权的保护大打折扣。我国目前尚没有保护网上隐私权的法律法规，这无疑将是我国信息时代立法的又一紧迫任务。

（3）行业自律。

保护网络用户的个人信息安全和网络隐私，商业网站的自律也十分重要。保护网络用户的个人信息安全和网络隐私是商业网站应尽的义务，因此，商业网站应承诺并保证做到：如果网络用户对网站的信息安全、信息使用措施感到不安，可以随时删除自己提供给网站的详细资料；在未经网络用户同意及确认之前，网站不将为网络用户参加网站之特定活动所提供的资料用于其他目的；除非在事先征得网络用户同意或为网络用户提供所需服务的情况下，网站不向任何人出售网络用户的个人资料或提供网络用户的任何身份识别资料给任何的第三人以供行销使用。如搜狐网站就承诺：本网站将对您所提供的资料进行严格的管理及保护，本网站将使用相应的技术，防止您的个人资料丢失、被盗用或遭篡改；没有您的明确同意，我们不会将您的个人身份信息透露给任何第三方。除此之外，商业网站还应遵循限制利用原则，即在符合一定限定条件的情况下，方对收集之个人资料进行必要范围以外之利用，如已取得网络用户的书面同意；为免除网络用户在生命、身体或财产方面之急迫危险；为防止他人权益之重大危害；为增进公共利益，且无害于网络用户的重大利益等。

（4）技术措施。

为了保护网络用户的个人信息安全和网络隐私，站点不但应向网络用户提供提示信息，还应提供更高级的隐私保护控制方法，使用各种安全技术和程序来保护网络用户的个人信息不被未经授权的访问或使用。因此，努力开发更先进的网络技术，增加网络的安全性，也是保护个人信息安全和网络隐私不容忽视的一个方法。

六、网瘾问题

1. 什么是网瘾

网瘾是指上网者由于长时间地和习惯性地沉浸在网络时空当中，对互联网产生强烈的依赖，以至于达到了痴迷的程度而难以自我解脱的行为状态和心理状态。

“网瘾”一说最早源于美国医生伊万·戈登伯格（Ivan Goldberg）。跟大多医学术语一样，“网瘾”是一个舶来品。不同的是，它一开始就是一个玩笑。1995 年，美国精神科医生伊万·戈登伯格恶搞权威的《精神疾病诊断手册（DSM －IV）》，模仿它对于赌博成瘾症的描述，编造了“网络成瘾症（Internet Addiction Disorder，IAD）”这个词。没想到歪打正着，这个词受到同行的喜爱，很快在媒体上流行起来，而且没有讽刺的含义。

2. 网瘾是病吗

网瘾的创造者以及他的很多同行仍然把网瘾视作一个玩笑。伊万·戈登伯格医生认为，网瘾并不是一种真正的瘾，过度强调它会导致任何习惯都可以称为病症，比如有人煲电话，有人沉迷于高尔夫运动，是不是都分别要开设专科来治疗呢？另外有人认为，就算有电话瘾和高尔夫瘾存在，网瘾也不成立，因为网络不是一个物品，而是一个生活的环境。你不能说一个热爱自家小区的人，患上了恋家症。在中国倒真有一个词叫“思乡病”，只不过它是一种文学上的比喻，医院里并没有专门的诊室。

很多戒网瘾设施都宣称网瘾在国外是非常严重的疾病，但是，2007 年，美国医药协会拒绝了美国精神病协会将网瘾纳入《精神疾病诊断手册》的建议。同时，就国外而言，并没有任何一个医疗机构宣称网瘾是一种疾病或是不良症状。

实事求是地说，网络的确为一些心理疾病大开方便之门。比如有性成瘾的人，可以整天泡在网上看黄片；对购物狂来说，网上逛商店省时省力；一个拖延症患者，会发现网络上的各种信息让他欲罢不能；更不用说一个游戏狂或者一个赌徒了。但是，你要治疗的是这些习惯和疾病本身，而不是让他们戒掉网络。一个最简单的例子是，你到“百度知道”去问：“我得了暴食症怎么办？”有网友回答说：“到医院去把胃切掉吧。”这是你想要的答案吗？

中国媒体和医学界很快就引进了网瘾一词。令人感到奇怪的是，你从中文资料中几乎看不出它存在争议，更看不到争议的另一面。你会认为，网瘾作为一种新的疾病，已经向人类的未来宣战，全世界最杰出的医疗专家都勇敢地投入了这场战斗，正忙得不可开交，很多支持网瘾治疗的医生，都在争取自己国家的官方认定。

在中国医疗机构的宣传资料中，网瘾被描绘成了洪水猛兽，各种心理疾病、精神疾病的症状，比如情绪低落、思维迟缓、头昏眼花、双手颤抖、疲乏无力、饮食不振、想要自杀甚至危害他人，统统都可以写进来。刚刚被卫生部叫停的电击大师杨永信，更是语不惊人死不休地说，网瘾让人性退化，变成兽性。

很多家长不懂得和孩子沟通，也不明白网络是什么东西，只知道孩子整天沉迷于网吧，听到这种“权威专家”的威胁，自然认为幸遇救命恩人，花多少钱都愿意把孩子交给他去电击。

这是一种严重的自我欺骗。社会不承认自己的教育方式的失败，家长不承认自己的教育方式的不当。当“网瘾”这个词出现的时候，家长、学校、社会一致地将责任推给了一个无法负担任何责任的环境。人们宁可沉浸在自欺欺人的梦里，也不敢去直面自己的失败，而这种自欺欺人的受害者便是无辜的孩子们。电击等直接威胁儿童生理、心理健康的手段被他们认为理所当然，很多孩子在这种迫害下选择了放弃自尊。

对网络的依赖，是历史前进的大势所趋。而网络游戏，则是当下的一种廉价的娱乐方式。社会需要的不是“网瘾治疗”这种物理上和精神上的双重迫害，而是应该进行引导。好的家长应该学会如何引导自己的孩子接触网络，加深亲子间的交流，而不是将他们交给所谓的网瘾设施。这种做法除了增加亲子间的隔阂之外，没有任何好处。

那些宣扬网瘾的专家，他们要靠它来获取声望和资源，治疗机构要靠它来赚钞票。他们多么希望所有的网民都认为自己有病，都成为他们的客户。如此一来，伊万·戈登伯格医生的这个玩笑，到中国来就开大了。

3. 出现网瘾的原因

网瘾大致由三方面原因所致，其中最主要的是家庭。家庭中最主要的是家庭教育方式和家庭关系。有的家长喜欢暴力、批评的教育方式，即“控制型”的，造成孩子没有长成应该长成的“自我”；同时，夫妻关系不和谐，甚至存在夫妻双方利用孩子向另一半开战的情况，这些都可能造成孩子网络成瘾。专家尤其强调了父亲在家庭中的重要性。他说，父亲在传统家庭中代表着权威、榜样、规则，对于孩子的成长起到非常重要的作用，而网瘾患者多数缺乏父爱。

造成网瘾的第二个因素是学校。部分网瘾患者的老师或多或少地存在着情绪暴力，爱发脾气、爱训人；学校评价体系过于单一，用成绩好坏评价学生。有的孩子可能学习不是特别好，但是其他方面很优秀，这些孩子在学校中得不到肯定，就可能投向网络世界的怀抱。

第三个因素是孩子自身。如果一个孩子有多动症、抑郁症等，就比其他孩子更容易网络成瘾。

4．网瘾的预防

家长与孩子要建立平等、信任的朋友关系，切忌不要摆出“家长的架子”，强硬的教育方式也会造成孩子的压抑。家长本身要以身作则，以理服人，并且要信任孩子。孩子是新生力量，相信孩子就是相信自己。每一个家长都应该对孩子有充分的信心，从而才能建立和谐的家庭成员关系。

不要对孩子求全责备。过于严格要求自己的孩子，反而会打击孩子的自信心，往往适得其反。对于内向、好胜的孩子，还会引发孩子的强迫倾向。要避免孩子在现实生活中受挫后一蹶不振，因为在这种情况下，孩子容易产生逃避现实世界、对网络成瘾的倾向。

生活中要对孩子进行适当的鼓励和赞扬。在孩子的成长过程中，适当的鼓励是对其发展的促进。孩子的兴趣就是探索世界，越是不会干的他就越想干，会了就不干了。孩子是培养的对象，不要把孩子当宠物，不要剥夺孩子的权利。赏识孩子所做的一切努力，赏识孩子所取得的点滴进步，甚至要学会赏识孩子的失败，让孩子感到家长是他的后盾，而及时的赞扬是对每一阶段成绩的肯定。这样才能培养孩子的自信心，激发孩子对未来现实生活的追求。

培养孩子广泛的兴趣爱好，增加孩子对外界事物的兴趣，从而分散孩子对网络的单一兴趣。不要一味地反对孩子使用电脑，电脑在当今社会作为一种学习、生活的工具有其独特优势，不能绝对被禁止。绝对禁止孩子使用电脑并不现实，可能会引起孩子的逆反心理，其结果适得其反。

当今社会，作为年轻人不可能离开网络，作为父母要帮助孩子掌握好网络这把双刃剑，与孩子一起学习、一起游戏，使孩子不孤单、不寂寞，还可以增进感情，从而起到良好的预防效果。同时，鼓励孩子做家务，鼓励孩子多与同伴交往、游戏。培养孩子广泛的兴趣爱好，以丰富孩子的内心世界，从而分散孩子对网络的注意力。合理疏导孩子生理、心理变化大的几个时期。孩子都有叛逆的时候，家长要懂得避让，尽量不与孩子正面冲突，事后再说明理由、讲明道理。

5. 专家的建议

在中国，相关标准的制定者对病因尚存不同看法——姜奇平认为，和应试教育有关，应试教育越极端，网瘾现象越多。熊丙奇认为，可能源于心理方面的原因，比如交流障碍，缺乏沟通。陶然认为，“多动注意力缺陷”这种精神疾病是导致网瘾的根源。张振芬认为，网瘾是一种心理习惯，是一种依赖行为。心理咨询专家陈智雄认为，制定《网络成瘾诊断标准》的好坏，关键在于人们对它的认识和运用。

陈智雄指出，人们先要有正确的认识。在《网络成瘾诊断标准》中，网络成瘾所致的精神疾病，并非不懂得精神医学的人们所理解的“精神病”“神经病”。不是上网时间长就得了精神疾病，还要有具体的诊断标准，例如具体症状、病程、严重程度、社会功能、戒断反应，等等。

陈智雄指出，如果网瘾列为精神疾病范围这件事能引起“准网瘾者”的自觉和全社会对网瘾者的关心，这就是很好的一件事情。对于部分不必要经常上网的人，如果上网时间开始增多了，就可以因此得到提醒：噢！上网是有可能成瘾，并有可能发展成为精神疾病的！这就起到敲响警钟的作用。在这里也提醒网友们可以问一问自己：“当我上网时，是我自己发挥主观能动性在利用它，还是它或者它背后的利益集团发挥主观能动性在控制着我?”

陈智雄认为，这个标准的出台，对真正有网瘾的人可能会有不同层面的影响。例如有的会被定义为精神病人，可能蒙上心理阴影，甚至自暴自弃。所以，有必要引起周围亲友们的重视，网瘾者也需要重新考虑：“我的人生难道就在成为一个‘精神疾病患者’后结束吗?”“我未来想要过什么样的生活?”

陈智雄提醒网络成瘾的青少年的家长们，要做好“八年抗战”式的长期“爱的支持”的心理准备，“因为我接触过的青少年网络成瘾，部分责任在他们自己，也有部分责任在亲友和社会”。

陈智雄指出，网络成瘾者很需要社会功能的疏通，这里面往往需要亲友们和全社会的长期关心和支持。他说：“其实，只要网瘾者重新认识到爱与生活的美好，他们就不会再愿意整天面对‘冰冷无情’的电脑了。”

七、网络病毒

1. 什么是网络病毒

网络病毒在《中华人民共和国计算机信息系统安全保护条例》中被明确定义，病毒是指“编制或者在计算机程序中插入的破坏计算机功能或者破坏数据，影响计算机使用并且能够自我复制的一组计算机指令或者程序代码”。

与医学上的“病毒”不同，计算机病毒不是天然存在的，而是某些人利用计算机软件和硬件所固有的脆弱性编制的一组指令集或程序代码。它能通过某种途径潜伏在计算机的存储介质（或程序）里，当达到某种条件时即被激活，通过修改其他程序的方法将自己的精确拷贝或者可能演化的形式放入其他程序中，从而感染其他程序，对计算机资源进行破坏，所谓的病毒就是人为造成的，对其他用户的危害性很大。

2. 网络病毒的产生

病毒不是来源于突发或偶然的。一次突发的停电和偶然的错误，会在计算机的磁盘和内存中产生一些无序和混乱的代码，病毒则是一种比较完美精巧严谨的代码，按照严格的秩序组织起来，与所在的系统网络环境相适应和配合起来。病毒不会通过偶然形成，并且需要有一定的长度，这个基本的长度从概率上来讲是不可能通过随机代码产生的。病毒是人为的特制程序，现在流行的病毒是由人为故意编写的，多数病毒可以找到作者信息和产地信息，通过大量的资料分析统计来看，病毒作者的主要情况和目的为：一些天才的程序员为了表现自己和证明自己的能力，出于对上司的不满，为了好奇，为了报复，为了祝贺和求爱，为了得到控制口令，为了软件拿不到报酬而预留的陷阱等。当然也有因政治、军事、宗教、民族、专利等方面的需求而专门编写的，其中也包括一些病毒研究机构和黑客的测试病毒。

3. 网络病毒的分类

（1）驻留型病毒和非驻留型病毒。

驻留型病毒感染计算机后，把自身的内存驻留部分放在内存（RAM）中，这一部分程序挂接系统调用并合并到操作系统中去，它处于激活状态，一直到关机或重新启动。非驻留型病毒在得到机会激活时并不感染计算机内存，一些病毒在内存中留有小部分，但是并不通过这一部分进行传染，这类病毒也被划分为非驻留型病毒。

（2）无害型。

除了传染时减少磁盘的可用空间外，对系统没有其他影响。无危险型这类病毒仅仅是减少内存、显示图像、发出声音及同类音响。危险型这类病毒在计算机系统操作中造成严重的错误。非常危险型这类病毒删除程序、破坏数据、清除系统内存区和操作系统中的重要信息。这些病毒对系统造成的危害，并不是本身的算法中存在危险的调用，而是当它们传染时会引起无法预料的和灾难性的破坏。由病毒引起其他的程序产生的错误也会破坏文件和扇区，这些病毒按照它们引起的破坏能力划分。一些现在的无害型病毒也可能会对新版的DOS、Windows和其他操作系统造成破坏，例如在早期的病毒中，有一个“Denzuk”病毒在360K磁盘上很好地工作，不会造成任何破坏，但是在后来的高密度软盘上却能引起大量的数据丢失。

（3）伴随型病毒。

这一类病毒并不改变文件本身，它们根据算法产生EXE文件的伴随体，具有同样的名字和不同的扩展名（COM），例如：XCOPY. EXE的伴随体是病毒把自身写入COM文件并不改变EXE文件，当DOS加载文件时，伴随体优先被执行到，再由伴随体加载执行原来的EXE文件。“蠕虫”型病毒通过计算机网络传播，不改变文件和资料信息，利用网络从一台机器的内存传播到其他机器的内存，再将自身的病毒通过网络发送。有时它们在系统存在，一般除了内存不占用其他资源。寄生型病毒除了伴随型和“蠕虫”型，其他病毒均可称为寄生型病毒，它们依附在系统的引导扇区或文件中，通过系统的功能进行传播，按其算法不同可分为：练习型病毒自身包含错误，不能进行很好的传播，例如一些病毒在调试阶段。诡秘型病毒它们一般不直接修改DOS中断和扇区数据，而是通过设备技术和文件缓冲区等DOS内部修改，不易看到资源，使用比较高级的技术。利用DOS空闲的数据区进行工作。变形病毒（又称幽灵病毒）这一类病毒使用一个复杂的算法，使自己每传播一份都具有不同的内容和长度。它们一般的做法是一段混有无关指令的解码算法和被变化过的病毒体组成。

4. *病毒防治*

病毒防治的根本目的是保护用户的数据安全，因此网络病毒的防治可以从以下三个方面入手：第一，数据备份；第二，封堵漏洞，查杀病毒；第三，灾难恢复。数据备份是降低病毒破坏性的最有效方法。定期进行数据备份，这样即使遭受病毒攻击，也可以恢复关键数据。对付病毒一方面要封堵系统及应用程序漏洞，另一方面还要定期地更新病毒库和查杀病毒。由于在网络环境下不存在完全的抗病毒方案和产品，因此，灾难恢复是防治病毒的一个重要措施。用户系统发生意外、数据遭受破坏后，应立即关闭系统，以防止更多的数据遭受破坏，然后根据具体情况选择合适的方案进行数据恢复。

（1）构建基于网络的多层次的病毒防护。

多层防御的网络防毒体系应该由用户桌面、服务器、网关和病毒防火墙组成，具有层次性、集成性和自动化的特点。

首先，要保证账号与密码的安全，特别要注意安全权限等关键配置，防止因配置疏忽留下漏洞而给病毒可乘之机，保证文件系统的安全。

其次，及时升级系统最新系统平台，对 BUG 进行修补，要经常从相关的网站下载补丁程序，及时完善系统和应用程序，尽量减少系统和应用程序漏洞。无论是系统软件还是应用软件，它们本身的安全都是至关重要的。操作系统是计算机必备的软件，所以操作系统的安全是计算机安全的核心。由于各种原因，Windows9X 和 NT 本身都存在着一些错误（即 Bug），这些 Bug 使得非法用户可以从“后门”入侵系统，应用软件本身也可能因为开发的疏漏而产生“后门”。因此，开发人员在编制软件时，为了方便调试和观察注册表安全，会留下“后门”。

最后，禁用不必要的服务，对不需要或不安全的功能性应用程序尽量不安装或者关闭，重要服务器要专机专用，通过服务管理器或注册表禁用不需要的服务。

（2）定期进行数据备份以确保数据安全。

对于一个应用系统而言，没有任何一种措施比数据备份更能够确保系统的安全，因为在一个开放的网络环境下随时会因为各种原因而使计算机系统拒绝服务。这种原因可能来自硬件，也可能来自软件；可能是人为的，也可能是客观因素造成的。故障是绝对的，安全是相对的。不管怎样，当这种灾难来临时，应该进行的处理就是尽快恢复系统的运行，为用户提供正常的服务。一般来说，这种备份应该是动态的备份，比如采用磁盘阵列（RAID）进行数据的镜像，也可以定时静态备份。备份时，最好能够通过网络将重要的数据备份到远程的客户机上，这样做可以使备份数据和主机分开，确保数据的安全。

（3）定期进行病毒扫描。

采用防毒软件定期进行病毒扫描是最常用的防范方法。病毒扫描程序一般使用特征文件在被传染的文件中查找病毒，用户通过更新特征文件来更新软件，以查找最新病毒。多数扫描程序在发现病毒后会执行一个独立的进程，对病毒进行清除或隔离，但目前已有一些病毒扫描程序不再局限于特征码匹配。例如，目前在瑞星杀毒软件中就采用了一种叫“病毒行为分析判断”的技术，它从病毒的行为而不是特征码入手来判断并查杀病毒，即使对于未知病毒也可以有效查杀。

病毒扫描程序的形式目前主要有以下几类：

1）手动扫描型。

需手工启动或由一个自动进程启动运行。这种程序启动后，一般会在整个驱动器或系统中查毒，包括 RAM 内存、硬盘、软盘等，用户也可选择查毒范围。这种查毒方式一般是在事后工作，即系统先被感染了病毒之后，然后才能被发现，此方式适合定期对系统驱动器进行杀毒。

2）内存驻留型。

它是一种在后台运行的程序。一般在系统初始化时启动，然后一直在内存中保持激活状态。一旦有文件访问活动，内存驻留的扫描程序就会拦截对文件的调用，查看文件中是否有病毒，然后再决定是否允许文件装入内存。内存驻留型病毒扫描程序能够在病毒感染系统之前就发现病毒，但会引起系统的性能下降，降低系统的响应速度。

3）启发式扫描程序。

此类型的防毒软件会进行统计分析以确定程序代码中存在病毒的可能性。这种扫描程序不像病毒扫描程序那样比较程序代码和特征文件，而是使用分级系统决定所分析的程序代码是否有病毒程序的概率。若分析某程序代码携带病毒的可能性足够大，启发式扫描程序就会报警。目前的多数病毒扫描程序都有启发式扫描功能。其优点是不需升级就可能发现新病毒，缺点是可能误报。

4）应用程序级病毒扫描程序。

不负责保护指定的系统免受病毒侵袭，而是保护整个机构中的特定服务，在较大系统的防火墙中通常包含病毒扫描功能。

(4）培养良好的防范病毒的习惯。

除了积极采取病毒防治措施外，更重要的是还要建立良好的病毒防范意识，培养防范病毒的习惯，系统当中最脆弱的是人的因素，再安全的系统如果系统操作者没有良好的安全防范意识，都会使系统处于非常危险的情况，因此必须重视人防因素。如，不从任何不可靠的渠道下载软件；不打开来历不明邮件的附件；及时更新最新的病毒库；经常进行彻底的病毒扫描；等等。

网络病毒防御是一个长期的过程，一方面要掌握对当前计算机病毒的防范措施，合理地应用防范技术组建安全的防范系统。另一方面还要加强对新型病毒的关注和研究，及时地采取应对措施，做到防患于未然。

第六章　未来互联网的发展趋势

一、云计算

1. 云计算的概念

云计算（Cloud Computing）是基于互联网的相关服务的增加、使用和交付模式，通常涉及通过互联网来提供动态易扩展且经常是虚拟化的资源。云是网络、互联网的一种比喻说法。过去在图中往往用云来表示电信网，后来也用来表示互联网和底层基础设施的抽象。因此，云计算甚至可以让你体验每秒10万亿次的运算能力，拥有这么强大的计算能力可以模拟核爆炸、预测气候变化和市场发展趋势。用户通过台式电脑、笔记本电脑、手机等方式接入数据中心，按自己的需求进行运算。

对云计算的定义有多种说法。对于到底什么是云计算，至少可以找到100种解释。目前广为接受的是美国国家标准与技术研究院（NIST）定义：云计算是一种按使用量付费的模式，这种模式提供可用的、便捷的、按需的网络访问，进入可配置的计算资源共享池（资源包括网络、服务器、存储、应用软件、服务），这些资源能够被快速提供，只需投入很少的管理工作，或与服务供应商进行很少的交互。

云计算是通过使计算分布在大量的分布式计算机上，而非本地计算机或远程服务器中，企业数据中心的运行将与互联网更相似。这使得企业能够将资源切换到需要的应用上，根据需求访问计算机和存储系统。好比是从古老的单台发电机模式转向了电厂集中供电的模式。它意味着计算能力也可以作为一种商品进行流通，就像煤气、水电一样，取用方便，费用低廉。最大的不同在于，它是通过互联网进行传输的。被普遍接受的云计算有如下特点：

（1）超大规模。

“云”具有相当的规模，Google 云计算已经拥有 100 多万台服务器，Amazon、IBM、微软、Yahoo 等的“云”均拥有几十万台服务器。企业私有云一般拥有数百上千台服务器。“云”能赋予用户前所未有的计算能力。

（2）虚拟化。

云计算支持用户在任意位置、使用各种终端获取应用服务。所请求的资源来自“云”，而不是固定的有形的实体。应用在“云”中某处运行，但实际上用户无须了解，也不用担心应用运行的具体位置。只需要一台笔记本电脑或者一部手机，就可以通过网络服务来实现我们需要的一切，甚至包括超级计算这样的任务。

（3）高可靠性。

“云”使用了数据多副本容错、计算节点同构可互换等措施来保障服务的高可靠性，使用云计算比使用本地计算机可靠。

（4）通用性。

云计算不针对特定的应用，在“云”的支持下可以构造出千变万化的应用，同一个“云”可以同时支持不同的应用运行。

（5）高可扩展性。

“云”的规模可以动态伸缩，满足应用和用户规模增长的需要。

（6）按需服务。

“云”是一个庞大的资源池，需按需购买；“云”可以像自来水、电、煤气那样计费。

（7）极其廉价。

由于“云”的特殊容错措施可以采用极其廉价的节点来构成“云”，“云”的自动化集中式管理使大量企业无须负担日益高昂的数据中心管理成本，“云”的通用性使资源的利用率较之传统系统大幅提升，因此用户可以充分享受“云”的低成本优势，经常只要花费几百美元、几天时间就能完成以前需要数万美元、数月时间才能完成的任务。

云计算可以彻底改变人们未来的生活，但同时也要重视环境问题，这样才能真正为人类进步做贡献，而不是简单的技术提升。

（8）潜在的危险性。

云计算服务除了提供计算服务外，还必然提供了存储服务。但是云计算服务当前垄断在私人机构（企业）手中，而他们仅仅能够提供商业信用。对于政府机构、商业机构（特别像银行这样持有敏感数据的商业机构）在选择云计算服务时应保持足够的警惕。一旦商业用户大规模使用私人机构提供的云计算服务，无论其技术优势有多强，都不可避免地让这些私人机构以“数据（信息）”的重要性挟持整个社会。对于信息社会而言，“信息”是至关重要的。另外，云计算中的数据对于数据所有者以外的其他云计算用户是保密的，但是对于提供云计算的商业机构而言确实毫无秘密可言。所有这些潜在的危险，是商业机构和政府机构在选择云计算服务，特别是国外机构提供的云计算服务时，不得不考虑的一个重要的前提。

2．云计算的演化

云计算主要经历了四个阶段才发展到现在这样比较成熟的阶段，这四个阶段依次是电厂模式、效用计算、网格计算和云计算。

电厂模式阶段：电厂模式就好比是利用电厂的规模效应，来降低电力的价格，并让用户使用起来更方便，且无须维护和购买任何发电设备。

效用计算阶段：在 1960 年左右，当时计算设备的价格是非常高昂的，远非普通企业、学校和机构所能承受，所以很多人产生了共享计算资源的想法。1961 年，人工智能之父麦肯锡在一次会议上提出了“效用计算”这个概念，其核心借鉴了电厂模式，具体目标是整合分散在各地的服务器、存储系统以及应用程序来共享给多个用户，让用户能够像把灯泡插入灯座一样来使用计算机资源，并且根据其所使用的量来付费。但由于当时整个 IT 产业还处于发展初期，很多强大的技术还未诞生，比如互联网等，所以虽然这个想法一直为人称道，但是总体而言还是叫好不叫座的。

网格计算阶段：网格计算研究如何把一个需要非常巨大的计算能力才能解决的问题分成许多小的部分，然后把这些部分分配给许多低性能的计算机来处理，最后把这些计算结果综合起来攻克大问题。可惜的是，由于网格计算在商业模式、技术和安全性方面的不足，使得其并没有在工程界和商业界取得预期的成功。

云计算阶段：云计算的核心与效用计算和网格计算非常类似，也是希望 IT 技术能像使用电力那样方便，并且成本低廉。但与效用计算和网格计算不同的是，现在需求方面已经有了一定的规模，同时在技术方面也已经基本成熟了。

3．云计算的服务形式

云计算可以认为包括以下几个层次的服务：基础设施即服务（IaaS），平台即服务（PaaS）和软件即服务（SaaS）。

IaaS（Infrastructure as a Service）：基础设施即服务。它是消费者通过 Internet 可以从完善的计算机基础设施获得服务。例如：硬件服务器租用。

PaaS（Platform as a Service）：平台即服务。PaaS 实际上是指将软件研发的平台作为一种服务，以 SaaS 的模式提交给用户。因此，PaaS 也是 SaaS 模式的一种应用。但是，PaaS 的出现可以加快 SaaS 的发展，尤其是加快 SaaS 应用的开发速度。例如：软件的个性化定制开发。

SaaS（Software as a Service）：软件即服务。它是一种通过 Internet 提供软件的模式，用户无须购买软件，而是向提供商租用基于 Web 的软件，来管理企业的经营活动。例如：阳光云服务器。

4. 云计算的应用

云物联："物联网就是物物相连的互联网。"这有两层意思：第一，物联网的核心和基础仍然是互联网，是在互联网基础上的延伸和扩展的网络；第二，其用户端延伸和扩展到了任何物品与物品之间，进行信息交换和通讯。

云安全（Cloud Security）：是一个从云计算演变而来的新名词。云安全的策略构想是：使用者越多，每个使用者就越安全，因为如此庞大的用户群，足以覆盖互联网的每个角落，只要某个网站被挂马或某个新木马病毒出现，就会立刻被截获。

云安全通过网状的大量客户端对网络中软件行为的异常监测，获取互联网中木马、恶意程序的最新信息，推送到 Server 端进行自动分析和处理，再把病毒和木马的解决方案分发到每一个客户端。

云存储：是在云计算（Cloud Computing）概念上延伸和发展出来的一个新的概念，是指通过集群应用、网格技术或分布式文件系统等功能，将网络中大量各种不同类型的存储设备通过应用软件集合起来协同工作，共同对外提供数据存储和业务访问功能的一个系统。当云计算系统运算和处理的核心是大量数据的存储和管理时，云计算系统中就需要配置大量的存储设备，那么云计算系统就转变成为一个云存储系统，所以云存储是一个以数据存储和管理为核心的云计算系统。

云游戏：是以云计算为基础的游戏方式，在云游戏的运行模式下，所有游戏都在服务器端运行，并将渲染完毕后的游戏画面经压缩后通过网络传送给用户。在客户端，用户的游戏设备不需要任何高端处理器和显卡，只需要基本的视频解压能力就可以了。就现今来说，云游戏还没有成为家用机和掌机界的联网模式，因为至今 X360 仍然在使用 LIVE，PS 是 PS NETWORK，wii 是 wi - fi。但是几年后或十几年后，云计算取代这些东西成为其网络发展的终极方向的可能性非常大。如果这种构想能够成为现实，那么主机厂商将变成网络运营商，他们不需要不断投入巨额的新主机研发费用，而只需要拿这笔钱中的很小一部分去升级自己的服务器就行了，但是达到的效果却是相差无几的。对于用户来说，他们可以省下购买主机的开支，但是得到的确是顶尖的游戏画面（当然对于视频输出方面的硬件必须过硬）。你可以想象一台掌机和一台家用机拥有同样的画面，家用机和我们今天用的机顶盒一样简单，甚至家用机可以取代电视的机顶盒而成为次时代的电视收看方式。

5. 云计算的未来发展

近年来，云计算作为一种新的技术趋势已经得到了快速的发展。云计算已经彻底改变了一种前所未有的工作方式，也改变了传统软件工程企业。以下几个方面可以说是云计算目前发展最受关注的几大方面。

（1）云计算扩展投资价值。

云计算简化了软件、业务流程和访问服务。比以往传统模式改变得更多，这是帮助企业操作和优化投资规模。有很多的企业通过云计算优化他们的投资。在相同的条件下，企业提升了他们的 IT 能力，这将会帮助企业带来更多的商业机会。

（2）混合云计算的出现。

企业使用云计算（包括私人和公共）来补充他们的内部基础设施和应用程序。专家预测，这些服务将优化业务流程的性能。采用云服务是一种新开发的业务功能。在这些情况下，按比例缩小两者的优势将会成为一个共同的特点。

（3）以云为中心的设计。

有越来越多将组织设计作为云计算迁移的元素。这仅仅意味着需要优化云的经历是那些将优先采用云技术的企业。这是一种趋势，预计会随着云计算扩展到不同的行业。

（4）移动云服务。

未来一定是移动，以这样或那样的方式。作为移动设备的数量上升显著的平板电脑、iphone 和智能手机在移动中发挥了更多的作用。许多这样的设备被用来规范业务流程、通讯等功能。更多的云计算平台和 api 将成为可以是移动云服务。

（5）云安全。

人们担心他们在云端的数据安全。正因为此，用户应该期待看到更安全的应用程序和技术。许多新的加密技术、安全协议，在未来会越来越多地呈现出来。

二、大数据时代

1. 什么是大数据

大数据（Big Data），或称巨量资料，指的是所涉及的资料量规模巨大到无法通过目前主流软件工具，在合理时间内达到撷取、管理、处理，并整理成为帮助企业经营决策更积极的目的资讯。对于“大数据”（Big Data）研究机构 Gartner 给出了这样的定义——“大数据”是需要新处理模式才能具有更强的决策力、洞察力和流程优化能力的海量、高增长率和多样化的信息资产。

“大数据”这个术语最早期的引用可追溯到 apache org 的开源项目 Nutch。当时，大数据用来描述为更新网络搜索索引需要同时进行批量处理或分析的大量数据集。随着谷歌 MapReduce 和 Google File System（GFS）的发布，大数据不再仅用来描述大量的数据，还涵盖了处理数据的速度。

早在 1980 年，著名未来学家阿尔文·托夫勒便在《第三次浪潮》一书中，将大数据热情地赞誉为“第三次浪潮的华彩乐章”。不过，大约从 2009 年开始，“163 大数据”才成为互联网信息技术行业的流行词汇。美国互联网数据中心指出，互联网上的数据每年将增长 50%，每两年便将翻一番，而目前世界上 90% 以上的数据是最近几年才产生的。此外，数据又并非单纯指人们在互联网上发布的信息，全世界的工业设备、汽车、电表上有着无数的数码传感器，随时测量和传递着有关位置、运动、震动、温度、湿度乃至空气中化学物质的变化，也产生了海量的数据信息。

大数据技术的战略意义不在于掌握庞大的数据信息，而在于对这些含有意义的数据进行专业化处理。换言之，如果把大数据比作一种产业，那么这种产业实现盈利的关键，在于提高对数据的“加工能力”，通过“加工”实现数据的“增值”。

大数据与云计算的关系就像一枚硬币的正反面一样密不可分。大数据必然无法用单台的计算机进行处理，必须采用分布式架构。它的特色在于对海量数据进行分布式数据挖掘（SaaS），但它必须依托云计算的分布式处理、分布式数据库（PaaS）和云存储、虚拟化技术（IaaS）。

随着云时代的来临，大数据（Big Data）也吸引了越来越多人的关注。《著云台》的分析师团队认为，大数据（Big Data）通常用来形容一家公司创造的大量非结构化数据和半结构化数据，这些数据在下载到关系型数据库用于分析时会花费过多的时间和金钱。大数据分析常和云计算联系到一起，因为实时的大型数据集分析需要像 MapReduce 一样的框架来向数十、数百甚至数千的计算机分配工作。

大数据需要特殊的技术，适用于大数据的技术，包括大规模并行处理（MPP）数据库、数据挖掘电网、分布式文件系统、分布式数据库、云计算平台、互联网和可扩展的存储系统。

2. 大数据的特点和用途

大数据分析相比于传统的数据仓库应用，具有数据量大、查询分析复杂等特点。《计算机学报》刊登的“架构大数据：挑战、现状与展望”一文列举了大数据分析平台需要具备的几个重要特性，对当前的主流实现平台——并行数据库、MapReduce 及基于两者的混合架构进行了分析归纳，指出了各自的优势及不足，同时也对各个方向的研究现状及笔者在大数据分析方面的努力进行了介绍，对未来研究做了展望。

大数据的 4 个“V”，或者说特点有四个层面：第一，数据体量巨大。从 TB 级别，跃升到 PB 级别。第二，数据类型繁多。前文提到的网络日志、视频、图片、地理位置信息，等等。第三，数据的来源，直接导致分析结果的准确性和真实性。若数据来源是完整的并且真实的，最终的分析结果以及决定将更加准确。第四，处理速度快，1 秒定律。最后这一点和传统的数据挖掘技术有着本质的不同。业界将其归纳为 4 个“V”——Volume（大量）、Velocity（高速）、Variety（多样）、Veracity（真实性）。

从某种程度上说，大数据是数据分析的前沿技术。简而言之，从各种各样类型的数据中，快速获得有价值信息的能力，就是大数据技术。明白这一点至关重要，也正是这一点促使该技术具备走向众多企业的潜力。

大数据的用途可分成大数据技术、大数据工程、大数据科学和大数据应用等领域。目前人们谈论最多的是大数据技术和大数据应用。工程和科学问题尚未被重视。大数据工程指大数据的规划建设运营管理的系统工程；大数据科学关注大数据网络发展和运营过程中发现和验证大数据的规律及其与自然和社会活动之间的关系。

3. 大数据的发展

大数据的意义是由人类日益普及的网络行为所伴生的，受到相关部门、企业采集的，蕴含数据生产者真实意图、喜好的，非传统结构和意义的数据。

2013 年 5 月 10 日，阿里巴巴集团董事局主席马云在淘宝十周年晚会上，卸任了阿里集团 CEO 的职位，并在晚会上做卸任前的演讲，马云说，大家还没搞清 PC 时代的时候，移动互联网来了，还没搞清移动互联网的时候，大数据时代来了。

借着大数据时代的热潮，微软公司生产了一款数据驱动的软件，主要是为工程建设节约资源提高效率。在这个过程中，可以为世界节约 40% 的能源。抛开这个软件的前景不说，从微软团队致力于研究开始，就可以看出他们的目标不仅是为了节约能源，而且更加关注智能化运营。通过跟踪取暖器、空调、风扇以及灯光等积累下来的超大量数据，捕捉如何杜绝能源浪费。"给我提供一些数据，我就能做一些改变。如果给我提供所有数据，我就能拯救世界。"微软的史密斯这样说。而智能建筑正是他的团队专注的事情。

从海量数据中"提纯"出有用的信息，这对网络架构和数据处理能力而言也是巨大的挑战。在经历了几年的批判、质疑、讨论、炒作之后，大数据终于迎来了属于它的时代。2012 年 3 月 22 日，奥巴马政府宣布投资 2 亿美元拉动大数据相关产业发展，将"大数据战略"上升为国家战略。奥巴马政府甚至将大数据定义为"未来的新石油"。

谷歌搜索、Facebook 的帖子和微博消息使得人们的行为和情绪的细节化测量成为可能。挖掘用户的行为习惯和喜好，凌乱纷繁的数据背后找到更符合用户兴趣和习惯的产品和服务，并对产品和服务进行针对性的调整和优化，这就是大数据的价值。大数据也日益显现出对各个行业的推进力。

大数据时代来临首先是由数据丰富度决定的。社交网络兴起，大量的 UGC（互联网术语，全称为 User Generated Content，即用户生成内容的意思）内容、音频、文本信息、视频、图片等非结构化数据出现了。另外，物联网的数据量更大，加上移动互联网能更准确、更快地搜集用户信息，比如位置、生活信息等数据。从数据量来说，已进入大数据时代，但硬件明显已跟不上数据发展的脚步。

以往大数据通常用来形容一家公司创造的大量非结构化和半结构化数据，而提及“大数据”，通常是指解决问题的一种方法，并对其进行分析挖掘，进而从中获得有价值的信息，最终衍化出一种新的商业模式。

虽然大数据在国内还处于初级阶段，但是商业价值已经显现出来。首先，手中握有数据的公司站在金矿上，基于数据交易即可产生很好的效益；其次，基于数据挖掘会有很多商业模式诞生，定位角度不同，或侧重数据分析。比如帮企业做内部数据挖掘，或侧重优化，帮企业更精准地找到用户，降低营销成本，提高企业销售率，增加利润。

未来，数据可能成为最大的交易商品。但数据量大并不能算是大数据，大数据的特征是数据量大、数据种类多、非标准化数据的价值最大化。因此，大数据的价值是通过数据共享、交叉复用后获取最大的数据价值。未来大数据将会如基础设施一样，有数据提供方、管理者、监管者，数据的交叉复用将大数据变成一大产业。据统计，大数据所形成的市场规模在 51 亿美元左右，而到 2017 年，此数据预计会上涨到 530 亿美元。

三、物联网

1. 什么是物联网

物联网是新一代信息技术的重要组成部分，其英文名称是 The Internet of Things。顾名思义，物联网就是“物物相连的互联网”。这有两层意思：其一，物联网的核心和基础仍然是互联网，是在互联网基础上的延伸和扩展的网络；其二，其用户端延伸和扩展到了任何物品与物品之间，进行信息交换和通讯。物联网就是“物物相连的互联网”。物联网通过智能感知、识别技术与普适计算、广泛应用于网络的融合中，也因此被称为继计算机、互联网之后世界信息产业发展的第三次浪潮。物联网是互联网的应用拓展，与其说物联网是网络，不如说物联网是业务和应用。因此，应用创新是物联网发展的核心，以用户体验为核心的创新 2.0 是物联网发展的灵魂。

最初在 1999 年提出：物联网即通过射频识别（RFID）（RFID + 互联网）、红外感应器、全球定位系统、激光扫描器、气体感应器等信息传感设备，按约定的协议，把任何物品与互联网连接起来，进行信息交换和通讯，以实现智能化识别、定位、跟踪、监控和管理的一种网络。简而言之，物联网就是“物物相连的互联网”。

中国物联网校企联盟将物联网的定义为当下几乎所有技术与计算机、互联网技术的结合，实现物体与物体之间的环境、状态信息实时的共享以及智能化的收集、传递、处理、执行。从广义上说，当下涉及信息技术的应用，都可以纳入物联网的范畴。

国际电信联盟（ITU）发布的互联网报告，对物联网做了如下定义：通过二维码识读设备、射频识别（RFID）装置、红外感应器、全球定位系统和激光扫描器等信息传感设备，按约定的协议，把任何物品与互联网相连接，进行信息交换和通讯，以实现智能化识别、定位、跟踪、监控和管理的一种网络。根据国际电信联盟的定义，物联网主要解决物品与物品（Thing to Thing，T2T），人与物品（Human to Thing，H2T），人与人（Human to Human，H2H）之间的互联。但是与传统互联网不同的是，H2T 是指人利用通用装置与物品之间的连接，从而使得物品连接更加简化，而 H2H 是指人与人之间不依赖于 PC 而进行的互联。因为互联网并没有考虑到对于任何物品连接的问题，故我们使用物联网来解决这个传统意义上的问题。物联网顾名思义就是连接物品的网络，许多学者讨论物联网时，经常会引入一个 M2M 的概念，可以解释成为人到人（Man to Man）、人到机器（Man to Machine）、机器到机器（Machine to Machine）。从本质上讲，人与机器、机器与机器的交互，大部分是为了实现人与人之间的信息交互。

2．物联网的应用模式

根据物联网目前实质用途可以归结为两种基本应用模式：

（1）对象的智能标签。

通过 NFC、二维码、RFID 等技术标示特定的对象，用于区分对象个体，例如在生活中我们使用的各种智能卡，条码标签的基本用途就是用来获得对象的识别信息；此外通过智能标签还可以用于获得对象物品所包含的扩展信息，例如智能卡上的金额余额，二维码中所包含的网址和名称等。

（2）对象的智能控制。

物联网基于云计算平台和智能网络，可以依据传感器网络用获取的数据进行决策，改变对象的行为进行控制和反馈。例如根据光线的强弱调整路灯的亮度，根据车辆的流量自动调整红绿灯间隔，等等。

3．物联网的发展趋势

物联网将是下一个推动世界高速发展的“重要生产力”，是继通讯网之后的另一个万亿级市场。

业内专家认为，物联网一方面可以提高经济效益，大大节约成本；另一方面可以为全球经济的复苏提供技术动力。美国、欧盟等都在投入巨资深入研究探索物联网。我国也正在高度关注、重视物联网的研究，工业和信息化部会同有关部门，在新一代信息技术方面正在开展研究，以形成支持新一代信息技术发展的政策措施。

此外，普及以后用于动物、植物和机器、物品的传感器与电子标签及配套的接口装置的数量将大大超过手机的数量。物联网的推广将会成为推进经济发展的又一个驱动器，为产业开拓了又一个潜力无穷的发展机会。按照对物联网的需求，需要按亿计的传感器和电子标签，这将大大推进信息技术元件的生产，同时增加大量的就业机会。

物联网拥有业界最完整的专业物联产品系列，覆盖从传感器、控制器到云计算的各种应用，产品服务智能家居、交通物流、环境保护、公共安全、智能消防、工业监测、个人健康等各种领域。构建了“质量好、技术优、专业性强，成本低，满足客户需求”的综合优势，持续为客户提供有竞争力的产品和服务。物联网产业是当今世界经济和科技发展的战略制高点之一，据了解，2011 年，我国物联网产业规模超过了 2500 亿元，预计 2015 年将超过 5000 亿元。

马凯指出，物联网是新一代信息网络技术的高度集成和综合运用，是新一轮产业革命的重要方向和推动力量，对于培育新的经济增长点、推动产业结构转型升级、提升社会管理和公共服务的效率和水平具有重要意义。发展物联网必须遵循产业发展规律，正确处理好市场与政府、全局与局部、创新与合作、发展与安全的关系。要按照“需求牵引、重点跨越、支撑发展、引领未来”的原则，着力突破核心芯片、智能传感器等一批核心关键技术；着力在工业、农业、节能环保、商贸流通、能源交通、社会事业、城市管理、安全生产等领域，开展物联网应用示范和规模化应用；着力统筹推动物联网整个产业链协调发展，形成上下游联动、共同促进的良好格局；着力加强物联网安全保障技术、产品研发和法律法规制度建设，提升信息安全保障能力；着力建立健全多层次多类型的人才培养体系，加强物联网人才队伍建设。

邬贺铨院士指出，物联网是互联网的应用拓展，与其说物联网是网络，不如说物联网是业务和应用。因此，应用创新是物联网发展的核心，以用户体验为核心的创新 2.0 是物联网发展的灵魂。物联网及移动泛在技术的发展，使得技术创新形态发生转变，以用户为中心、以社会实践为舞台、以人为本的创新 2.0 形态正在显现，实际生活场景下的用户体验也被称为创新 2.0 模式的精髓。其中，政府是创新基础设施的重要引导和推动者，比如欧盟通过政府搭台、PPP 公私合作伙伴关系构建创新基础设施来服务用户，激发市场及社会的活力。用户是创新 2.0 模式的关键，也是物联网发展的关键，而用户的参与需要强大的创新基础设施来支撑。物联网的发展不仅将推动创新基础设施的构建，也将受益于创新基础设施的全面支撑。

就像互联网是解决最后 1 公里的问题，物联网其实需要解决的是最后 100 米的问题，在最后 100 米可连接设备的密度远远超过最后 1 公里，特别是在家庭，家庭物联网应用（即我们常说的智能家居）已经成为各国物联网企业全力抢占的制高点。作为目前全球公认的最后 100 米主要技术解决方案，Zig Bee 得到了全球主要国家前所未有的关注，这种技术由于相比于现有的 Wi－Fi、蓝牙、433M/315M 等无线技术更加安全、可靠，同时由于其组网能力强、具备网络自愈能力并且功耗更低，Zig Bee 的这些特点与物联网的发展要求非常贴近，目前已经成为全球公认的最后 100 米的最佳技术解决方案。

4. 物联网的用途

物联网用途广泛，遍及智能交通、环境保护、政府工作、公共安全、平安家居、智能消防、工业监测、环境监测、路灯照明管控、景观照明管控、楼宇照明管控、广场照明管控、老人护理、个人健康、花卉栽培、水系监测、食品溯源、敌情侦查和情报搜集等多个领域。

物联网把新一代 IT 技术充分运用在各行各业之中，具体地说，就是把感应器嵌入和装备到电网、铁路、桥梁、隧道、公路、建筑、供水系统、大坝、油气管道等各种物体中，然后将“物联网”与现有的互联网整合起来，实现人类社会与物理系统的整合。在这个整合的网络当中，存在能力超级强大的中心计算机群，能够对整合网络内的人员、机器、设备和基础设施实施实时的管理和控制，在此基础上，人类可以更加精细和动态的方式管理生产和生活，以达到“智慧”状态，提高资源利用率和生产力水平，改善人与自然间的关系。

与门禁系统的结合：一个完整的门禁系统由读卡器、控制器、电锁、出门开关、门磁、电源、处理中心这八个模块组成，无线物联网门禁将门点的设备简化到了极致：一把电池供电的锁具。除了门上面要开孔装锁外，门的四周不需要设备任何辅佐设备。整个系统简洁明了，大幅缩短施工工期，也能降低后期维护的本钱。无线物联网门禁系统的安全与可靠首要体现在以下两个方面：无线数据通讯的安全性包管和传输数据的安稳性。

与云计算的结合：物联网的智能处理依靠先进的信息处理技术，如云计算、模式识别等技术，云计算可以从两个方面促进物联网和智慧地球的实现：首先，云计算是实现物联网的核心；其次，云计算促进物联网和互联网的智能融合。

与TD结合：物联网发展是确保TD成功的重大契机。TD－SCDMA是我国拥有自主知识产权的第三代移动通讯系统，是宽带无线通讯网络。TD的发展需要数据业务的拉动，物联网应用是需求最迫切的增强型数据业务，具有广阔的应用前景，能够充分发挥TD网络优势，有助于促进TD产业链的成熟。

完善现有网络，发挥TD优势，积极推动无线传感器网络与TD网络融合，构建适于物联网应用的GPRS/TD/WSN（无线传感器网络）融合网络，大力发展适于TD网络承载的物联网业务，提升TD的核心竞争力，给物联网的发展以强有力的支撑，是中国移动的发展思路。

与移动互联结合：物联网的应用在与移动互联相结合后，将发挥巨大的作用。智能家居使得物联网的应用更加生活化，具有网络远程控制、遥控器控制、触摸开关控制、自动报警和自动定时等功能，普通电工即可安装，变更扩展和维护非常容易，开关面板颜色多样，图案具个性化，给每一个家庭带来不一样的生活体验。

与指挥中心的结合：物联网在指挥中心已得到很好的应用，物联网智能控制系统可以指挥中心的大屏幕、窗帘、灯光、摄像头、DVD、电视机、电视机顶盒、电视电话会议；也可以传输马路上的摄像头图像到指挥中心，同时也可以控制摄像头的转动。物联网智能控制系统还可以通过3G网络进行控制，可以多个指挥中心分级控制，也可以联网控制。还可以显示机房温度、湿度，可以远程控制需要控制的各种设备开关电源。

物联网助力食品溯源，肉类源头追溯系统：从2003年开始，中国已开始将先进的RFID射频识别技术运用于现代化的动物养殖加工企业，开发出了RFID实时生产监控管理系统。该系统能够实时监控生产的全过程，自动、实时、准确地采集主要生产工序与卫生检验、检疫等关键环节的有关数据，较好地满足质量监管要求，对于过去市场上常出现的肉质问题得到了妥善的解决。此外，政府监管部门可以通过该系统有效地监控产品质量安全，及时追踪、追溯问题产品的源头及流向，规范肉食品企业的生产操作过程，从而有效地提高肉食品的质量安全。

5. 专家的预测

2010 年 6 月 22 日在上海开幕的中国国际物联网大会上指出：物联网将成为全球信息通讯行业的万亿元级新兴产业。到 2020 年之前，全球接入物联网的终端将达到 500 亿个。我国作为全球互联网大国，未来将围绕物联网产业链，在政策市场、技术标准、商业应用等方面重点突破，打造全球产业高地。物联网是继计算机、互联网和移动通讯之后的又一次信息产业的革命性发展。物联网被正式列为国家重点发展的战略性新兴产业之一。物联网产业具有产业链长、涉及多个产业群的特点，其应用范围几乎覆盖了各行各业。

中国互联网协会理事长胡启恒指出：中国互联网产业迅速发展，网民数量全球第一，在未来物联网产业发展中已具备基础。物联网连接物品网，达到远程控制的目的，或实现人和物或物和物之间的信息交换。当前物联网行业的应用需求和领域非常广泛，潜在市场规模巨大。物联网产业在发展的同时还将带动传感器、微电子、视频识别系统等一系列产业的同步发展，带来巨大的产业集群生产效益。

中国工业和信息化部通讯发展司司长张峰指出：物联网是当前最具发展潜力的产业之一，将有力带动传统产业转型升级，引领战略性新兴产业的发展，实现经济结构和战略性调整，引发社会生产和经济发展方式的深度变革，具有巨大的战略增长潜能，是后危机时代经济发展和科技创新的战略制高点，已经成为各个国家构建社会新模式和重塑国家长期竞争力的先导力。我国必须牢牢把握产业创新方向和机遇，加快物联网产业的发展。

中国联通集团副总经理李刚指出：在信息技术的支撑下，物联网正在引发新一轮的生活方式变革，已成为一个发展迅速规模巨大的市场。以中国国内 RFID 为例，在 2009 年就达到了 85 亿元人民币，在全球居第三位，仅次于英国和美国。未来更加安全稳定的有线、无线数据的传输网络，将成为我国物联网快速发展的关键。

中国工程院院士刘韵洁直言指出：社会上对物联网的认识不够深刻，对物联网的炒作有些过头，物联网应该有它自己的发展规律。据不完全统计，全国已有 28 个省区市将物联网作为战略性新兴产业发展重点之一。物联网应重点着眼于解决国计民生、社会发展中遇到的挑战，离开上述需求而单纯追逐利润或盲目跟风，意义不大。

6. 物联网的盈利模式

物联网分为感知、网络、应用三个层次，在每一个层面上，都将有多种选择去开拓市场。这样，在未来生态环境的建设过程中，商业模式变得异常关键。对于任何一次信息产业的革命来说，出现一种新型而能成熟发展的商业盈利模式是必然的结果，可是这一点至今还没有在物联网的发展中体现出来，也没有任何产业可以在这一点上统一引领物联网的发展浪潮。

物联网发展直接带来的一些经济效益主要集中在与物联网有关的电子元器件领域，如射频识别装置、感应器，等等。而庞大的数据传输给网络运营商带来的机会以及对最下游的如物流及零售等行业所产生的影响还需要相当长时间的观察。

7. 物联网的使用成本

物联网产业是需要将物与物连接起来并且进行更好的控制管理，这一特点决定了其发展必将会随着经济发展和社会需求而催生出更多的应用。所以，在物联网传感技术推广的初期，功能单一、价位高是很难避免的问题。因为电子标签贵、读写设备贵，所以很难形成大规模的应用。而由于没有大规模的应用，电子标签和读写器的成本问题便始终没有达到人们的预期。成本高，就没有大规模的应用，而没有大规模的应用，成本高的问题就更难以解决。如何突破初期的用户在成本方面的壁垒成了打开这一片市场的首要问题。所以在成本尚未降至能普及的前提下，物联网的发展将受到限制。

8. 物联网安全问题

在物联网中，传感网的建设要求 RFID 标签预先被嵌入任何与人息息相关的物品中。可是人们在观念上似乎还不是很能接受自己周围的生活物品甚至包括自己时刻都处于一种被监控的状态，这直接导致嵌入标签势必会使个人的隐私权问题受到侵犯。

在物联网中，射频识别技术是一个很重要的技术。在射频识别系统中，标签有可能预先被嵌入任何物品中，比如人们的日常生活物品中，但由于该物品（比如衣物）的拥有者，不一定能够觉察该物品预先已嵌入有电子标签以及自身可能不受控制地被扫描、定位和追踪，这势必会使个人的隐私问题受到侵犯。因此，如何确保标签物的拥有者的个人隐私不受侵犯便成为射频识别技术以其物联网推广的关键问题。而且，这不仅仅是一个技术问题，还涉及政治和法律问题。

四、更加移动的移动互联网

1. 移动互联网的发展趋势

（1）使移动互联网超越 PC 互联网，引领发展新潮流。

有线互联网（又称 PC 互联网、桌面互联网、传统互联网）是互联网的早期形态，移动互联网（无线互联网）是互联网的未来。PC 机只是互联网的终端之一，智能手机、平板电脑、电子阅读器（电纸书）已经成为重要终端，电视机、车载设备正在成为终端，冰箱、微波炉、抽油烟机、照相机，甚至眼镜、手表等穿戴之物，都可能成为泛终端。

（2）使移动互联网和传统行业融合，催生新的应用模式。

在移动互联网、云计算、物联网等新技术的推动下，传统行业与互联网的融合正在呈现出新的特点，平台和模式都发生了改变。这一方面可以作为业务推广的一种手段，如食品、餐饮、娱乐、航空、汽车、金融、家电等传统行业的 APP 和企业推广平台。另一方面也重构了移动端的业务模式，如医疗、教育、旅游、交通、传媒等领域的业务改造。

（3）使不同终端的用户体验更受重视，助力移动业务普及扎根。

2011 年，主流的智能手机屏幕是 3. 5 ~4. 3 英寸，2012 年发展到 4. 7 ~5. 0 英寸，而平板电脑却以 mini 型为时髦。但是，不同大小屏幕的移动终端，其用户体验是不一样的，适应小屏幕的智能手机的网页应该轻便、轻质化，它承载的广告也必须适应这一要求。而目前，大量互联网业务迁移到手机上，为适应平板电脑、智能手机及不同操作系统，开发了不同的 APP，HTML5 的自适应性较好地解决了阅读体验问题，但是，还远未实现轻便、轻质、人性化，缺乏良好的用户体验。

（4）使移动互联网商业模式多样化，细分市场继续发力。

随着移动互联网发展进入快车道，网络、终端、用户等方面已经打好了坚实的基础，不盈利的情况已开始改变。移动互联网已融入主流生活与商业社会，货币化浪潮即将到来。移动游戏、移动广告、移动电子商务、移动视频等业务模式流量变现能力快速提升。

（5）使用户期盼跨平台互联互通，HTML5 技术让人充满期待。

目前形成的 iOS、Android、Windows Phone 三大系统各自独立，相对封闭、割裂，应用服务开发者需要进行多个平台的适配开发，这种隔绝有违互联网互联互通之精神。不同品牌的智能手机，甚至不同品牌、不同类型的移动终端都能互联互通，是用户的期待，也是发展的趋势。

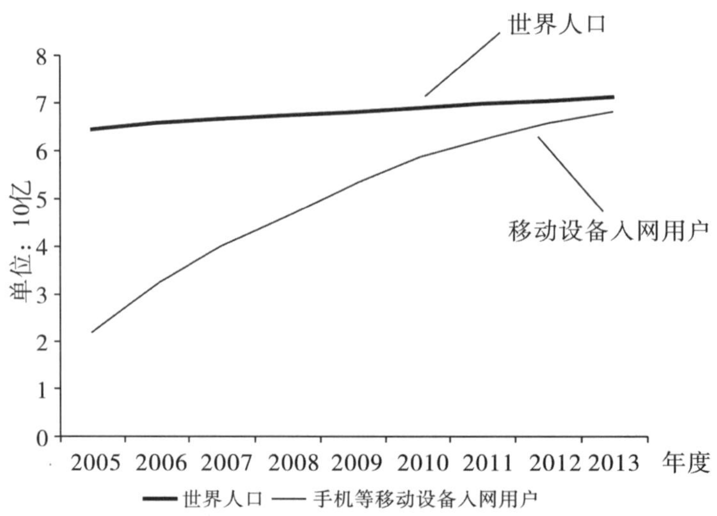

图6－1　世界人口与手机等移动设备入网用户数增长状况

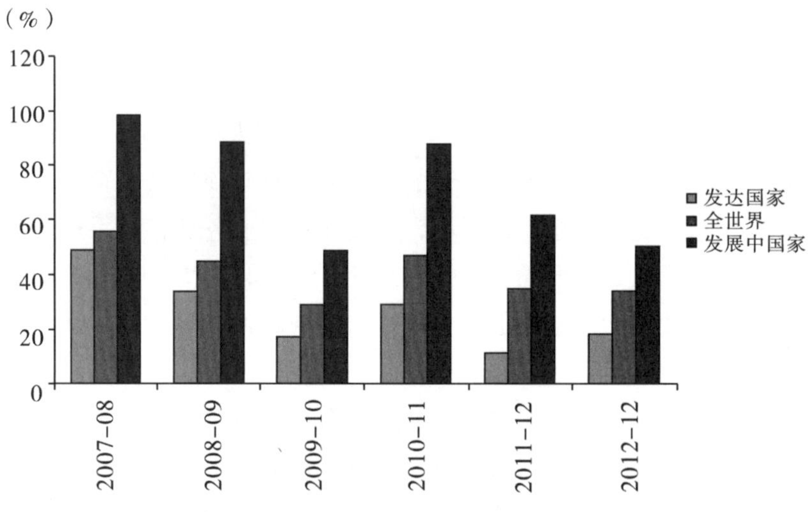

图6－2　手机宽带入网用户增长率

（6）使大数据挖掘成蓝海，精准营销潜力凸显。

随着移动带宽技术的迅速提升，更多的传感设备、移动终端随时随地地接入网络，加之云计算、物联网等技术的带动，中国移动互联网也逐渐步入“大数据”时代。目前的移动互联网领域，仍然是以位置的精准营销为主，但未来随着大数据相关技术的发展，人们对数据挖掘的不断深入，针对用户个性化定制的应用服务和营销方式将成为发展趋势，它将是移动互联网的另一片蓝海。

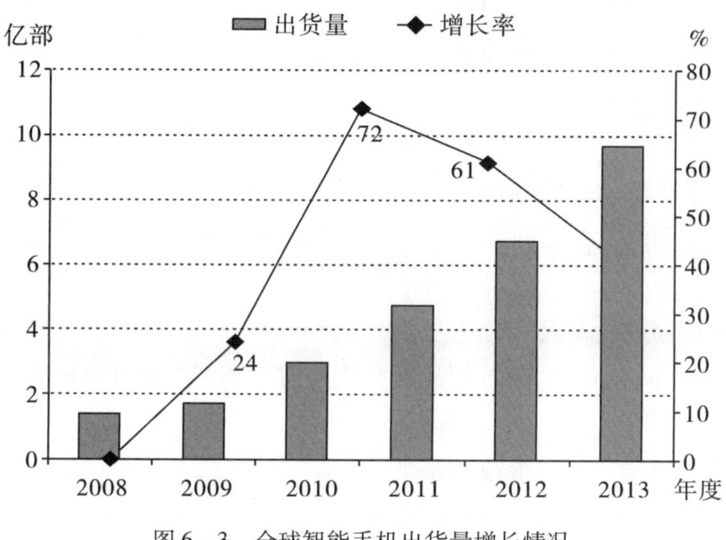

图 6－3 全球智能手机出货量增长情况

2. 未来的移动互联网

表 6－1 通过手机上网的用户数

地区	2010 年	2011 年	2012 年	2013 年	2014 年	2015 年
全世界	13976859	31860295	78855662	188375368	487426725	788324804
亚太地区	2448932	6768196	20543294	67012433	240350642	420277951
拉丁美洲	1329853	4040217	12720259	26665349	49199321	71548055
北美	2615787	4218310	6550322	14257565	38783886	55646710
西欧	5237113	10348319	21163143	33524429	58670609	83364841
日本	441060	1021441	3322664	10780236	21462108	31876998
中东欧	1156893	3140746	8252679	20303462	38480441	58717045
中东和非洲	747221	2323065	6303302	15831895	40479719	66893204

资料来源：Cisco VNI Mobile，2011。

（1）可穿戴设备：在线的移动数据。

未来，类似于 Google Glass、Nike +、iWatch、Jawbone Up 等这类可穿戴设备将是人们生活中，甚至是身体上习以为常的一部分。这些可穿戴设备随时随地地跟随着我们，收集着我们每天看到的听到的一切数据，记录着身体变化的每一条数据。而且移动互联网的出现，让这些数据变得随时在线。数据在线就可以将这些数据串联，串联的数据就不再是孤立的小数据，而成为有联系的、成系统的大数据。通过分析这些大数据，进行价值挖掘，可以做出可靠的判断，并进行相关预测。

阿里巴巴首席架构师王坚也认为，今天的数据不是大，真正有意思的是数据变得在线了。移动互联网的发展，让可穿戴设备不再仅仅是一个硬件设备，而是成为采集和收集数据的源泉，这为大数据的价值挖掘提供了最可靠的数据来源。

目前，可穿戴设备大致分为三类：以 Google Glass 为代表的综合类可穿戴设备、以 Jawbone Up 为代表的健康医疗类可穿戴设备、以 Fitbit 为代表的运动类可穿戴设备。

（2）智能终端：爆发前夜的躁动。

毫无疑问，当前移动互联网市场处在一个智能硬件爆发的前夜：从手机、平板电脑到各类移动终端，各类智能化的移动设备正在重新定义人们的生活方式。

目前，各类终端厂商都在争抢移动互联网入口，变得躁动不安。智能手机领域，苹果和三星打得不亦乐乎；智能汽车领域，各汽车厂商都在努力用互联网思维实现自我转型；人工智能领域，智能仿生机器人已经出现在各大实验室里，将来还会走进人们的日常生活中。

据皮尤公司的研究报告指出，74%的青少年通过手机访问互联网，越来越多的人主要通过手机上网，55%的青少年只通过手机上网。由于智能手机的便捷性和低成本，很多人跳过 PC 端，直接通过智能手机接触到了互联网，而且乐此不疲。除了智能手机，另外值得一提的是智能汽车。智能汽车是一个集环境感知、规划决策、多等级辅助驾驶等功能于一体的大终端。再者便是智能机器人，智能机器人集合了移动互联网和人工智能的双重属性，将是移动互联网时代的重要参与者。

（3）移动电商：让购物变为一种休闲。

移动购物实际上满足的已不仅仅是消费心理，更是一种休闲和娱乐的需求。在越来越碎片化的时间里，用手机或 pad 浏览商品图片已经成为类似于刷微博或朋友圈一样的休闲行为。这也正是 Wish 为什么将公司口号定为“Make mobile shopping effective & fun（让手机购物更高效、有趣）”的原因。

跟移动电商直接相关的是移动支付。NFC 近距离支付、二维码扫描支付、读卡器支付等移动支付方式的出现极大地促进了移动电商的发展。试想，在未来的移动互联网时代，当购物成为一种休闲方式时，移动购物将是一座多么大的金矿。现在这座金矿正等待被挖掘，类似于 Wish 这样的移动电商平台便是其中一个采矿人。

（4）移动社交：脱离于“时空”的无缝连接。

未来移动互联网时代，社交将不再局限于时间和空间，社交会朝着两方面发展：一是开放社交；二是私密社交。

移动互联网时代的无界限交流，使得人们有了一个更加广阔的交流平台。每个持有智能终端设备的人都可以通过“摇一摇”获得周围陌生人的信息，并发出交友请求，这使得原来局限于熟人和地域的社交，扩展到所有人和全世界，这种开放式社交将整个世界通过人连成一张巨大的社交网络，而且是一张时刻在变动和移动的网络，这为品牌传播和口碑营销提供了更加有利的条件。

由于开放社交缺乏信任感，因此每个人会从这种大的社交关系中抽离出一个比较私密的小群体，这个群体的信任度更高、联系更密切。如果能抓住该领域的细分市场，寻找创业机会也是不错的，比如已经做得很好的 Path，它专门为希望有一个“私密空间”的人们提供了一个专属的社交平台。

另外还包括手游、LBS、智能软件、移动金融等领域。未来的互联网将是移动的，当互联网遇见移动，无论是企业、个人都必须抛弃空间概念来思考问题，用移动互联网思维解决问题。

五、人工智能

1. 什么是人工智能

人工智能（Artificial Intelligence，AI）有时也称作机器智能，是指由人工制造出来的系统所表现出来的智能。通常人工智能是指通过普通计算机实现的智能。该词同时也指研究这样的智能系统是否能够实现，以及如何实现的科学领域。

一般教材中的定义领域是“智能代理（Intelligent Agent）的研究与设计”，智能代理是指一个可以观察周遭环境并作出行动以达到目标的系统。约翰·麦卡锡于 1955 年的定义是“制造智能机器的科学与工程”。

人工智能的研究是高度技术性和专业的，各分支领域都是深入且各不相通的。人工智能的研究可以分为几个技术问题。其分支领域主要集中在解决具体问题，其中之一是如何使用各种不同的工具完成特定的应用程序。AI 的核心问题包括推理、知识、规划、学习、交流、感知、移动和操作物体的能力，等等。强人工智能目前仍然是该领域的长远目标。目前比较流行的方法包括统计方法，计算智能和传统意义的 AI。目前有大量的工具应用了人工智能，其中包括搜索和数学优化、逻辑、基于概率论和经济学的方法，等等。

人工智能的定义可以分为两部分，即“人工”和“智能”。“人工”比较好理解，争议性也不大。有时我们会要考虑什么是人力所能及制造的，或者人自身的智能程度有没有高到可以创造人工智能的地步，等等。但总的来说，“人工系统”就是通常意义下的人工系统。

关于什么是“智能”，就问题多多了。这涉及其他诸如意识（consciousness）、自我（self）、心灵［mind，包括无意识的精神（unconscious mind）］等等问题。人唯一了解的智能是人本身的智能，这是普遍认同的观点。但是我们对我们自身智能的理解都非常有限，对构成人的智能的必要元素也了解有限，所以就很难定义什么是“人工”制造的“智能”了，因此人工智能的研究往往涉及对人的智能本身的研究。其他关于动物或其他人造系统的智能也普遍被认为是人工智能相关的研究课题。

人工智能目前在计算机领域内，得到了愈加广泛的发挥，并在机器人、经济政治决策、控制系统、仿真系统中得到应用。

2. 人工智能的未来

人工智能是机器模拟人脑的具体表现形式，当前以智能搜索、深度学习、云操作处理等为代表的大规模联网应用已经成为信息通讯技术引人瞩目的重要方向。2013 年，美欧相继启动的人脑研发计划，力图打造基于信息通讯技术的综合性研究平台，促进人工智能、机器人和神经形态计算系统的发展，预计将助推信息通讯技术乃至人类社会生产生活发生深刻的革命性变化。

从发展脉络看，人工智能一直处于技术创新的前沿，近年来更是呈现集中爆发态势，在智能搜索、人工交互、可穿戴设备等领域得到了前所未有的重视，成为产业界力夺的前沿领域。

（1）打开搜索引擎发展新空间。

信息搜索是互联网流量的关键入口，也是实现信息资源与用户需求匹配的关键手段，人工智能的引入打开了搜索引擎发展的新空间。几个重要的方向是：由低级算法向高级算法发展。搜索巨头美国谷歌公司每天都要进行 200 多项改进搜索算法的在线实验，陆续完成由关键字匹配到知识图谱、语义搜索的算法创新，正在掀起一场以数据驱动、实验评估、数理模型算法改进为轴心的大数据革命，如谷歌禽流感地图。

由文本检索向语音图像检索发展。已发生的典型案例是：第一，融合了深度学习技术的搜索引擎正大幅度提升图像搜索的准确率。如谷歌街景视图通过“以图搜图”和“以图搜信息”，能够识别物体的详细位置。第二，吸纳了自然语言处理和云操作处理技术的搜索引擎，可将语音指令转化为实时搜索结果。谷歌、苹果均已推出人工语音智能计算产品——Google Now 和 Apple Siri，将自然语言转换成搜索指令，简化用户输入门槛。第三，在人工智能辅助性搜索引擎可能添加意念情感元素，发展出真正意义上的神经心理学搜索引擎。谷歌正在研发能够读懂人类情感的智能搜索系统，以应用于心理辅导和心理医学领域。

由互联网搜索向云物搜索演进。一方面，基于人工智能的搜索引擎技术正向物联网、信息化不断深化应用。基于标签感应和阅读技术的物联网搜索引擎——shodan，几乎能够搜索到所有与网络相连的工业控制系统，大大提升物联网的可视化应用和管理水平。另一方面，基于人工智能的搜索引擎技术和云操作处理技术不断耦合，正在推动云计算技术发生重要变革。如基于目录索引服务系统的对象存储技术，可实现云协作条件下大型归档数据的可在线回收。

（2）加速移动互联网应用创新和产业变革。

嵌入了人工智能技术的移动终端打破了时空地理限制，激发了人机高频互动，也促使产业界开发出以人工智能技术为基础的海量互联网业务和应用。比如：自然语言交互已经成为互联网上成熟应用，蕴含无穷商机。自然语言交互发展已较成熟，可与视觉操控、姿态操控和手势操控等人工智能感应技术结合应用。如微软同声传译系统（GPGPU）采用基于大量历史数据训练出的神经网络，使语音识别的单词错误率降低了 18% ~33%。

深度学习技术在互联网领域已经产生众多创意和新兴应用。深度学习是人工智能的最新演进，它引发了机器学习的新浪潮，加速“大数据 + 深度模型”时代的来临。第一，基于深度学习的信息产品已经成为最活跃的创新领域。三星“新技术实验室”正在研发基于脑电波识别控制技术（EEG - control）的“人脑意念控制智能设备”，将“读心应用程序”安装在脑电波识别设备中，通过与平板电脑进行脑电波扫描和交互，实现人类意念操控平板电脑。第二，深度学习融贯人脸识别的相关产品已开始用于社会公共管理。美国国土安全部（DHS）将深度学习技术用于“生物特征识别视觉监控系统”（Biometric Optical Surveillance System，简称 BOSS。这是一种典型的人脸识别应用系统），通过在计算机和摄像机之间建立连接并对人群不断扫描，即可根据面孔自动识别和定位目标。基于深度学习的战略重要性，我国互联网企业已开始布局深度学习技术研发，百度公司基于深度学习技术的“百度翻译”“百度叫醒”等智能终端应用软件，通过与云端协同，能够实现目标的特征演算和定义，提供日益理想的拟人化知行协助服务。

穿戴式智能联网设备正在引领信息技术产品和信息化应用发展的新方向。当前，基于人工智能技术的穿戴式智能联网设备已成为各方竞争的新热点，苹果公司智能手表（iWatch）、谷歌眼镜（Google Glass）、加拿大 Thalmic Labs 公司 MYO 臂环、盛大果壳智能手表、百度眼镜等，都是引发业界关注的穿戴式智能联网设备。最新趋势是，穿戴式智能联网设备正在向体育、生物、医疗等领域进行应用延伸。谷歌摩托罗拉研发的电子药片吞服后利用胃酸发电，产生体内信号，从而使人体变成密码，用于生物识别和身份验证。

无人驾驶和智能机器人正在成为产业研发热点，依托移动互联网将其应用场景广泛渗透、延伸至传统产业领域。无人驾驶技术方面，亚马逊公司正在研发用于派送包裹的无人飞行器［这些无人飞行器被亚马逊称之为“电脑导航八轴飞行器（octocopters）”］。机器人技术方面，谷歌在全球范围已经收购 8 家科技公司，正在研发用于市场营销、工业制造等领域的智能机器人；苏黎世 ABB Group、德国 Kuka AG 等机器人生产厂商以及我国台湾台达电子、富士康等信息技术企业正在研发、生产并试验以低于人力成本提供服务的低端机器人以及有视力、触觉甚至学习能力的高端人形机器人。

（3）人脑科学有望助推人工智能达到最佳理想状态。

迄今为止的人工智能都只是利用机器来模拟人脑进行简单的运算和处理。与简单的人工智能相同步，模拟人脑进行复杂、高级运算的人脑研发活动始终未曾止步，美欧人脑科研计划（统称“人脑计划”）为这一技术努力描绘了一幅崭新的演进路线图。2013 年 1 月 28 日，欧盟委员会宣布，“人脑工程项目（HBP）”被选入欧盟“未来新兴旗舰技术项目（FET）”，成为欧盟第七框架科研计划（FP7）中信息通讯技术（ICT）研究子计划的重要组成部分。2013 年 4 月 2 日，美国总统奥巴马正式宣布了“运用先进创新型神经技术的大脑研究计划（BRAIN）”（又称“大脑活动图谱项目”），由美国国家卫生研究院、国防高级研究计划局及国家科学基金会等单位组织实施。美欧人脑计划的共同目的，是打造基于信息通讯技术的综合性研究平台，采用计算机模拟法绘制详细的人脑模型，促进人工智能、机器人和神经形态计算系统的发展，预计将引发人工智能实现由低级别人脑模拟向高级别人脑模拟的飞跃，从而助推人工智能实现终极理想和目标。

人工智能是计算机科学的一个分支，它企图了解智能的实质，并生产出一种新的能与人类智能相似的方式做出反应的智能机器，该领域的研究包括机器人、语言识别、图像识别、自然语言处理和专家系统，等等。这一概念最早由约翰·麦卡锡（John McCarthy）在1956年的达特矛斯会议上提出，并将其定义为“就是要让机器的行为看起来就像是人所表现出的智能行为一样”。

随着互联网的出现和日益普及，人工智能开始把自己的触角延伸至这一领域，并且散发出了极大的活力。互联网是一个无边的平台，使得人工智能可以在它上面自由挥洒、为所欲为，极大地强化了后者的生命力，与此同时，人工智能的渗透，又为互联网的发展提供了强大的智力支持。

不久前，应邀参加赢思科技召开的“新一代小i机器人”发布会，主讲人精彩逼真的现场演示让笔者犹如回到孩童时代的纯真讲堂，对于“小i机器人”的一颦一笑都是那样的着迷，这是罕见的心灵震撼，惊奇之余，不禁感叹——科技的力量太神奇了！“小i机器人”是国内第一款网络智能机器人，通过绑定微软MSN、雅虎通、腾讯QQ等即时通讯软件，为用户提供形式多样的人性化服务，利用“小i机器人”对话窗口，不仅能与我们聊天、吹牛、开玩笑，还可以得到地图、股票、天气、订票等服务资讯。

互联网大亨Google推出的强大新型即时翻译工具再次“横冲直撞”般闯入了笔者的视线。传统翻译软件的工作原理是，由语言学专家把语法规则及字典所收词条输入到计算机中，而Google所采取的方式是，将人们已翻译过的文档放置到两种语言中去，然后由计算机来识别新翻译任务所适合的模式。这样一来，便大大提高了翻译质量，一篇原本无从辨识的阿拉伯文，通过Google翻译成英文后，对英文通晓的人就能够理解其大致含义，只是读起来显得拗口罢了，而传统翻译工具“加工”出来的东西就实在不敢恭维了。

Google给自己设计的未来蓝图是——利用机器逻辑，而不是语言专家，人类将可以瞬时翻译世界几大主流的语言。技术人员通过特定手段，把人工智能应用于互联网，让这块原本已经足够热闹的“虚幻世界”与现实世界之间的界限变得更加模糊不清。小i机器人、Google翻译工具，只是一个缩影罢了。

毫不客气地说，互联网的未来，在很大程度上将取决于人工智能的发展水平。那么，人工智能要把互联网引向何方呢？时间将会告诉我们一切。

六、虚拟世界的颠覆

1. 什么是虚拟世界

虚拟运用计算机技术、互联网技术、卫星技术和人类的意识潜能开发，或形成的独立于现实世界、与现实世界有联系、人们通过虚拟头盔和营养舱以意识的形式进入类似于地球或宇宙的世界。

目前在互联网上所表现出的“虚拟世界”是以计算机模拟环境为基础，以虚拟的人物化身为载体，用户在其中生活、交流的网络世界。虚拟世界的用户常常被称之为“居民”。“居民”可以选择虚拟的3D模型作为自己的化身，以走、飞、乘坐交通工具等各种手段移动，通过文字、图像、声音、视频等各种媒介交流。我们称这样的网络环境为“虚拟世界”。尽管这个世界是“虚拟”的，因为它来源于计算机的创造和想象，但这个世界又是客观存在的，它在“居民”离开后依然存在，真实的人类虚幻地存在，时间与空间真实地交融，这是虚拟世界的最大特点。

“虚拟的现实世界”是为虚拟世界的“居民”提供最原始的基本虚拟要素，利用它们，“居民”可以在一无所有的“土地”上建造他们想要的任何东西。“居民”对其创造的虚拟财产拥有产权，由创造者决定他们的产品是否可以被复制、修改或者转手。要人们自己来创造与扩展虚拟世界中的“现实”。同时，虚拟世界的生活与现实世界的生活在政治、经济、文化、教育等方面存在一定的关联性。

2. 虚拟移民

在西方传统中，走出埃及是有关救赎的历史。现在，Castronova说，人们正在第二次出走，重写历史。这次是从现实中出走，逃往虚拟世界。*Exodus to The Virtual Worlds——How Online Fun Is Changing Reality*——这是一个资深游戏玩家，网游虚拟经济的全球头号研究先锋，印第安纳大学的经济学教授Castronova在2008年的新作。

过去几年，全球越来越多的人投入越来越多的时间在网络游戏，从现实中出走进入虚拟世界，形成了规模日趋庞大的虚拟社会和虚拟经济。Castronova预言，未来20~40年，积累的蝴蝶效应将改变我们的社会气候和现实生活。

由于游戏虚拟世界的设计涵盖经济体系和社会体系等一系列规则，与真实世界的公共政策设计一样涉及评估人们的共同利益，并以此安排治理的最佳过程，两者被视为基本相似的活动。因此，与逃往虚拟世界这一不可避免的过程相伴，公共政策制定可以从虚拟世界中学习经验，提高人类在现实社会的幸福感。

理解以上推断的关键在于理解 fun。人们花时间游戏是因为 fun。有趣、好玩，一种感知和情感，一直是人类幸福感的重要组成元素，也是游戏产业过去 30 多年发展中关注的核心命题。游戏虚拟世界设计师们制定规则，创造社会秩序，维持一个虚拟社会和经济体的持续运转，目的是让参与这个世界的人尽可能获得 fun，找到现实世界所不能给予的满足感，提升个人幸福感。但在 Castronova 看来，现存发达国家的公共政策设计，过度关注效用（utility），并没有足够认知和理解人们幸福感的重要性。当人们在虚拟世界获得足够实践经验，他们会要求现实社会的公共政策做出改变。

非常令人奇怪的是，Castronova 没有提到目前所有的游戏虚拟世界都是追逐商业利益的产物。这样的追逐，虽然核心在围绕人们获得 fun，但因为人性的复杂，fun 体验的复杂，可能呈现的并不是理想国。

Castronova 异常信任游戏虚拟世界的设计师，同样也沉迷他在魔兽等世界中的正面体验。在一定程度上，魔兽世界还有其他西方经典的网络游戏，支撑游戏设计师和玩家的是其社会本身的理念沉淀。自由、平等、开放，每个玩家投入时间自由竞争，选定多元的职业，提升级别技能，参与社区，获取认同。而源自西方的网络游戏在东方演变为所谓韩国“泡菜”模式——打怪、升级、PK，不停地重复再重复。与级别和装备相关的权力争夺才是最让玩家着迷的地方，也恰恰是东方现实社会的写照。玩家对权力的崇拜和追逐，在游戏世界通过时间和金钱投入比拼来完成。这样的虚拟世界，只是现实世界无助的投影，距离 Castronova 所言引导现实社会公共政策的实践，基本背道而驰。

出逃虚拟世界，更多的人参与体验和实践，不是逃往不能自定规则，数量有限的商业游戏虚拟世界。即使在游戏界，人们对 fun 的体验，现在要求更为开放和复杂的经济和社会体系，更为真实的模拟现实社会。这样的世界不可能是由少数游戏设计师作为上帝主导的世界，这也是 *Second Life* 这种开放结构的虚拟世界当下流行的原因。在这样的世界，有关 fun 的定义与游戏并不是一回事。

更为开放的虚拟世界平台，因为赋予了玩家从内容到规则生产的最大自主权，已经成为当下最好的社会经济和政治的实践和创新场所，引发了全球关注。虚拟与真实正在走向融合，相互教育和引导。目前在SL，有居民自主组建的共和国，还有经济和金融的创新实践。虚拟世界的实践已经跟真实世界挂钩，公共政策不仅学习虚拟世界经验，而且开始管制虚拟世界。

Castronova设想的未来，仍旧奠基在科技进步的技术之上。只有更多的人自主地进行虚拟世界实践，形成积极意义上的共识，才有改变现实的正面意义。2008年以来，开源虚拟世界技术进展迅速。未来，每个人都可以逃往自己架设的虚拟世界，每个人都是设计师，都可以自定规则，同时也拥有更多的出逃选择。

3. 虚拟世界的未来

（1）沟通无界限。

在现代社会中，人与人之间的沟通无所不在，父母子女之间需要沟通，商人客户之间需要沟通，夫妻朋友之间需要沟通。如果缺少了沟通，将对人们的工作和生活造成无比的伤害。作为未来虚拟生活平台的3D虚拟世界的要素之一，当然就是不俗的沟通功能。

说到沟通，首先得有人参与，如果在虚拟世界中一个地方只有一个人的话，就根本谈不上沟通了。众所周知，国内3D虚拟世界两大代表《由我世界》（*uWorld*）和*Hipihi*，二者都有各自不同的优势。他们认为，沟通就是与用户敞开心扉最好的桥梁。就拿《由我世界》来讲，它拥有可以保证上百万人同时在线的强劲引擎，为人们的沟通交流打下了良好的沟通基础。而这里的世界聊天、区域聊天，还有新增的聊天泡泡等功能，让全世界的人们不管身处何地都可无碍沟通，其中的内置UM聊天器更保证了人们的私密聊天的安全性。良好的语音沟通，使得远程会议等成为可能。在这样全方位的沟通服务下，无论是哪种性质的沟通，在3D虚拟世界里都可以完美实现。

（2）娱乐无极限。

在都市快捷的生活节奏中，在互联网上找到一个远离现实生活的娱乐空间对多数人来说是一件美好的事情，但是以创造和社交为核心的3D虚拟世界能满足人们的娱乐需求吗？当然能！别忘了，3D虚拟世界是一个虚拟交互体验平台，在这里你可以创造任何你想要的物品和场所。想要娱乐的人们完全可以在3D虚拟世界里为自己建造一座综合娱乐场所，开party？办鬼屋？赛车比赛还是园艺表演？据悉，《由我世界》最新改版中的神唱（也就是3D KTV）24

小时向所有人开放，全新的 K 歌娱乐，免费 K 歌，500 多首劲歌，丰富多彩的趣味表情还有经典的曲库点歌方式，每个人都可以拥有自己的歌曲收藏列表，可以自由上传自己喜爱的歌曲和歌词，比真实的 KTV 还要方便、刺激。

（3）创造无差别。

听见“创造”这个词，大家或多或少会觉得离自己太远，但是随着现代社会的发展，创造已经渗入到我们的工作生活中。3D 虚拟世界的出现更是为全民创造搭建了一条快速铁路。在海外，*Second Life* 中许许多多的普通人创造出了连专业设计师也为之震撼的衣服、建筑等物品；在中国，很多青年朋友开始了创造之旅，以服装设计闻名的年轻用户 Heart，以军事创造走红的 hh 等朋友向我们证明了创造不是天上的月亮，只要肯动手我们每一个人都可以成为创造天才。我们有理由相信，越来越多神奇的东西将出现在 3D 虚拟世界中，当我们查看属性的时候，会发现你、我、他，我们这些普通人正是它的创造者。

（4）学习无处不在。

当学习与呼吸一样，变成现代人生活的一种习惯，在忙碌的生活里是否有一个机会，让学习更有效率呢？3D 虚拟世界就给了现代人一个随时学习的好机会，而且在 3D 虚拟世界里进行学习交流，比起奔走各地参加各个培训班轻松得多也便宜得多。在 3D 虚拟世界里世界各地的老师可以有差别或无差别地向人们提供远程语言、计算机、设计等教学培训，而学生们可以在家里用自己的虚拟化身在 3D 虚拟世界内的同一间虚拟教室里，与天南地北的人们一起听同一位老师授课。据笔者所知，在 3D 虚拟世界里的学习革命已经开始，远的有哈佛大学在 *Second Life* 中向外界提供培训，近的有近期报道的教育电视台携手国内知名 3D 虚拟世界打造 3D 版学习超市，还打造了一个虚拟大学提供了完整的课件展示、虚拟黑板等教学用具，方便世界各地的人们交流、学习。我们有理由相信，在 3D 虚拟世界里这种整合的未来教室，将会为未来教育带来全新的变革。

（5）经济无障碍。

如果说 3D 虚拟世界只是拥有上面所说的娱乐、创造等休闲功能，当然不够。3D 虚拟世界之所以成为未来虚拟生活的主力军，还有一个重要的理由，那就是它构建了完善的经济系统，从而保证其作为一个虚拟世界的完整性。这也就是说用户在其中既可以花钱也可以赚钱，以保证经济的流通促进虚拟世界的发展。在虚拟世界中赚到百万美元的钟安舍就是其中的佼佼者。

当然，3D 虚拟世界还能带来更多。由于拥有完整的经济系统，综合 3D 虚拟世界的各个特点，在3D虚拟世界里商务的实现更加快捷方便，如在3D虚拟世界里进行商务谈判，不再需要飞来飞去，各地的谈判者只需要利用自己的虚拟化身，在虚拟世界里创作出自己的商品，便可以在虚拟会议室里展开一场生动的虚拟会议，样本展示、商务沟通、最后决定一气呵成。这只是3D虚拟世界商务应用之一，3D虚拟世界的特性，使得其中蕴藏着许多还未被发掘的商机，在这里的商务发展可能会比我们能想象到的还要更高、更远。

3D虚拟世界的各种要素让它在各种虚拟世界里脱颖而出，相信随着3D虚拟世界的发展，它将带给我们更多，而我们也希望3D虚拟世界为我们的未来生活带来质的飞跃。

七、社交网络的未来发展

1. 新的社交网络

最近，只有不到30个全职员工的新兴社交产品Snapchat，拒绝了Facebook给出的30亿美元的收购条件，让业内为之震惊。Snapchat成为目前互联网行业最具争议的产品，它是否真的可以引领一场新的社交产品革命，我们不得而知。但我相信，新兴社交产品一定会不停地涌现，也一定会革命现有的社交产品。因为，我们需要新的社交网络。

随着越来越多细分的网络服务和平台进入社交领域，人们逐渐意识到，市面上不存在一个社交网络可以满足他们的所有的需求。正所谓众口难调，社交渠道变得越来越分化，用户对于社交网络中既定的规则也越来越抵触，新社交网络的产生是必要的。

这是不可避免的。任何产品都逃不过自然的生命周期，除非这个产品成为一个活的有机体，拥有自己的繁殖系统，能自我进化，否则都有一个兴衰的过程。从目前来看，表面上腾讯通过微信延续了手机QQ的使命，但微信是新生的，并非手机QQ的自我进化。Facebook同样也无法避免这个过程，它可以在细微处再造，可以收购Instagram扩大自己的社交产品线，但无法重塑自我。

既然新社交网络的产生是必要的，那么，未来的社交网络究竟指向何方？

（1）移动为先。

未来的社交网络一定是移动为先，它的核心受众都在移动端。它的市场渗透潜力巨大，被人们接受的速度比历史上任何其他技术更快。而那些PC上的社交网络产品将会被边缘化，仅仅是为了某种便利才不得已使用，寻找存在感。例如，在与应用汇的90后员工交流时就发现，他们中好多人都不习惯用QQ，他们觉得一个微信就足够了，之所以用QQ，仅仅是方便工作中和同事或客户交流。

（2）多维度的内容展现。

人类的好奇心驱动着对未知事物的天然兴趣。新的社交网络应该帮助扩大我们的视野。智能手机上众多的感应器，为移动端的社交网络多维度展现内容提供了天然的优势。通过地理位置、摄像头、环境感应等收集的数据应该为社交网络所用，突破“朋友圈”一个维度，随时随地为人们提供多维度的内容。

（3）把控制权交给用户。

未来的社交网络应该是去中心化的，每个人都是自己内容的拥有者，有权决定自己内容生杀大权，这将使得人们与社交网络之间会建立独立和更强大的情感联系。给用户控制权，这样用户就会有更多的精力和时间投入到这个社交网络中来。Snapchat的兴起也许正是迎合了用户对控制权的追逐，用户可以选择图片和视频消失的精确时间，就是把控制权玩到了极致。目前Snapchat日图片和视频处理量达4亿，超过Facebook的3.5亿。这一现象也许是把控制权交给用户后，用户参与性高的最佳印证。

（4）私密交友。

在Twitter/微博等公开社交网络盛行的环境下，隐私问题给人们造成困扰。自私密交友软件鼻祖Path流行起来后，国内互联网创业者和互联网巨头相继在私密社交领域布局，新浪的密友、腾讯的QQ情侣，等等。虽然目前国内的私密交友类APP还没有出现寡头，但在人们越来越注意隐私的环境下，私密交友的生长环境越来越好，流行仅仅是时间的事情。

2. 社交图谱与兴趣图谱

为了使社交网络可以更好地融合互联网的其他应用，我们需要首先了解社交图谱和兴趣图谱。

社交图谱是一种表明“我认识你”的网络图谱，它反映了用户通过各种途径认识的人：家庭成员、工作同事、开会结识的朋友、高中同学、俱乐部成员、朋友的朋友，等等。社交图谱主要由一些主流的社交网络产生，例如Facebook或者LinkedIn，用户们互相向自己认识的人们发送邀请来构建和维持他们的社会关系。

兴趣图谱则是一种表明“我喜欢这个”的网络图谱，就像 Twitter 的 CEO 曾经评论的，如果你看到我在 Twitter 上关注旧金山巨人队，这并不能说明我认识其队员，而只是告诉你我对棒球很感兴趣。兴趣图谱是靠用户所关注的订阅（例如在 Twitter 上），他们买的产品（例如在 Amazon 上），他们的评级（例如在视频网站 Netflix 上），他们运行的搜索（例如在 Google 上）或者他们对某些口味的评论（例如在 Hunch 上）产生的。

到今天为止，用户社交图谱的建立已经被一些主流的社交网络例如 Facebook 和 LinkedIn 完成，同时兴趣图谱则主要由一些从事电子商务的网站，例如 Netfix 和 Amazon 完成，因为他们更关心客户的评论。将来真正的社交网络将会依赖于如何将这两种图谱结合在一起，我们也看到当前在这方面已经有一些有意思的尝试了。

社交图谱：在 Google + 中，用户可以很容易地将其社会图谱的成员拖到一个或者更多的“图谱”中，而这些图谱则是基于有共同的爱好或者基于分享的内容。同时，Facebook 也已经开始增加自己的社交图谱特性。

订阅列表：Twitter 的 lists 特性可以让用户基于不同的主题创建关注的人或者品牌的子列表，例如新闻头条、最喜欢的名人、某类运动迷或者你敬仰的作者。

单一目的图谱：Niche 提供的服务目标是建立某种共同兴趣的图谱，例如一些微社交网络 Path（图谱出你最亲近的 50 位朋友），或社交音乐网站 Turntable. fm（在同类音乐爱好者中分享音乐列表）。

在不久的未来，我们应该可以看到将社交图谱和兴趣图谱融合在一起的更新、更好的解决办法。

八、虚拟货币

1. 什么是虚拟货币

虚拟货币是指非真实的货币。知名的虚拟货币如百度公司的百度币，腾讯公司的 Q 币、Q 点，盛大公司的点券，新浪推出的微币（用于微游戏、新浪读书等），侠义元宝（用于《侠义道》游戏），纹银（用于《碧雪情天》游戏），天地银行荣誉出品的冥币。2013 年流行的数字货币有比特币、莱特币、无限币、夸克币、泽塔币、烧烤币、便士币（外网）、隐形金条、红币、质数币。目前全世界发行有上百种数字货币。圈内流行“比特金、莱特银、无限铜、便士铝”的传说。

如果不算上银行系统的电子货币，网络虚拟货币大致可以分为：

第一类是大家熟悉的游戏币。在单机游戏时代，主角靠打倒敌人、进赌馆赢钱等方式积累货币，用这些购买草药和装备，但只能在自己的游戏机里使用。那时，玩家之间没有“市场”。自从互联网建立起门户和社区、实现游戏联网以来，虚拟货币便有了“金融市场”，玩家之间可以交易游戏币。

第二类是门户网站或者即时通讯工具服务商发行的专用货币，用于购买本网站内的服务。使用最广泛的当属腾讯公司的 Q 币，可用来购买会员资格、QQ 秀等增值服务。

第三类互联网上的虚拟货币，如比特币（BTC）、莱特货币（LTC）等。比特币是一种由开源的 P2P 软件产生的电子货币，也有人将比特币意译为“比特金”，是一种网络虚拟货币，主要用于互联网金融投资，也可以作为新式货币直接用于生活中使用。

2. 虚拟货币产生的原因

计算机通讯技术的应用以及作为新兴媒体的互联网的发展是网络营销产生的技术基础。Internet 诞生于 20 世纪 60 年代，随着网络协议和相关硬件软件产品的发展，互联网开始逐渐从军用向商用和民用转变。从 20 世纪 90 年代开始，互联网逐渐进入到社会的日常生活当中。事实上，作为新兴媒体的互联网的发展速度超过了以往其他所有的技术，广播在出现 38 年后才拥有 5000 万听众，电视用了 13 年，而互联网只用了 3 ~ 4 年。因此，互联网被认为是近 100 多年来对世界经济影响最大的技术变革。

（1）市场形成。

互联网引致了一个新的市场的出现，这个市场就是基于网络空间的虚拟市场。互联网为消费者提供了大量的交流和沟通的场所，同时也给企业提供了经营市场，企业从以产品为核心，到以服务为核心，必须转变为以客户为核心。随着计算机人工智能技术、数据库技术的发展，企业可以便利地搜集顾客的信息，做到及时了解顾客需求，改变企业经营策略，实时掌握经济动脉。

（2）电子金融。

随着计算机和网络通讯技术的迅猛发展，互联网技术的应用逐渐向人类的各种活动领域渗透，其中所蕴藏的无限商机使得商家纷纷把目光投向电子商务。电子商务正在以人们难以想象的速度向社会经济生活的各个方面渗透。传统的金融也密切地注视到这股势不可当的全球经济一体化、网络化的潮流。于是，增值服务是以美术为卖点，可以看作商品；而游戏里的宝剑则是一种全新的金融服务经营理念——电子金融便应运而生。从历史发展的进程来看，要理解电子金融必须从金融电子化和电子商务谈起。所谓电子金融化，是指金融企业采用除互联网技术以外的现代通讯、计算机和网络等信息技术手段，提高传统金融服务业务的工作效率，降低经营成本，实现金融业务处理自动化、金融企业管理信息化和决策科学化，为客户提供更快捷、更方便的服务，进而提升金融企业的市场竞争优势。电子金融是对金融电子化的一个超越。与金融电子化有所不同，电子金融运行的主要技术基础是日益完善的互联网技术。由于互联网技术的全球连通性、开放性、快捷性和边际成本低廉的特征，电子金融更加强调整个金融服务业务基于互联网技术的重组和创新，使客户不受营业时间和营业地点的限制，随时随地享受金融企业提供的各种高质量、低成本的服务。

随着 Internet 的发展，货币存在的形式更加虚拟化，出现了摆脱任何事物形态，只以电子信号形式存在的电子货币。

3. 货币的未来

从某种程度上讲，科技的确让生活变得更加美好。但对于很多传统的事物来说，科技无疑是在扮演一个杀手的角色。如今我们习以为常的花钱方式，或许就是它的下一个目标。货币，可以说是一个社会最基础也是最古老的体系。而随着文明的发展，这个体系并没有太多的变化。另外，日新月异的科技，却以高速的步伐，无法预知地影响着我们的生活。

具体到货币领域，已出现了很多先行者，Square 便是其中不容小窥的一家。Square 一直以颠覆付费体验为己任，你不再需要随身带着烦琐的现金和信用卡，只需要去柜台就行了。自然，在这个领域，还有其他更多的竞争者。而在另外一个细分市场，Simple 则是一家想要替换掉传统银行业务的公司。Simple 并没有支行，所有的一切都是在线完成，不收手续费，并且跟所有网点的 ATM 机都有合作，提供免费使用服务。这不仅是 Simple 的战略，也是 Simple 存在的意义。与此同时，Simple 还提供一些理财工具和服务。

而在这个新的领域，还出现了一种曾经饱受争议，至今悬而未决的新型货币——虚拟货币 Bitcoin（比特币）。尽管这些公司和组织都经营着不同的业务，但都将未来关于货币的可能呈现了出来。当我们将这三者联系起来看，不禁会在脑海中产生这样一个疑问——货币的未来究竟会是什么样？再过个几年或者几十年，当它们都冲破银行和政府高墙的时候，我们自己会像一个个单独的银行一样，自己理财，并且不再需要真正的货币吗？

（1）Square 简化了 Checkout 的过程。

Square 的哲学是，让科技隐形。Square 的官方发言人在一次大会中谈到 Square 的付费技术时表示："最好的科技都是完全隐匿在生活中的。你在付费的时候，只需要跟那个站在柜台后的人打交道，而不是站在机器前。科技是这背后的推手，尽管你看不到它。"

在用 Square 付费时，你需要带着你的手机，但你不用掏出来。在付费领域，一种很大的趋势就是，尽可能地整合所有你需要带出门的东西。随着苹果的 Passbook，我们已经不再需要纸质登机牌和票据了，而再进一步，可能我们的身份认证，也可以在移动端完成。

类似 Square 这种方案，最终会取代借记卡和信用卡，一如我们在某种程度上用"卡"代替了"现金"。通过增强手机的功能，日后我们可能连钱包都不再需要了。而这个领域，相信还会吸引来更多像 Paypal 和支付宝这样的竞争者。

（2）Simple 的新银行模式。

Simple 并不打算解决你钱包层面的问题，它的客户需要有张 Simple Visa Card，有了它，以前所有你需要在银行办理的业务，都可以直接在线办理。尽管现在所有的银行都有相应的在线版，只是 Simple 的不同点在于在线银行是它的核心业务。

Simple 有个非常厉害的点，那就是，它是免费的。这家公司的战略目标是帮助人们更加高效地理财，并且它察觉到，银行的各种费用的确会给用户带来困扰。"现在，普通的银行体系，通过先让它的用户困惑，然后通过帮助用户解决问题来赚钱。它们主要的收入都是来自手续费和其他收费，而不是来自于银行业务。"Simple 的 CEO Joshua Reich 这么说，"我们将注意力放在处理银行业务上，重点是，我们免费。更重要的是，我们将注意力放在帮助用户能够更好地了解和掌握他们的财产，确保用户只需花几秒钟的时间，就可以完成转账业务。"谈到货币的未来，Reich 表示："我认为最大的一点是，Simple 会使大家对管理自己的资金有越来越清晰的认识。"Simple 的另一个重点是关于"安全支付"——它们通过一个图表来告诉你，你可以对你的账户做些什么、正在进行中的项目和快到期的按期付款等。通过这个，你也可以查清那些被误扣的费用，这些都是 Simple 想要去处理的。

（3）Planwise 更好的计划。

Planwise 的创始人 Vincent Turner 也是在做类似的、让客户可以掌控和清理自己经济状况的事情。Planwise 给用户提供一个免费的工具，通过这个工具，任何独立的客户可以为各种目标来做计划，在过程中去调整数字，并且可以对真实的情况进行评估。

“个人理财是软件的主流需求，但人们却不喜欢这些软件。没有人喜欢登录到他们自己的账户，但是他们都承认，他们需要这样一个指标来帮助他们决定一个项目是否可行。”Turner 在 *The Next Web's* 的专栏里说，“个人理财工具将会提供更多功能——加入实时的数据、历史交易记录、在线支付、脱机付款和银行业务等——将提供更加有用的算法来帮助人们理财。”

（4）新的货币模式：Bitcoin。

虚拟货币 Bitcoin 即 2010 年由 Saoshi Nakamoto 创办（目前已离开），很快便名声大噪。而 Nakamoto 其实是个假名，没有人知道他究竟是谁。

Bitcoin 是一种开源的 P2P 虚拟货币，它的发行和传播都是分布式的，并没有网络中心。这里没有任何的身份验证，通过它，你做的任何一笔交易都是匿名的，而因为 Bitcoin 是非常靠谱的技术，这里的交易也无法追踪。Bitcoin 通过算法来增添新的账户，没有任何人工的干预。Bitcoin 并不是真的货币，它是一种以文件形式存在的虚拟货币，可以存储在电脑中——如果你担心电脑崩溃，也可以选择存储在云端——而通过 Bitcoin 交易，几乎是实时的。尽管 Simple 竭尽全力帮你尽可能快地处理银行业务，抛去使用 Simple 的时间，真实的现金转移，也还是要花时间的。而通过 Bitcoin 交易，本质上是在做一种文件交换，所以相当快捷。

Bitcoin 是开源的，其网络分布到所有拥有 Bitcoin 的账户，而使用的人越多，其价值也会越来越大，同时，也会加固 Bitcoin 这种分布式新型货币模式。因为精妙的算法，如果你想要做蠢事或者是制造骗局，都是非常困难的。Bitcoin 从很多层面上改进了老式的现金流模式，而或许，它就是未来货币的雏形，又或者，它将来真的会发展成主流的货币。只是，它的存在，对政府来说，无疑是个非常大的挑战，与此同时，Bitcoin 的前路究竟是生存还是死亡，在很大程度上取决于政府的态度。

（5）我们的未来。

这个领域所有公司的竞争点，最终还是得归结到速度上。Square 希望能够帮你省去购物时没有必要的麻烦。Simple 希望你对你的财产状况有个实时的、更加全面的了解。而通过 Bitcoin 来交易，则是瞬间的事儿，还不用担心被追踪。这些技术所带来的影响，无疑是深远的。钱可以立即转移，完全不受任何地理位置的限制。一次电子交易可能就在两个人擦肩而过时，就已经完成了；或者是两个远在地球两端的人，也可以很轻松的且无差异地完成交易。“而货币交易，最终跟科技一样，会越来越简单实用。新的铁轨已经建立，一旦建设好周边的设施，火车就将无法避免地变换轨道。”速度（主要是缺乏速度）依然是一个非常大的障碍。证监机构和银行的低效率运作，几乎是有目共睹的。任何公司需要做资金上的变动，都需要很大的耐心。

另外一个障碍是，在这个虚拟货币上缺乏一个政府类的角色。“谁是下一个（货币形式）？这取决于政府的答复。结果可能会激动人心，抑或非常可怕。他们将会如何看待一个个人资产完全由自己自由支配的世界？他们在什么程度上允许这么做，而究竟什么时候才能达到这样的自由度？当个人只需简单地下载，任何人都可以拥有自己的个人银行时，他们将会如何对待银行？比起他们发行的货币，他们又会对其他形式的货币怎么看？”Voorhees 说。Voorhees 还表示：“科技无疑拥有非常强大的力量，只是，我们并不能确定，这股力量究竟是将为政府所用，还是为个人所用。”而比起问“谁是下一个”，或许，对于货币来说，更重要的是问“谁会给出答案”。

**案例**

比特币

1. 什么是比特币

比特币（BitCoin）的概念最初由中本聪在 2009 年提出，是根据中本聪的思路设计发布的开源软件以及建构其上的 P2P 网络。比特币是一种 P2P 形式的数字货币，点对点的传输意味着一个去中心化的支付系统。与大多数货币不同，比特币不依靠特定货币机构发行，它依据特定算法，通过大量的计算产生，比特币使用整个 P2P 网络中众多节点构成的分布式数据库来确认并记录所有的交易行为，并使用密码学的设计来确保货币流通各个环节的安全性。P2P 的去中心化特性与算法本身可以确保无法通过大量制造比特币来人为操控币值。基于密码学的设计可以使比特币只能被真实的拥有者转移或支付，这同样确保了货币所有权与流通交易的匿名性。比特币与其他虚拟货币最大的不同，是其总数量非常有限，具有极强的稀缺性。该货币系统曾在4年内只有不超过1050万枚，之后的总数量将被永久限制在2100万枚。比特币可以用来兑现，可以兑换成大多数国家的货币。使用者可以用比特币购买一些虚拟物品，比如网络游戏当中的衣服、帽子、装备等，只要有人接受，也可以使用比特币购买现实生活当中的物品。

2. 谁发明了比特币

2008年11月1日，一个自称中本聪的人在一个隐秘的密码学评论组上帖出了一篇研讨陈述，陈述了他对电子货币的新设想——比特币就此面世，比特币的首笔交易完成。比特币用揭露散布总账摆脱了第三方机构的制约，中本聪称之为“区域链”。用户乐于奉献出CPU的运算能力，运转一个特别的软件来做一名“挖矿工”，这会构成一个网络共同来保持“区域链”。在这个过程中，他们也会生成新货币。买卖也在这个网络上延伸，运转这个软件的计算机通过破解不可逆暗码难题，这些难题包含好几个买卖数据。第一个处理难题的“矿工”会得到50比特币奖赏，相关买卖区域加入链条。跟着“矿工”数量的添加，每个谜题的艰难程度也随之增加，这使每个买卖区的比特币生产率保持约在10分钟1枚。

2009年，中本聪设计出了一种数字货币，即比特币，风风火火的比特币市场起了又落，而其创始人“中本聪”的身份一直都是个谜，关于“比特币之父”的传闻牵涉到从美国国家安全局到金融专家，也给比特币罩上了神秘的色彩。

据外媒报道称，计算机科学家纳尔逊在网络上发布视频称，他已经确定出，比特币的创始人是京都大学数学教授望月新一。比特币的创始人一直以来使用的都是中本聪的假名，互联网领域也对其真实身份展开了大量推测。纳尔逊发布视频称，他已确定望月新一就是比特币的真正创始人。

望月新一2013年因为证明ABC猜想而名声大噪。他高中时就读于菲利普埃克塞特学院，是美国最具声望的高中之一，仅仅两年就毕业。望月新一16岁进入美国普林斯顿大学，22岁时以博士身份离校，33岁就成为正教授，这么年轻就获得正教授职称在学术界极为罕见。这个数学界的巨星可能已经攻破了该领域最为重要的难题之一。

中本聪本人在互联网上留下的个人资料很少，尤其是近几年几乎完全销声匿迹，因此其身世也变成了一个谜。2014年3月7日，当比特币创始人多利安·P. 中本聪被找到的新闻传出后，迅速成为互联网上最吸引人的消息。

与外界揣测其可能是个虚构的名字不同，“中本聪”是个真实的名字，他是一名64岁的日裔美国人，他喜欢收集火车模型，曾供职大企业和美国军方，从事机密工作。在过去的40年中，中本聪从不在生活中用他的真名。根据美国洛杉矶地方法院1973年的档案，在他23岁从加州州立理工大学毕业时，将自己的名字改为了多利安·普伦蒂斯·中本聪。从那时起，他不再使用“聪”这个名字，而用多利安·中本S作为签名。

3. 比特币的生产原理

从比特币的本质说起，比特币的本质其实就是一堆复杂算法所生成的特解。特解是指方程组所能得到无限个（其实比特币是有限个）解中的一组，而每一个特解都能解开方程并且是唯一的。以人民币来比喻的话，比特币就是人民币的序列号，你知道了某张钞票上的序列号，你就拥有了这张钞票。而“挖矿”的过程就是通过庞大的计算量不断地去寻求这个方程组的特解，这个方程组被设计成了只有2100万枚特解，所以比特币的上限就是2100万枚。

要挖掘比特币可以下载专用的比特币运算工具，然后注册各种合作网站，把注册来的用户名和密码填入计算程序中，再点击运算就正式开始。完成Bitcoin客户端安装后，可以直接获得一个Bitcoin地址，当别人付钱的时候，只需要自己把地址贴给别人，就能通过同样的客户端进行付款。在安装好比特币客户端后，它将会分配一个私有密钥和一个公开密钥，需要备份你包含私有密钥的钱包数据，才能保证财产不丢失。如果不幸完全格式化硬盘，个人的比特币将会完全丢失。

4. 比特币的交易

比特币是类似电子邮件的电子现金，交易双方需要类似电子邮箱的“比特币钱包”和类似电邮地址的“比特币地址”。和收发电子邮件一样，汇款方通过计算机或智能手机，按收款方地址将比特币直接付给对方。

比特币地址是大约33位长的、由字母和数字构成的一串字符，总是由1或者3开头，例如“1DwunA9otZZQyhkVvkLJ8DV1tuSwMF7r3v”。比特币软件可以自动生成地址，生成地址时也不需要联网交换信息，可以离线进行。可用的比特币地址超过2个。形象地说，全世界约有2粒沙，如果每一粒沙中有一个地球，那么比特币地址总数远远超过这些“地球”上的所有的沙子的数量。

比特币地址和私钥是成对出现的，它们的关系就像银行卡号和密码。比特币地址就像银行卡号一样用来记录你在该地址上存有多少比特币，你可以随意地生成比特币地址来存放比特币。每个比特币地址在生成时，都会有一个相对应的该地址的私钥被生成出来，这个私钥可以证明你对该地址上的比特币具有所有权。我们可以简单地把比特币地址理解成为银行卡号，该地址的私钥理解成为所对应银行卡号的密码，只有你在知道银行密码的情况下才能使用银行卡号上的钱。所以，在使用比特币钱包时请保存好你的地址和私钥。

比特币的交易数据被打包到一个“数据块”或“区块”（block）中后，交易就算初步确认了。当区块链接到前一个区块之后，交易会得到进一步的确认。在连续得到6个区块确认之后，这笔交易基本上就不可逆转地得到确认了。比特币对等网络将所有的交易历史都储存在“区块链”（blockchain）中。区块链在持续延长，而且新区块一旦加入到区块链中，就不会再被移走。区块链实际上是一群分散的用户端节点，并由所有参与者组成的分布式数据库，是对所有比特币交易历史的记录。中本聪预计，当数据量增大之后，用户端希望这些数据并不全部储存自己的节点中。为了实现这一目标，他采用引入散列函数机制，这样用户端将能够自动剔除掉那些自己永远用不到的部分，比方说极为早期的一些比特币交易记录。

5. 比特币的乱象

（1）交易骗局。

2013年10月底，香港GBL平台携款潜逃，超过2000万人民币资金下落不明。这个交易网站的程序写得非常差，没有使用SSL安全协议，甚至连用户名都是明文存储，一些编程的基本常识都没有。GBL是依靠经纪人发展新客户的“类传销”模式。

2013年10月22日，因看好比特币的行情，东阳市民乔先生在网上搜索比特币交易平台GBL公司，并通过第三方支付在该交易平台充值9万元用来买卖比特币。2013年10月26日，乔先生发现该网络交易平台的工作人员不在线，一些正常的交易程序也无法实施，一查才知道该公司注册地址是假的，共被骗9万元。这是东阳市第一起因购买比特币被诈骗的案件，警方提醒在网络上购买比特币的市民要注意甄别网站真假，防止被骗。

西方经济学界对当前比特币的经济泡沫现象抱有许多担忧。澳大利亚经济学家John Quiggin称比特币为“经济泡沫的最纯粹的例子”。

（2）病毒入侵。

2013年11月28日，英国一位IT工作者误扔了一块存有价值750万美元比特币的硬盘。人们在对此表示惋惜的同时发出了对虚拟货币存储方面的担忧，搜狗 CEO 王小川在微博评论称，比特币没有集中的账号管理，如果硬盘坏了且数据没有备份就挂了；托管给第三方，也有可能被卷钱跑路。这给无数投资者提了个醒，据了解，比特币、莱特币等虚拟货币都是以“钱包”的方式保存在计算机硬盘中的，如果丢失或没有做备份，后果不堪设想。正因如此，不少恶意软件开始打硬盘的“主意”。

据福布斯中文网报道，一款名为 Cryptolocker 的勒索软件正借比特币流行之际大发横财。该软件可以加密计算机中的大部分文件，也包括比特币“钱包”。如果你要想解密这些文件，则要向软件开发者交 300 美元。该文指出，最早的勒索软件往往卡在支付环节，有感染该病毒的用户愿意支付“赎金”，但接收者怕暴露身份而有所顾忌，而比特币的出现解决了这个问题，这种货币采取匿名交易形式，这意味着“赎金”支付过程无法被追踪。

除了勒索软件，“为比特币而生”的挖矿病毒、木马也层出不穷，据 360 安全中心《2013 年第三季度安全报告》显示，比特币投资者正面临比特币“挖矿木马”、投资账户盗号以及交易市场沦陷三类威胁，最近一月木马变种已达 1 万个。

（3）虚假交易。

2014 年 5 月 27 日，Willy Report 网站通过对交易数据的分析得出结论：比特币去年的价格暴涨和 Mt. Gox 的交易量大增，或许源于虚假交易，甚至有可能涉及 Mt. Gox 的内部人士。如今有越来越多的人开始怀疑，比特币 2013 年 11 月的暴涨和 Mt. Gox 的交易量大增，在一定程度上源自一场诈骗活动。具体而言，一个被称为“Willy”的机器人每 5 ~ 10 分钟就会买入 5 ~ 10 枚比特币，这种行为持续了至少一个月的时间。

6. 小结

其实与 19 世纪美国西部淘金热一样，在这场疯狂的比特币浪潮中，收获颇丰的矿工永远只是少数，真正赚得盆满钵满的是那些为矿工提供服务的交易商与设备供应商。与互联网一样，比特币也只是发明者在实验室中做的一个小小的实验而已，谁都没有想到这个实验会对世界产生什么样的影响。虽然比特币有着这样或那样的缺陷，使得它并不能成为我们想象中的未来货币，但从试验的角度来说，比特币已经足够成功了。

九、互联网改变的生产方式

1. 创客

“创客”一词来源于英文单词“Maker”，是指不以盈利为目标，努力把各种创意转变为现实的人。创客以用户创新为核心理念，是创新2.0模式在设计制造领域的典型表现。创客们作为热衷于创意、设计、制造的个人设计制造群体，最有意愿、活力、热情和能力在创新2.0时代为自己，同时也为全体人类去创建一种更美好的生活。创客运动最重要的标志是掌握了自生产工具，他们是一群新人类，是坚守创新、持续实践、乐于分享并且追求美好生活的人。简单地说就是：玩创新的一群人。

创客是一群喜欢或者享受创新的人，追求自身创意的实现，至于是否实现商业价值、对他人是否有帮助等，不是他们的主要目的。而创客空间就是为这些创客们提供实现创意和交流创意思路及产品的线下和线上相结合、创新和交友相结合的社区平台。

创客最早起源于麻省理工学院（MIT）比特和原子研究中心（CBA）发起的Fab Lab（个人制造实验室）。Fab Lab基于对从个人通讯到个人计算，再到个人制造的社会技术发展脉络，试图构建以用户为中心的，面向应用的融合从创意、设计、制造，到调试、分析及文档管理各个环节的用户创新制造环境。发明创造将不只发生在拥有昂贵实验设备的大学或研究机构，也将不仅仅属于少数专业科研人员，而有机会在任何地方由任何人完成，这就是Fab Lab的核心理念。Fab Lab网络的广泛发展带动了个人设计、个人制造的浪潮，创客空间应运而生。

国内创客空间属于初创阶段，创意来源也主要来自国外的开源网站，还没有形成有显著特色的、可持续发展的模式。除了个别创客空间属于综合性平台之外，今后创客空间的专业化趋势在所难免。创客空间本身的商业模式和运行模式也是值得探讨和摸索的。

创新2.0时代的创客们以好玩为主要目的，恰恰是创客的意义所在。当创意及其实现有成为商业模式的可能的时候，创业就是一件顺理成章的事情。一旦有创业的想法，就要去思考商业模式，搭建创业团队。所以，凡是有创业想法的创客，就要做有心人，并且要坚持。

从创意到实现创意是一个质的飞跃，从创意产品到形成商业模式又是一个飞跃，每一个飞跃都不容易，都意味着有失败的危险。同时，这样去做之后，作为纯粹创客的乐趣也许会减少。这是有创业想法的创客们要有心理准备的。

由众多创客参与，让知识和创新共享和扩散的“创新2.0”模式象征着科技也进入了“更新期”。新的环境使得中国创客在世界范围内脱颖而出有了更大的可能。无论是电子科技还是软件科学，或是具有浓郁东方特色的艺术创新实践，都为中国创客展开了无限可能的未来。借助互联网和新工具，创客们实现了产品自设计、自制造，成为创新2.0时代的造物者。同时，在用户创新、开放创新精神的指引下，创客们站在彼此的肩膀上，越站越高。人类工业文明、商业文明，当然还有人自身，正在发生巨变。

2. 众包模式

众包，全名叫作群众外包（crowdsourcing），是互联网带来的新的生产组织形式。由《连线》杂志记者 Jeff Howe 于2006年发明的一个专业术语，用来描述一种新的商业模式，即企业利用互联网将工作分配出去、发现创意或解决技术问题。通过互联网控制，这些组织可以利用志愿员工大军的创意和能力——这些志愿员工具备完成任务的技能，愿意利用业余时间工作，满足于对其服务收取小额报酬，或者暂时并无报酬，仅仅满足于未来获得更多报酬的前景。尤其对于软件业和服务业，这提供了一种组织劳动力的全新方式。

众包是一种分布式的问题解决和生产模式。问题以公开招标的方式传播给未知的解决方案提供者群体，用户（这里指众包里的“众”）典型地组成在线社区并提交方案。群“众”还要审查方案，发现最好的。这些最好的方案最后由最先提出问题的一方所有，并且群“众”中胜出的个人有时还会被奖励。有时，这些工作会有不错的报酬，无论是金钱上的奖励或者只是名声和知名度。另外一些情况，胜出者会有智力上的满足感。众包可以通过业余人士或志愿者利用他们的空余时间提供解决方案，或者让专家或小型企业从无人知晓到初具规模。众包显而易见地带来了众多的好处：首先，问题可以在花费较少的情况下得到探究和讨论，通常时间上也很快。其次，众包是有了结果才付费，有时甚至不用付费。再次，组织可以倚靠比自己组织内部更广泛的人才。另外，通过聆听人群的声音，组织可以获得第一手资料，洞察客户需求。最后，通过众包，组织社区会感到一种品牌建设般的血缘关系，这也是一种通过分享和合作得到的所有权。

对于众包在伦理、社会和经济方面的影响在饱受好评的同时也受到了广泛的争论。有些报告已经关注到众包对企业主的负面影响，特别是有时众包要付出的成本比传统的外包还多。一些众包可能造成的缺陷包括：①为完成项目可能会带来新增的成本。②一个众包项目将可能因为缺少资金激励、参与者太少、工作质量低下、个人对项目缺乏兴趣、全球性的语言障碍或难以管理大型的众包项目而增加失败的可能性。③低于市场工资或没有工资，众包通常以物易物的方式来进行。④与众包雇员没有书面合同、保密协议、雇员协议或雇员协议条款。⑤在整个众包项目实施期间很难与众包工作者保持工作关系。⑥对于有目的、恶意的工作造成的失误容易产生情绪上的波动。尽管一些批评者认为众包剥削和滥用了个体的劳动，但人群的动机研究显示参与众包的人没有感到被剥削。相反，许多人认为他们在参与众包项目的过程中受益良多。

众包植根于一个平等主义原则：每个人都拥有对别人有价值的知识或才华。众包作为桥梁将“我”和“他人”联系起来。每个人都拥有自己的特质，每个“我”都站在众包的中心，这不是人类20世纪以来商业社会的思维习惯。另外众包提供了一种假设：我们都是创造者——艺术家、科学家、建筑师、设计师……或者是他们的结合。它带来了希望，探索创造性表达的新途径，释放出一种潜力，即每个人都能在不止一种职业里追求卓越。众包所包含的这种潜力，换句话说也是一种威胁，它提供给某个职业一种思路，就像在工业时代提出了手工制品——使互联网上大规模的个性化成为可能。

3. 众筹

众筹，翻译自crowdfunding一词，即大众筹资或群众筹资。是指用“团购+预购”的形式，向网友募集项目资金的模式。众筹利用互联网和SNS传播的特性，让小企业、艺术家或个人对公众展示他们的创意，争取大家的关注和支持，进而获得所需要的资金援助。现代众筹指通过互联网方式发布筹款项目并募集资金。相对于传统的融资方式，众筹更为开放，能否获得资金也不再是由项目的商业价值作为唯一标准。只要是网友喜欢的项目，都可以通过众筹方式获得项目启动的第一笔资金，为更多小本经营或创作的人提供了无限的可能。

众筹最初是艰难奋斗的艺术家们为创作筹措资金的一种手段，现已演变成初创企业和个人为自己的项目争取资金的一种渠道。众筹网站使任何有创意的人都能够向几乎完全陌生的人筹集资金，消除了从传统投资者和机构融资的许多障碍。众筹的兴起源于美国网站kickstarter，该网站通过搭建网络平台面对公众筹资，让有创造力的人可能获得他们所需要的资金，以便使他们的梦想有可能实现。这种模式的兴起打破了传统的融资模式，每一位普通人都可以通过该种众筹模式获得从事某项创作或活动的资金，使得融资的来源者不再局限于风投等机构，而可以来源于大众。众筹自2009年成立以来，在国外已经发展了三年多，业内认为其经历过三个阶段：第一阶段是用个人力量就能完成，支持者成本比较低，在最初更容易获得支持；第二阶段是技术门槛稍微高的产品；第三阶段则是需要小公司或者多方合作才能实现的产品，这个阶段的项目规模比较大、团队最专业、制作能力最精良，因此也能吸引到最多的资金。

众筹相对于传统融资方式有着许多的优势，对于项目的支持者而言，众筹模式是对闲置资金的有效利用。就每个单独的个体来讲，闲置资金的数额较小，资金持有者也大都不具备职业投资能力，很难进行大规模的投资活动；但是每个单独个体的小额资金汇聚起来所形成的庞大的资金能够部分以众筹的方式有效地参与到经济活动中来，不仅可以帮助有创造力的人去实现梦想，而且最终每个人的小额资金也都创造了价值、增加了财富。对于项目发起者而言，相对于其他融资渠道，众筹模式凸显以下三方面的优势：实现低门槛创业、预知市场需求以及同步进行廉价的市场推广。

同样，众筹在目前也有着不小的争论和风险。首先是法律上的风险，众筹平台是一种创新性的以互联网为依托的经营模式，其崭新的运营模式为其带来广阔的前景，但也正由于是一种崭新的经营模式，立法速度无法与之企及，导致诸多法律问题与之相伴而生。目前这些问题主要集中在众筹平台是否涉嫌非法集资犯罪、代持股的风险、项目发起人知识产权权益易受到侵犯、是否突破《证券法》关于禁止公开发行证券的规定、监管制度缺失所引发的问题等。其次是信用风险，信用风险是众筹行业面临的共通性问题，也是众筹行业要想在中国得以发展壮大最急迫需要解决的问题。而按照众筹法律关系的主体进行划分，众筹平台面临的信用风险包括项目发起者信用风险和众筹平台的信用风险。

对于中国来说，在中国不乏创意项目，但是这些项目普遍体量较小，经验缺乏，资源有限。有经济学专家指出，在市场营销个性凸显的时代，众筹显得尤为重要。众筹网合伙人张栋伟表示，在继网络支付、P2P网贷两大互联网金融分支相继成长后，作为互联网金融第三个重要分支——众筹模式正在萌芽，中国众筹平台在未来三年将迎来最好的发展时机。